水藤　真　著

棟札の研究

思文閣出版

目　次

◉図表目次◉

◉引用史料一覧◉

【史料1】岩手県・中尊寺大長寿院№1「伝経蔵保安三年（一一二二）棟札」（東北編七四頁）……七
【史料2】岩手県・中尊寺金色院№1「金色堂天治元年（一一二四）建立棟木銘」（東北編八九頁）……七〜八
【史料3】岡山県・鶴山八幡宮№2「本殿寛永十二年（一六三五）再興棟札」（中国・四国・九州編六〇頁）一〇
【史料4】岡山県・真光寺№2「三重塔慶長十八年（一六一三）棟札」（同右六三頁）……一〇
【史料5】広島県・吉田清神社№21「住吉大明神社殿元亀二年（一五七一）造立棟札」（同右九六頁）……一一
【史料6】広島県・川西八幡神社№1「宝殿弘治三年（一五五七）建立棟札写」（同右一三〇頁）……一一
【史料7】広島県・厳島神社№1「神殿元亀二年（一五七一）造立棟札」（同右一四三頁）……二九
【史料8】広島県・清神社№10「祇園社天正十一年（一五八三）上葺棟札」（同右九一頁）……三〇
【史料9】和歌山県・天満神社№1「本殿慶長十一年（一六〇六）造立棟札」（近畿編Ⅱ二五四頁）……三一〜二
【史料10】愛知県・東照宮№1「薬師堂元和五年（一六一九）新造棟札」（中部編二七一頁）……四三
【史料11】京都府・北野天満宮№1「本社慶長十二年（一六〇七）建立棟札」（近畿編Ⅰ一四〇頁）……五〇
【史料12】奈良県・吉野水分神社№1「本殿慶長十年（一六〇五）再興棟札」（近畿編Ⅱ二〇八頁）……五〇
【史料13】神奈川県・鶴岡八幡宮№1「堂舎慶長九年（一六〇四）再興棟札」（関東編三五八頁）……五四
【史料14】愛知県・伊賀八幡宮№1「本殿慶長十六年（一六一一）造立棟札」（中部編二八二頁）……五四
【史料15】愛知県・六所神社№1「慶長九年（一六〇四）建立棟札」（同右二八八頁）……五四〜五
【史料16】広島県・西山寺№1「八幡宮社殿正保二年（一六四五）再建棟札」
（中国・四国・九州編一一〇頁）……五七
【史料17】広島県・清神社№20「住吉大明神社殿天文十七年（一五四八）造立棟札」（同右九六頁）……五七
【史料18】愛知県・土呂八幡宮№5「本殿文化五年（一八〇八）再建棟札」（中部編二八六頁）……五八
【史料19】奈良県・元興寺№1「極楽坊本堂寛元二年（一二四四）造営棟札」（近畿編Ⅱ一四二頁）……六三

【史料20】石川県・伊夜比咩神社No.1「御殿嘉元四年（一三〇六）造立棟札」（中部編七〇頁）……六四
【史料21】広島県・光海神社No.1「伊都岐島宝殿正慶二年（一三三三）造立棟札」
（中国・四国・九州編一三七頁）……六五
【史料22】宮崎県・巨田神社No.2「八幡宮永正五年（一五〇八）再興棟札」（九州編三六五頁）……六六
【史料23】兵庫県・若王子神社No.1「本殿永仁五年（一二九七）棟上棟札」（近畿編Ⅱ七五頁）……六六
【史料24】岐阜県・日龍峯寺No.4「白山社天文三年（一五三四）再興棟札」（中部編二二四頁）……六七
【史料25】広島県・祝詞山八幡神社No.1「社檀貞和三年（一三四七）造立棟札」
（中国・四国・九州編一〇七頁）……六七
【史料26】山形県・成島八幡神社No.2「宝殿並長居正安二年（一三〇〇）修理棟札」（東北編一二六頁）…六八
【史料27】兵庫県・浄土寺No.1「薬師堂永正十四年（一五一七）修造棟札」（近畿編Ⅱ八七頁）……六九
【史料28】群馬県・薬師堂No.2「宮殿慶長三年（一五九八）造興棟札」（関東編一四二頁）……七一
【史料29】東京都・東照宮No.1「社殿慶安四年（一六五一）造営棟札」（同右二八〇頁）……七二
【史料30】奈良県・東大寺No.4「法華堂正治元年（一一九九）修造棟札」（近畿編Ⅱ一二七頁）……七四
【史料31】奈良県・法隆寺No.1「東院夢殿寛喜二年（一二三〇）上宮王院棟上棟札」（同右一八一頁）…七五～六
【史料32】秋田県・神宮寺八幡宮No.1「社殿正応三年（一二九〇）造営棟札」（東北編一一〇頁）……七七
【史料33】千葉県・飯香岡八幡宮No.5「本殿文久元年（一八六一）棟札」（関東編二六三頁）……八七
【史料34】大分県・宇佐神宮No.5「下宮二之御殿文政七年（一八二四）改造棟札」（九州編三五六頁）……八八
【史料35】山口県・住吉神社No.3「宮殿文化十三年（一八一六）葺棟札」（中国編一五三頁）……八九
【史料36】愛媛県・滝神社No.13「若宮社延享二年（一七四五）建立棟札」（四国編二三〇頁）……九〇
【史料37】石川県・久麻加夫都阿良加志比古神社No.8「熊甲愛宕大明神正徳六年（一七一六）建立棟札」
（中部編六四頁）……九一
【史料38】香川県・金刀比羅宮No.2「旭社天保八年（一八三七）上棟棟札」（四国編二〇一頁）……九二
【史料39】山梨県・本遠寺No.4「鎮守社慶安五年（一六五二）建立棟札」

（中部編一五〇頁・同巻頭写真№33）……九四～五
【史料40】京都府・向日神社№1・2「本殿応永二十九年（一四二二）造立棟札・同慶長二年（一五九七）写」（近畿編Ⅰ二一〇頁）……一一三～三
【史料41】兵庫県・豊歳神社№1「本殿永正八年（一五一一）上棟棟札」、近畿編Ⅱ八一頁）……一一四
【史料42】奈良県・石上神宮№1「拝殿文明二年（一四七〇）修覆棟札」（同右一七四頁）……一一五
【史料43】福岡県・英彦山神社№4「奉幣殿棟札」（九州編三一八頁）……一四〇
【史料44】福岡県・英彦山神社№5「大講堂元和二年建立棟札」（同右三一八頁）……一四一
【史料45】福岡県・英彦山神社№6「奉幣殿棟札」（同右三一八頁）……一四一
【史料46】長野県・仁科神明宮「天照大神宮宝殿永和二年造営棟札」（『中世の棟札　神と仏と人々の信仰』横浜市歴史博物館、二〇〇二年、六三頁）……一六三
【史料47】山梨県・浅間神社№3「東宮本殿元文元年（一七三六）修復棟札」（中部編一二一頁）……一八二
【史料48】茨城県・観音寺№6「久野観音宮殿寛永十九年（一六四二）再興棟札」（関東編七九頁）……一八三
【史料49】愛媛県・宇都宮神社№1「（本殿）貞享二年（一六八五）建立棟札」（四国編二二二頁）……一八五
【史料50】長野県・釈尊院№1「観音堂宮殿正嘉二年（一二五八）建立棟札」（中部編一六七頁）……一八六
【史料51】和歌山県・野上八幡宮№1「本殿元亀三年（一五七二）棟札」（近畿編Ⅱ二七七頁）……一九三
【史料52】和歌山県・三船神社№17「慶長八年（一六〇三）上葺棟札」（同右二四一頁）……一九四
【史料53】京都府・真正極楽寺№1「本堂享保二年（一七一七）建立棟札」（近畿編Ⅰ一五三頁）……二一三
【史料54】京都府・真正極楽寺№2「本堂享保二年（一七一七）上棟棟札」（同右一五四頁）……二一三
【史料55】京都府・真正極楽寺№3「本堂享保二年（一七一七）建立棟札」（同右一五四頁）……二一四

棟札の研究

はじめに

京都の左京区に真正極楽寺という寺がある。一般には真如堂の名で親しまれている。正暦三年（九九二）一条天皇の勅願により、戒算上人がはじめたと伝えられている。当然、幾多の変遷があった。中でも応仁の乱の時には、この寺も被害を受け荒廃した。応仁二年（一四六八）八月三日のことであった。以後、大永元年（一五二一）に至るまで半世紀の歳月をかけて再建された。幸い、この間のことを記した『真如堂縁起』という上・中・下の三巻からなる絵巻物が同寺に伝えられている。上巻・中巻には、真如堂の本尊である阿弥陀如来像の造立と応仁の乱に至るまでの真如堂の創建や由来が描写されている。そして、下巻には応仁の乱後の復興の様子が生き生きと描き出されている。奥書に「大永四年（一五二四）八月十五日」とあるので作成年代が明瞭である。従って、上・中巻に記された古い時代の真偽はともかく、下巻に記された再建過程の描写は同時代資料なのでほぼ信頼をおけるのではないかと考えられる。

さて、物語を記した部分の詞書きによれば、文亀三年（一五〇三）四月七日に本堂上棟の儀式が執り行われた。この時、堂の上には紫の雲がたなびき、白く煌《きら》めいた花が降り注いだ。人々がこの花を手に取ろうと立ち上がると、俄《にわか》に消えてしまった。また綺麗な色をした鳥たちが飛び交い、一羽の鳥が棟の上に立てた弓の上に舞い降りた。こうした種々の奇瑞は儀式の進行と共に現れ、儀式の終了と共に西の空に消えていった。これらの珍しい現象は、すなわち瑞祥は信仰心をいやが上にも高めたことだろう。『真如堂縁起』には以上の詞書きと、この上棟

式の場面が克明に描かれている。

さて、当該の場面の写真をみると、向かって右側に出来上がりつつある本堂を描く。屋根は板が張られているが、まだ檜皮などは葺かれていない。当然である。建物の最も高い部分の屋根の横木、即ち棟木が上げられた時の儀式、上棟式を描いた場面なのだから。ただ、ここでは棟木が上げられた時の場面ではなく、それから多少の時を経て完成直前の本堂が描かれている。屋根には板が張られ、建物の内装も床が張られ、建具もしつらえられている。建物は人体出来上がり、後は屋根を葺くだけの作業が残っているのみという段階での上棟式の様子が描かれている。

さて、屋上には棟の左右に弓が立てられ、右側の弓には狩股《かりまた》の矢、左側の弓には鏑矢《かぶらや》がつがえられている。左右の弓の近くには折敷《おしき》が二対供えられている。白い皿・瓶子・昆布と思しきものが見える。屋上には四人の人物

【図１】上棟式の場面（真正極楽寺蔵『真如堂縁起』より）

が描かれる。一人は中央の棟の上で槌を振るっている。上棟式の主人公で番匠の大工（棟梁）である。その右の人物は補佐役である。屋根の軒には左右に正装に身を整えた武将が二人、床几に腰を掛けている。この儀式の進行を妨げる者を討ち果たす役割を担っている。

この建築途上の本堂の正面の庭から屋根に向かって、横板を縄で繋いだ橋が掛けられている。屋根に上り下りするための仮の坂道である。これに向かって莫蓙・白布が敷かれ、そこに衣冠束帯に身を正した神官が御幣をもって立つ。その後ろには白衣の従者が二人控えている。その廻りには、烏帽子・直垂姿の武士が六人ほど座っている。本堂に近い二人は明らかに敷皮の上に座っている。そこに馬が牽かれる。さらにその廻りに被衣《かづき》を被った女性をはじめ参詣の人々が描かれる。堂の中には僧侶二人とその妻であろうか女性と思しき二人がおり、縁には僧侶一人・武士二人（腰しかみえない）がいる。

右側の狩股の矢をつがえられた弓の上には、詞書きにあったとおり、鳥が止まっている。空には紫の（絵巻では桃色に見える）雲が漂い、花びらが舞い、極楽鳥と思しき色彩豊かな鳥が二羽踊り舞っている。迦陵頻伽《かりょうびんが》という極楽に住む鳥だろうか。まさに一個の寺院の本堂の大体出来上がった時点での晴れやかな儀式であった。この絵は一五世紀初頭の上棟式の場面を描いた類い稀な資料なのである。

この上棟式の時、建物の名・上棟の年月日・施主など建築主の名・工匠など工事担当者の名などの建築に関わる諸事項、さらには祈願の文言・工事の費用・経文の一節である偈・呪いの文言や符号、あるいはさまざまな由緒来歴などが記された。その多くは縦長の板に記され、この儀式の時、棟木に打ち付けられたという。これが「棟札」である。また、直接棟木に記されることもあった。こちらは、厳密には「棟木銘」という。ここでは両者を併せて考察の対象にしたい。なお、残念ながら、この時の棟札は現在の真正極楽寺に伝えられていない。

第一章　棟札の考察

一　最初の棟札

今日まで伝存する最古の棟札・棟木銘は、いずれも岩手県の中尊寺に伝えられている。金色堂で有名な奥州藤原氏三代の栄華を伝えるあの中尊寺である。最初にその文面を見て見よう。

【史料1】岩手県・中尊寺大長寿院№1「伝経蔵保安三年（一一二二）棟札」（『社寺の国宝・重文建造物等　棟札銘文集成――東北編――』平成九年三月、国立歴史民俗博物館、七四頁）、総高一三四・八cm、上幅二二・一cm、下幅二二・一cm、厚さ三・一cm、頭部の形状平頭、材質檜、重文附

（表）

奉造立堂一宇

長二丈五尺
廣二丈五尺

保安三年歳次壬寅四月十四日壬寅

大工□

小工

僧慶世
玉造秀文
出雲恒行
藤井重貞
□房
高（カ）蔵房
新楽房
近清
真正津軽

大□

藤原清衡　大□
女檀平民　大□

（裏）

（記載なし。）

【史料2】岩手県・中尊寺金色院№1「金色堂天治元年（一一二四）建立棟木銘」（同前書六九頁）

（表）

天治元季歳次甲辰八月廿日甲子建立堂一宇 長一丈七尺 廣一丈七尺　大工物部清國　小工十五人 大行事山口頼近 鍛治二人　大檀散位藤原清衡　女檀 安部氏 清原氏 平　氏

史料1は棟札、史料2は棟木銘である。史料1は、最初に「奉造立堂一宇」と記す。すなわち、お堂を一棟造立致しますと記し、以下、堂の大きさ、年月日、大工・小工、そして建築主としての大檀那の名を記している。

一方、史料2は、最初に年月日、次に「建立堂一宇」と記している。すなわち、何年何月何日、お堂を一棟建立致しますと記し、その両脇に堂の大きさを記す。そして大工・小工、さらに大行事・鍛冶を記し、最後に大檀那藤原清衡およびその母・その妻と思われる女檀の安部氏・清原氏・平氏を記している。整理すると、

奉造立建物名（大きさは割書）＋年月日（干支は割書）＋工事担当者（その人名、多い場合は複数行）＋施主名（その人名、多い場合は複数行）

または

年月日（干支は割書）＋建立建物名（大きさは割書）＋工事担当者（その人名、多い場合は複数行）＋施主名（その人名、多い場合は複数行）

となる。

年月日が最初にくるか、二番目にくるかの違いがあるのみで、その書きぶりはよく似ている。文章は最初、もしくは二番目に記される「奉造立堂一宇」「建立堂一宇」とある部分のみである。それに続けて、以下に各項目を基本的には縦一行に記し、その各項目の補足事項を割書あるいは複数行にしている。

あるいは、やはり全体が一文で、史料2の場合、「天治元季（歳次甲辰）八月廿日（甲子）、長さ一丈七尺・広さ

一丈七尺の堂一宇を、大工物部清國・小工十五人・大行事山口頼近・鍛冶二人、大檀は散位藤原清衡、女檀は安部氏・清原氏・平氏らが建立す」と読むのかも知れない。

これを「中尊寺型」の棟札の書式と仮に名付けておこう。

二　棟札の定義

さて、沼田頼輔は、「棟札とは神社仏閣その他建築物を建立もしくは修繕したる時、その事柄を後世に記念せんがために、その建立もしくは工事に与かりし人々の氏名及び建立の成りし年月日等を木札もしくは銅板に記して、これを棟及び梁に釘付としたるものをいう。然れども右の如く木札若くは銅板に記さずして、直接に棟梁に記せるものもあり」（『考古学雑誌』第八巻第七号、現代文に改めた）と定義している。中尊寺の棟札・棟木銘（史料1・2）は、まさにその通りのものである。

この見解はその後も引き継がれた。例えば『国史大辞典』（吉川弘文館）には、「上棟式のとき、建物名・願主・工匠名・上棟年月日などを書いて、棟木に打ちつけた板。新築に限らず、大修理・屋根替の時にも造られる。古くは棟木の下面に直接書いた棟木銘が多いが、鎌倉時代の中ごろ以後は棟札がふえ、南北朝時代以後はほとんど棟札となる」（大田博太郎執筆）と記されている。

一方、伊藤太は、「棟札の古文書学――中世丹後の工匠・代官・宮座――」（『日本社会の史的構造　古代・中世』、思文閣出版、一九九七年）という論文の中で、「棟札銘は願文の一形態として理解しうる」と、明快に棟札が願文であると主張している。伊藤説の詳細は後に検討するとして、何故、この二通りの定義が生じたかといえば、もともと棟札にはこの両者が記されていることが多いからである。

試みにもう少し具体例を見てみよう。

【史料3】岡山県・鶴山八幡宮No.2「本殿寛永十二年（一六三五）再興棟札」（『社寺の国宝・重文建造物等　棟札銘文集成――中国・四国九州編――』六〇頁）、総高一九一・〇cm、上幅二四・一cm、厚さ二・〇cm、頭部の形状角形、指定重文附

（表）

広目天　聖主天中天　哀愍衆生者　持国天　御遷宮導師眞言末葉高室山金剛院法印快英

(梵)《キリーク》卍奉再興正八幡宮一宇成就所　大願主作州大守藤原朝臣森内記長継御武運長久　息災延命城中安全子孫繁栄如意御満足所

増長天　迦陵頻加聲　我等今敬礼　多聞天　御奉行各務内膳正和政　鎌田源太兵衛尉重政　大工　藤原朝臣新崎孫市郎吉次寛永十二乙亥年　林鐘吉祥日

（裏）

(梵)《バン》(梵)《オン》(梵)《バ》(梵)《ラ》(梵)《ダ》(梵)《ユ》(梵)《ソハー》(梵)《カー》(梵)《オン》

(梵)《ヤク》(梵)《ウーン》(梵)《ラク》

(梵)《ラ》(梵)《シヤ》(梵)《ダ》

(梵)《ビ》(梵)《ケン》(梵)《タン》

【史料4】岡山県・真光寺No.2「三重塔慶長十八年（一六一三）棟札」（『社寺の国宝・重文建造物等　棟札銘文集成――中国・四国九州編――』六三頁）、総高一三七・二cm、肩高一三三・五cm、上幅二四・〇cm、下幅二四・〇cm、厚さ一・五cm、頭部の形状尖頭、切り欠き無し、材質檜

（表）

封　封

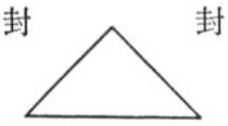

聖主天中天　迦陵頻伽声　大檀那大梵天王本朝檀越　角屋休意　篠屋道智　十万屋良喜　心柱　文伯屋加世

片上真光寺慶長癸丑三月十五日御滝山無量寿院寺務大阿闍梨法印権大僧都勢恵上人

哀愍衆生者　我等今敬礼　大願主帝釈天王　大工備前国片上住人中司伝右衛門丞藤原家次

封　封

（裏）

（真　言　多　数）

迷跡　三界域
悟跡　十方座
本来　無東西
何処　有南北

【史料5】広島県・吉田清神社№21「住吉大明神社殿元亀二年（一五七一）造立棟札」（『社寺の国宝・重文建造物等棟札銘文集成――中国・四国九州編――』九六頁）、

（表）

封　聖主天中天　迦陵頻伽声　大檀主右衛門督大江輝元家門安寧武運長久

（梵《バン》）奉新造立一宇住吉大明神御宝殿一宇夫意趣者為　元亀二年辛未極月廿三日　敬白

封　愛愍（ママ）衆生者　我等令（今カ）敬礼　子孫栄昌殊者社頭安穏威光自在当所豊饒而已

（裏）

（記載なし。）

【史料6】広島県・川西八幡神社№1「宝殿弘治三年（一五五七）建立棟札写」（『社寺の国宝・重文建造物等棟札銘文集成――中国・四国九州編――』一三〇頁）

（表）

弘治三季丁巳　寺務法印禅誉　本願平左衛門

奉新建立八幡宮御宝殿壱宇焉　右意趣者　寺院豊饒　仏法興隆　大檀門武運長久　家門安全并庄民快楽　五穀成就而已欽言

九月吉日良辰　檀主藤原朝臣元春　大工佐伯弥十郎　鍛冶　彦三郎

（裏）

（記載なし。）

〔備考〕上端尖頭部欠損。

この史料3から史料6までの四点の棟札を見ても、確かに建物の建築に際して記されたことは明らかである。何を、何時、誰が、建てたのかが記されているのである。「誰が」には、発願した人・費用を負担した人つまり檀那・施主、そして実際の工事にあたった大工などが含まれる。加えて、何のために、すなわち何を願って建てたのかという意趣の中に祈願の文言が記されることも多い。同時に呪いの文言や符号が記されたり、寺社の由緒の記されることもある。この場合には、どこそこの寺社にはと、場所の明記されることも多い。さらに発展した形のものでは、工費や工程・工事に当たった職人や奉加者の名の列記・周辺の事件などまでが記載されるようになるのである。

この四点はいずれも似たような内容を記しつつ、詳細にみると変化に富んでいる。例えば、中央上部を見ただけでも、いきなり「奉造立……」「奉新建立……」とあるものもあれば、一方、梵字や卍、あるいは△の記号を付すものもある。また経典の一節である偈の記されることも多い。ここでは『法華経』巻第三化城喩品第七に記される偈句、すなわち、「聖主天中天　迦陵頻伽声　哀愍衆生者　我等今敬礼」が記されている。この偈も、左右二行に記すもの、四行に記すものなど、記載の様式は一定してない。

このようにいずれもが寺社の建造に関わるものであって、よく似ていながら、細部は微妙に異なっている。この微妙な相異が棟札をより知りたいと思った場合の障害になっている。即ち、統一的、系統的な把握を困難にさせているのである。

なお、民家にも棟札はある。しかし、残存の状況は建物の性格からいって社寺に伝えられたものが多い。また、民家の棟札は比較的新しい時代のものが多く、また、個人の住居ということもあって調査の進んでいない側面もある。こういうわけで以下の考察は主に社寺に伝えられた棟札を対象にして行きたい。

三　棟札の概要(1)

こうした現状から、棟札をよりよく知るためにという意図で書かれたものに、佐藤正彦著『天井裏の文化史――棟札は語る――』(講談社、一九九五年)がある。この中で佐藤は、形態・大きさ・材質・内容など棟札の特性を順次取り上げ、さらに記載内容を分類して解説を加えている。

最初は、棟札の記載内容を、「奉造立……」と記される主文、年月日、檀那・願主、願文、経文、経費、由緒、記号、神々と仏たち、梵字(種字)、神職、村役人と村勢、奉行、筆者の一四項目に分類し解説する。次に、建築に携わった職人たちを、木工技術者である番匠をはじめ細工人・彫物師・鍛冶・木挽・塗師・石工などを順に取り上げている。

願文は、①武運長久、②天下和順　日月清明　風雨以時、③天下太平　国家安全、④天長地久　風順雨従、⑤息災延命　子孫繁栄、⑥五穀豊饒　火災不起　村中安穏　福寿円満、⑦諸病消除、⑧寺旦繁栄と、いずれも人々の願望のあって欲しい状態を願っての内容が記載されている。これも右のように多様に表現されることを指摘する。

また願意とも重なるのであるが経文の一節である偈が記されることも多い。これもいくつもあるが、①「聖主天中天　迦陵頻伽声　哀愍衆生者　我等今敬礼」（『法華経』巻第三化城喩品第七）、②「我此土安穏　天人常充満園林諸堂閣　種々宝荘厳」（『法華経』巻第六如来寿量品第一六）、③「諸仏救世者　住於大神通　為悦衆生故　現無量神力」（『法華経』巻第七如来神力品第二一）、④「厳護法城　開闡《かいせん》法門」（『大無量寿経』の巻頭）などが主なものである。

呪いの符号・呪文の記されることも多い。例えば、「△・封・〇・∴・四隅の×・△と封・日月星・△と日月星・〇と日月星辰・☆（五行）・碁盤の目（九字）・水の記号・水水叶・参封参・鬼鬼鬼・天中天・品＋合・急々如律令・九九八十一八九七十二」などである。この組み合わせもバラエティーに富む。

他にも仏の名、神々の名、梵字の意味、さらに工程・工匠名・経費・経費の負担・由緒など、様々な角度から棟札に解説を加えている。加えて佐藤自身の棟札調査のエピソードが各所に添えられて読みやすい内容になっている。

このように中尊寺型から発展した後世の棟札には多様な内容が記されており、なかなか棟札の定義を一概に確定するのは難しいのである。とはいえ、棟札は建造物の建築に際して記録されたものであり、また寺社の建物に関わる場合、一定の神仏への願いが込められるのが実際の姿であった。

棟札に記載された事項はそれほど多くはない。実際、棟札を見れば、どれも同じように見える。確かにここまでに見たように内容は多岐にわたる、しかし、多岐にわたるといっても、いずれもが建築に関わることと祈りに関わることであって、世の中全体の諸事象に較べればいかにも単純な内容しか記載されていない。ところが実際に分類しようとすると今も触れたように案外複雑なのである。この複雑さの故に多少の混乱、あるいは棟札の研究が躊躇される状況があった。では何故単純であり、かつ複雑なのかが問題となる。前置きはこの辺りにして、ぼつぼつ本論に入っていきたい。

四　棟札の概要（２）

初期の棟札の書式の一つは中尊寺型（史料１・２）であった。その後今少しの要素が加えられて内容はやや複雑多岐になった（史料３・４・５・６）。その結果、棟札の性格を巡って、建物建造の記録とする考えと願文であるという見解の相違が生じたり、また何人かの人々が、その外形や銘文の分類と体系化を試みてきたのである。最近の分類そして系統的な把握を試みたものは『山梨県棟札調査報告書』である。それは山梨県内に所在する棟札類の銘文を集成し県史資料叢書の一つとして「棟札調査報告書」を刊行して行くもので、平成七年（一九九五）に「郡内Ⅰ」が、以後、平成八年に「国中Ⅰ」、平成九年に「河内Ⅰ」が次々と刊行され、今後あと三冊発行される予定であるという。

なんといっても本書の特徴は棟札の銘文を網羅したことにある。その上で各データを記載し、それを集計し考察を加えていることである。従来は、考察のみか、データのみかの一方であることが多かった。例えば、『天井裏の文化史』(佐藤正彦著)は考察編のみで、データは皆無に近い。これでは読者は佐藤説を聞くのみにおわり、再検討の道が開かれていなかった。『山梨県棟札調査報告書』の報告は、銘文を正確に写し取り、外形や寸法などのデータを備え、その上で、全体の考察を種々の集計結果とともに行っている。この調査報告は秋山敬らによって担当され、考察部分は秋山敬の責任執筆である。

なお、以下の要約は、『山梨県棟札調査報告書』の「郡内Ⅰ」により、『同報告書』の「国中Ⅰ」「河内Ⅰ」は、必要に応じて補足したい。山梨県の棟札全体の特徴を考える上では、当面「郡内Ⅰ」の考察で、ほぼ山梨県下における棟札の概要は捉え得ると思うからである。いずれ全六冊、あるいはそれ以上が刊行された暁に、全体の集計結果が明らかになることを期待したい。

最初は棟札の定義である。

本書では、棟札を「建物の建立や修理に際して作成された札」と包括的に定義した上で、その記載内容を重視して、銘文中に次のような内容のいずれかが確認できるものを棟札に分類した。

①建築に関わることを示す、建立・再建・上葺・修復・修理・造営などの文字が見えること

②大工や屋根屋など、建築に従事する職人の存在が確認できること

③建物名が記されているなど、明らかに建築に関わるものと推定されること

と、簡潔かつ明瞭に棟札を定義する。

そして同時に、棟札と深く関わりながら棟札に分類しなかったその他の札、すなわち遷宮札・勧請札・鎮座札・寄進札・祈禱札・護摩札・読誦札・奉納札も取り上げている。こうして収載された棟札などの点数は、「郡内Ⅰ」で棟札五九〇点、その他七六点の計六六六点に及ぶ。次いで刊行された「国中Ⅰ」では、棟札五七三点、その他一八四点の計七五七点、「河内Ⅰ」では、棟札六〇二点、その他一二三点の計七二五点が報告されている。

既に計二一四八点である。今後の続刊が望まれる所以である。

さて、次は外形の考察である。いわば棟札の姿である。棟札の多くは縦長の板で、頭部が平らなものと、尖ったものの二種がある。稀に横長のものもあり、これにも頭部が平らなものと尖ったものの二種がある。実際、「郡内Ⅰ」では、縦長で尖頭のもの七四％、縦長で平頭のもの一九％、横長で尖頭のもの一％、横長で平頭のもの五％、その他〇・四％であった。そして、頭部が三角形の尖頭型の場合は、さらに、①上の幅が下の幅より大きい熨斗型、②上の幅と下の幅がほぼ同じもの、③上の幅が下の幅より小さい将棋の駒型に分類する。その結果、「郡内Ⅰ」では、①熨斗型二一％、②上下同幅型七七％、③将棋駒型〇％で、多くの棟札は上幅と下幅は同じで、上幅が下幅より大きい熨斗型も一定程度あり、将棋駒型はないのである。一方、頭部の平らなものについては、上下の幅の差が一・〇cm未満のものが、即ち上下の幅がほぼ同じものが九六％を占めることを数値で裏付けている。

高さは全体の七四％を占める縦長で尖頭のものの場合で、二〇〜一〇〇cmの間のものが多く、九六％である。この点は、神奈川県のものは、これより少し大きいことを紹介している（『神奈川県近世社寺建築調査報告書』、神奈川県教育委員会、一九九三年）。いずれにせよ、一m内外か、それ以下のものが多いということである。従って、一mを大きく超えるものは稀ということになる。縦長尖頭型の総高の平均は五六・四三cm。幅の平均は一八・三六cmである。次いでこれらの詳細なデータを各型式ごとに時代による変化を追うが、その詳細は本報告書に当たって頂きたい。棟札の外形を数値で捉える場合、縦横の比率の差を縦横度で見ようとするなど、興味深い。実際、数値と共に掲載されたサンプルの写真を見ると、縦長の方形の板という単純な外形にも拘らず、色々な形があることに改めて気付くのである。こうした外形は、勿論、時代の推移とともに変化する。その詳細は『同書』を見て頂く他ないが、かといって、時代による決定的な特徴は見い出しにくいように思う。すなわち、棟札の外形は時代の推移とともに長くなったり、短くなったり、あるいは太くなったり、細くなったりする。しかし、こうでなければならないということはなく、さまざまな方形であり得たのである。

いよいよ本文、銘文の検討に入ろう。最初に、棟札の記載に書式があるか否かを見てみよう。

大工の作法書ともいうべき『匠家故実録』には、以下のように棟札の意味と書式が説明されている。

上棟札は、上棟式礼の祭神・鎮宅守護の斎札なり。また神廟仏堂造建の節、檀越主家の名、及び信仰の旨、功徳の事などを札に書して、棟に懸る事もあり、或いは相州建長寺の虹梁銘は、宋の隆蘭渓が作にて平時頼公（最明寺殿）の書なりと云う。漢土に於ては、上棟の文を懸る事、唐の世の末より始り、およそ宮殿を造建して棟を上る時、室を作る意を頌美して紙に書し、棟の東西南北に置き、または札に書して棟にこれを釘うつ等、書々に見ゆ。これらは所謂上梁の銘文札なり。尤も我が朝、昔古よりこれを用いるも少なからず。然るに今、工匠家に用る所、前に云う斎札絵板にて、頭を駒形になし、上下を星尺（魯般尺法）の吉寸に値て作るべし。文字の書格左の如くなり。且つ札の表の左右に、罔象女神、五帝龍神、手置帆負神、彦狭知神と御号を並べ書く事もあり。その意に任すべし。中の御号大元尊神とは、則ち天御中主尊の御別号にして、異朝の祀格に鎮宅霊符を斎祭る所、我が国に於てこの御神を尊信し奉ると同じき霊徳に在座なり。尤も宮社造営の上棟札は、中の御号天御中主神と書し、下文を宮営永久吉祥と認べし。余は皆大元尊神と書す事可なり。寺院の造建の節は、下文寺門永久吉祥と書す。右の図は俗家の上棟札の書き様なり。且つまた略々の節は、奉上棟祭神家門栄久守護と書きしなり。

札の裏に右の如く認べし。上にすゆる所は水の畫なり。鎮火災を念じて書すべし。勿論、清浄至敬にしてこれを認む（大和錦にて包み封ずるも可なり）。上棟成就の上にて、棟に懸け納むべきなり。

（表）　罔象女神　工匠何　何某敬白

奉上棟大元尊神　家門長久栄昌守護所

五帝龍神

（裏）　⁙　年号　歳　月　日　幹支吉祥

（『匠家故実録』享和三年〔一八〇三〕刊、『古事類苑』居処部四九九頁）

ところが、『山梨県棟札調査報告書』の「郡内Ｉ」は、「この作成例と全く同じ内容の棟札は確認できなかった」（三八頁）と報告しているのである。この点は、佐藤も「およその書き方は類似していても文面は必ずしもフォーマットどおりではない……（中略）……まさに棟札の記載事項すべてが、『その意に任すべし』であった」（七一・七二頁）と記している。

つまり、秋山や佐藤が見た範囲では、『匠家故実録』が載せる棟札の書式は、現存の棟札とは一致しないことが多いのである。この限りでは『匠家故実録』は、この作者が上記の棟札の書式が一般であるかの如く思っただけで、実際には広く受け入れられた書式ではなかった、と当面いわざるを得ない。この点は後に改めて検討したい。こうして秋山敬は、山梨県塩山市藤木の真義真言宗放光寺に『堂社棟札書様事』と題する棟札の書き方を記した文書にたどり着くのである。この文書は江戸時代後期のものとおもわれるが、一〇例の書式を紹介している。一〇例の中には実際の棟札には見られないものもあるが、一方、さすがに一〇例のサンプルがあれば、実際の棟札に近似したものもある。おそらく、実際の棟札を見ながら、パターン化したものではないかと思われる。しかしながらなお実際の棟札には、この『堂社棟札書様事』に記された書式からはずれるものも多い。この点について、秋山は「宗派ごとにこうした作法書が作られ、流布していたことは想像にかたくない」と、今後真言宗以外の宗派においても、このような記録が発見されることを期待している。

秋山の期待するように、確かに仏教の宗派ごと、あるいは神道の系統ごとに書式のお手本があった可能性は高い。事実、日蓮宗の法華曼荼羅型棟札は極めて整った、かつ広範に見られる書き方である。また、禅宗寺院にも共通する書きぶりがある。あるいは、大工の系統によって書き方が異なったかも知れない。当然のことながら、棟札は誰が記したのかという問題も検討される必要がある。ただ、その前に宗派や流派を超えて、棟札に記されること、その書式の共有があったか、なかったかも同時に検討されるべきであろう。

次には具体的な書きぶりが考察の対象に上げられる。これを秋山は、①主文型、②平文型、③上文型、④表題型、⑤単行型、⑥表裏型の六つに分類している。

①の主文型は、「中央に建立趣旨を大書し、その両側に年号・願主・関係者等を記載するものである」。これをさらに細分し、(ア)両側が二行以上にわたるものを狭義の主文型、(イ)片側が二行以上になるものを準主文型、(ウ)両側一行ずつの三行で構成されるものを三行型と分類している。②の平文型は、「普通の文章のように、右から左へと文章を書き流す形式である」。③の上文型は、「棟札上部に主題を記し、その下部に文章を配する形式である。使用勝手は平文型に近」い。④の表題型は、「一番右の行に、内容を包括するような主文を書き、以下文章を平文で記」したり、人名や費用などを列記したものである。表題型は棟札の外形では「横長系のものが多」い。⑤の単行型は、「文を一行に収めるものである」。⑥の表裏型は、「棟札の両側に、ほぼ同じ形態で文章が記載されているものである。いずれも主文型」である。ただし、既存の棟札の裏面に、一定の時の経過を経て別の棟札が記されることがある。これは、木の札としては、一枚であっても、実質は二点の棟札と数えるべきで、これはこの表裏型には含まない。さて、この書式の分かる棟札五六〇点の内訳は、広義の主文型四三一点（狭義の主文型一〇六点、準主文型一三三点、三行型一九二点）、平文型四三点、上文型三四点、表題型二三点、単行型八点、表裏型八点、その他四点で、圧倒的に主文型が多い（七六・九％）のである（前掲書四一頁の「第16表　時代別残存

数」に依る。但し、集計の数値は少し合わない）。

次には記載内容からの分類を試みている。その分類は、①由緒棟札、②寄進（勧化）棟札、③人名棟札、④大工棟札、⑤祈禱棟札、⑥記念棟札と記載された主たる内容でもって六種に分類できるのではないかと提案する。勿論、これらの内容は一つの棟札に同時に記載されることも多い。別の見方をすれば、棟札に記載された内容の分類であって、棟札の分類そのものではないかも知れない。そして、特殊なものとして、①祝詞棟札、②唐様棟札、③日蓮宗曼荼羅棟札、④富士講棟札の四例を挙げている。

こうして、おおよその棟札の有様を検討しながら、考察は更に細部へと進む。例えば、用語の検討がある。多くの棟札には、「奉造立本殿一宇……」「奉再興本堂……」と記されている。この建物を「造る」という表現のみでも一様ではない。

【表1：造営・修理に関する用語の出現頻度】

大分類	具体的な用語（括弧内は頻度数）
建立	建立（一五〇）、造立（一〇五）、造建（七）、新建立（五）、造営（三）、新造立（三）、建（三）、造栄（三）、立（二）、造（一）、並建（一）、同建（一）、立建（一）
再建	再建（三七）、再興（二〇）、再建立（一二）、再造（四）、建皆（一）、再応建立（一）、再宮（一）、再三造営（一）
修復	修復（三五）、修造（六）、修（四）、修理（三）、再興修造（二）、仕復（一）、修営（一）、繕（一）
上棟	上棟（三）、再上棟（一）、棟上（一）、再造上棟（一）
葺替	上葺（五）、上フキ（二）、葺（二）、ウワフキ（一）、屋根造立（一）、屋賛（一）、仮葺（一）、葺上（一）、葺替（一）、建立覆替（一）

（『山梨県棟札調査報告書　郡内Ⅰ』四七頁より作成）

表1に見られるように『山梨県棟札調査報告書　郡内Ⅰ』だけでも、造営や修理に関する用語は「建立・造立・修復・上葺」など四二種類にも表記されるのである。

他に用字の問題もある。例えば「造営」の場合、わざわざ「造栄」と勝字を用いたり、「無病息災」の場合、「病」や「災」の厭字をわざわざ小さく記したりするのである。

この先は、各自で「郡内Ⅰ」に当たって頂きたいが、今までに見てきた分類とこの用語や用字に見られる多様さなどの故をもって、棟札の理解には著しい困難が伴うのである。もう少し簡単に分かる方法はないものだろうか。もう少し棟札からその真意を読み取ることはできないだろうか。

五　棟札作成の具体例――一六世紀後半の安芸国厳島神社の遷宮――

実際に、建物が建てられる時、どのような儀式が執り行われたかについて、その詳細を記したものは案外少ない。特に上棟（棟上）の儀式あるいは棟札を記し奉納することに限れば、さらに少ない。ここでは、元亀二年（一五七一）十二月二十七日に安芸国厳島神社で執り行われた遷宮の儀式の様子を、吉田兼右の記した『兼右卿記』によって見てみたい。吉田兼右は一六世紀半ばを代表する神道家で、唯一神道の総帥である。

さて、その兼右は、元亀二年の暮れも押し詰まった十二月二十一日に安芸国の厳島に到着した。兼右が京都を発ったのは、約一ヶ月前の十一月二十七日のことで、道中所々に足を休めながら約一ヶ月を掛けての旅程であった。厳島では棚守左近大夫元行が船で出迎えに来てくれ、社頭の前で上陸し、長楽寺に入った。左近将監房顕も途中まで出迎えに来てくれた。寺家に着くと一献が酌み交わされ、房顕が太刀一腰、座主坊の大聖寺良勢が樽、大願寺の円海も樽を持って挨拶に来た。他にも上卿の三宅景俊・物申しの野坂正久以下四、五人の面々が次々と挨拶に訪れた。夜になって棚守の屋敷では風呂が焚かれた。客人の兼右に旅の疲れを癒してもらいたいという心尽くしであった。そこで兼右は、亭主に青色の織色一端、嫡男の左近大夫に萌黄色の織色一端、女房方に紅帯三筋を挨拶と土産と御礼を兼ねて贈ったのであった。その後、夕食も棚守元行の屋敷で頂いて、宿舎の長楽寺に戻った。宿舎に戻ると、房顕が遷宮の儀式は年内に執り行いたいと、その是非を尋ねてきた。そこで諸事を勘案して、来る二十七日が吉曜（良い日）であること、他に遷宮に必要な物などを返事したのであった。

この件に就いての兼右の正式な回答は以下のような書面に記された。

御遷宮の儀に就き、太守より仰せの儀を蒙り候条、下着せしめ候。定日（あらかじめ定めた日）は来春に遂行せらるべきかの処、御急ぎにおいては、来る廿七日吉曜（良い日）に候、尋ね申され、御左右たるべき次第に候。恐々謹言。

十二月廿一日　　兼右（吉田右兵衛督）判

棚守左近将監殿

明くる十二月二十二日、昨日の神官の棚守に伝えた遷宮の日取りや入用な物の目録などを桂元重にも伝えた。桂元重は毛利元就の家臣で今回の造営奉行を勤めていたからである。他にも今回の儀式に当たって、上棟大工や檜皮師や鍛冶等への祝儀をどうしたら良いか、京都（禁裏）ではどうしているのかを尋ねられた。たまたま京都の事例を記したものが手元にあったので、これも書面一通にして遣わした。この文面も以下に掲げておこう。

御棟上御下行の事

万疋　御棟へ参る。則ち御大工これを拝領す。

この内統梁（棟梁）に分け遣わす。同く仕手衆にこれを給わる。その内年臈次第に差別あるべきか。但し、御大工次第に候。御棟へ供え物色々これあり。御大工存知の間、これに注を付すに及ばず。いずれも御大工これを拝領する也。この外御大工に御太刀・御馬拝領の儀は、その御家に有り付きたる御佳例たるべきもの也。

五千疋　檜皮の御大工これを拝領す。（但し、この内統梁（棟梁）・仕手衆に右のごとくこれを分ち遣わすもの也）。

千疋　　鍛治の御大工これを拝領す。
五百疋　壁の御大工これを拝領す。
右、注を付す通り、大方この分に候。これは御棟へ万疋参られる時の儀に候。過分に参られる時は、それに随い御分別あるべし。又、少分の時も同前。

十二月廿六日
禁裏御修理奉行
加田新左衛門大夫
保景　判

すなわち、木工の大工に万疋（一〇〇貫文）の祝儀が与えられる時は、檜皮の大工に五千疋（五〇貫文）、鍛治の大工に千疋（一〇貫文）、壁の大工に五百疋（五貫文）が与えられるのである。これらの祝儀は、それぞれの職人の統率者である大工に与えられ、各職人には大工が配分して渡したのであった。また、いつも万疋ではなく、その時々によって多寡があった。その場合は、この例に従って、適宜比例配分されるのが京都での通例であった。何といっても木工技術者の比重は格段に高かった。木工技術者（いわゆる大工）と檜皮師と鍛治と壁塗りの比率は、二〇対一〇対二対一となる。ただ、実際には、建築工程の比重の割合もあって、壁塗りという作業は、それほど多くなかったのかも知れない。案外、比重の高いのが檜皮職人である。

その後、田右兵衛尉父子・物申しなどが挨拶にやってきた。

十二月二十三日、まもなく完成する厳島神社造営に当たっている大工・小工らが兼右を訪ねてきた。今回の上棟の儀は、御祝い料がすっかり減少してしまったので、御弓矢も掛けず、御幣も立てず、ただ御酒ばかりで祝いたいというのである。そこで兼右は、それはいけないと諫めたのである。ついでに、大工や鍛治など職人の儀式への参加について、以前、広橋兼秀が執り行った長門国二宮の鳥居の時の事例を写してやった。

社頭の鳥居を造る事の条、大工・鍛冶出仕の間、事尋ね承り候。大工においては勿論に候。鍛冶は儀式の出仕無く候か。内裏を造るの時、その分に候。南都の大鳥居相い立て候時の儀、尋ね遣わし候の処、大工は装束を着出仕、鍛冶は上下にて只罷り出るの由、申し候。この分御伝達あるべく候なり。謹言。

五月十五日　　兼秀

（小槻伊治）
大宮殿

家を造る時、大工・鍛冶出仕の事、先年、鳥居の儀に就き申さしめ候き。その分別儀あるべからず候なり。謹言。

正月十三日　　判

大宮殿　　広亜兼秀也

やはり、木工の大工と鍛冶の間では、儀式への関わりに相当の差があったのである。

また、厳島神社の供僧で座主の大聖寺良勢と導師の本興寺も訪ねてきた。二十七日の遷宮の儀式の翌日の二十八日に曼陀羅供を遂行したいというのである。当時は神仏混淆で神社にも僧侶がいた。しかし、諷誦願文書のことは文盲で作れないので書いて欲しいという。頻りに所望されたので、書いて与えることとした。

要するに、職人も僧侶もそれぞれの立場で、この晴《ハレ》の儀式に参加したいのである。ところが、いつもある儀式ではない。そこで先例に詳しい兼右に種々尋ね相談をしたのである。

十二月二十五日、今度は厳島神社の大工の豊嶋神兵衛栄明が御上棟の印明《いんみょう》を伝授して欲しいといってきた。印明というのは仏語で、手に印契《いんげい》を結び、口に真言を唱えることである。

奉立御弓矢大事

阿南月弓尊、月夜見尊、月読尊
　奉打御槌大事
天元々清、地本々寧、人神々楽
　奉竪御柱大事
天御柱、国御柱乎御竪津
　啓白
高天原仁神留坐須皇親神漏岐神漏美乃命乎以天、四方乃国中仁大倭日高見乃国乎安国止定奉天、厳島乃下津磐根仁宮柱太敷立、高天原仁千木高知天御瑞乃御舎仁仕奉天安国止平介久所知食牟、如此知食天波、罪止云罪、咎止云咎波不在物乎止祓賜比清賜止申事乃由乎、太御神達諸共仁左男鹿乃八乃耳乎振立天聞食止申須。
　授于豊嶋甚兵衛栄明了。
　　元亀二年十二月　日
神道長上（花押）　（鳥子紙ニ二ニ折テ、四枚別ニ書之。奥書皆同シ）

十二月二十六日、遷宮の儀式の前日、毛利輝元の使いの桂元教が挨拶にきた。進物は樽一〇荷と十色の品々と米八〇石であった。十色の品々は鶴・鯛・鮭・鰹・海月・螺辛・鯖・索麺・蜜柑・昆布であった。また、使いの元教自身も太刀一腰・二百疋の進物を兼右に贈った。

十二月二十七日、いよいよ遷宮の当日である。朝の間は雨が降っていたが、未の刻あたり（十時ころ）には晴れてきた。まさに、清めの雨で兼右は奇特なことと感心している。さて、酉の下刻（夕方七時ころ、十二月という季節では、辺りはもうすっかり闇である）に、兼右は冠を被り斎服を着て社頭に参った。鈴鹿兵庫助右正と安田右近允右宗と藤木又二郎がおのおの浄衣を着て供奉していた。鈴鹿神九郎は太刀を持ち、田口弥七郎ほか雑色五、六人が、まず仮殿の左方の座敷にはいった。そこで暫く休息をとった。次々と社官や社僧などがやってきた。厳島神社では儀式開始の刻限は潮の干満に従っていた。この日の潮は亥刻（午後十時過ぎ）に満ち、やがて子の初刻（夜中の十二時）に干きはじめ、丑の刻に及ぶということである。早速潮が引きはじめた。全く神慮というものは不思議という他ないと、兼右は感心している。京都暮らしの兼右には海の自然は興味深いものであった。

すでに仮殿から浜の鳥居までの間、二町（二〇〇m）ばかりに幕が引かれていた。仮殿というのは、今回の社殿造営の間、一時、神様に住んで頂く建物である。今、社殿が完成し、仮殿から新しい社殿に移って頂くのである。浜の鳥居から本社の前までにも幕が引かれていた。その間、都合四町にわたって幕が引かれ、幕の内側の通路には薦筵が敷かれ、中でも本社の前の幕には絹が使われていた。

さていよいよ儀式の開始である。最初はこれから御出立する神に供え物をする。この様子を見物しますかと、棚守左近将監がいうので、神前にまかり出た。まず、客人（マラウトノ）御前に神供が供えられた。この役は上卿の三宅景俊と祝師（モノマウシ）の野坂正久の両人が勤め、手長は厳島神社の四〇人の内、二人の巫女が上壇で勤めた。手長というのは、祭祀の時に神饌を運ぶ神職のことである。ここでは巫女二人がその役を担ったのである。勿論、当社第一の巫女である。神供を供え終わると上卿は大床に降りて左より右へ幣を五度振り奉幣し、五度拝んだ。物申しは、大前の上壇で再拝し暫く座っていた。祝詞を読んでいたのであろうか。拍手が二度聞こえた。この間、楽器が奏でられ、神供はそのままで、直接各人が本社にお参りを行った。

いよいよ、深夜子の刻（午前零時）、兼右は仮殿の前に進み出てお参りをした。社官・社僧なども参集し八〇余人いただろうか。当社の神輿三社分が社前に舁ぎ出された。本来なら羽車を用意すべきであったが、それはできなかったので御輿が使用されたのである。このほかもう三社分は仮の御輿が調えられた。錦を張って、これまた三社の御前に舁ぎ出された。

さて兼右は玉殿の宝前に進み、上卿・物申・棚守将監も兼右に従った。物申は束帯、棚守将監は斎服を着ていた。

兼右は三種の加持を行い、六根清浄の祓い・中臣の祓いを誦み奉った。

次に六所の内、第一殿の御戸を開き奉り、印明をいつもの通り行い、玉殿の内に入り、神様を取り出し奉り、神輿の内にお入れした。社家の三人は恐れ奉り、近づこうとしなかった。

それから、一殿左方の二殿・一殿右方の三殿・一殿から左へ二つ目の四殿・一殿から右方へ二つ目の五殿・一殿から左へ三つ目の六殿の神々を悉く神輿に移し奉った。

一殿・二殿・三殿は御一体であった。四殿・五殿・六殿にはあるいは三体、あるいは五体、あるいは六体が御座していた。

次に祠官と上座衆の六人が絹の幣を持ち先駆となり、座主の僧が柄香炉を、次の社僧が麗水を持ちうやうやしく待機した。

次に祠官・社僧各々が神輿を舁ついだ。六所とも同じようであった。兼右は、六所の神輿の前に供奉した。鈴を振ることはなく、藤木又二郎が入箱蓋を持った。鈴鹿兵庫助・安田右近の両人が警蹕《けいひつ》を勤めた。還幸は仮殿より大鳥居の浜を廻り本社に至るもので、その間四町余（約四〇〇メートル）に及んだ。

本社の前に着くと、神輿がおろされた。兼右が内陣に進み御簾を降ろすと、上卿・物申・棚守の三人が内陣に進んだ。玉殿の戸を開き、神体を頂戴して安置した。印明はいつもの通りであった。六社の神々を同じように安置すると、神輿は全て外に取り出された。無事、安置が済むと、内陣に神道行事の壇一座が設けられた。壇一座が終わると、外陣で御鈴が引かれ、次で告文《こうもん》が読まれた。

次に歌仙の拝殿で太祓いが行われ、兼右は退出した。

神人三人が勤めた行事壇が片付けられると、祠官衆が神供を供えた。この間、儀式の進行が滞り無く行われるようにと警固をしていた桂元重は大口・直垂を着け拝殿に祇候していた。

全て終了した後、兼右は、「一事として誤りなく、無事、遷宮が遂げられたことは、まさに神慮で、これに過ぎる満足はない」と述懐している。確かにこの厳島神社の遷宮の儀式の主役は兼右であった。感慨もひとしおであったろう。

十二月二十八日、祠官や社僧が遷宮の儀式の無事済んだお礼にやってきた。桂元重の使が来ていうのには、今日、当社で曼陀羅供を行いたいので、その様体や先例を聞かせて欲しいとのことであった。兼右は、諸社遷宮の時、曼荼羅供を行うことはその例がない、当社でも遷宮の時、この儀を行った例はない。だから行わなくて良いのではないか、と返事した。ただ、社僧らが頻りに曼荼羅供を行いたいというので、先例がないのだから作法は知らないと返答しつつ、その願文を書き遣わした。

結局、曼荼羅供は執行され、兼右もまたそれを見物したのである。

それからしばらくして、年も明けて元亀三年正月十三日、大願寺の円海上人から朝飯に誘われた。座主・上卿・祝師・棚守等も同席していた。この折、兼右は、「当社頭の棟札を作りたいので、後鑑のため書いて欲しい」との依頼を受けるのである。

この時の厳島神社の造営では、上棟の時に棟札が作られたのではなく、全てが終わった後に作られたのである。棟札の考察に当たっては大事な部分と思われるので、『兼右卿記』の元亀三年正月十三日条の本文を以下に引用しておこう。

大願寺本願円海上人、朝飯に来たるべきの旨、申すの間、向いおわんぬ。座主・上卿・祝師《モノモウシ》・棚守らおのおの出座す。歴々丁寧の儀なり。また当社頭の棟札を所望の間、後鑑のためこれを書きおわんぬ。誠に末代に残るべきの儀なり。

奉造立神殿、大檀越征夷大将軍源朝臣義昭、遷宮右兵衛督卜部朝臣兼右、守護名代桂左衛門尉大江元重・本願円海上人・同宥円、清分・慶厳・覚蔵。座主権少僧都良勢・上卿景俊・祝師正久・棚守房顕・客人棚守親尊。
（この三くだり、以上一くだりこれを書く、板の長さ五尺）
（この分、右方の脇にこれを書く、中程より下にこれを書く）
（この三人は脇に一人ずつこれを書く）

元亀二年十二月廿七日　大工佐伯栄明・小工栄秀
（左の方の脇に、板の中程より下にこれを書く）

実に、この時の棟札は現存しているのである。

【史料7】広島県・厳島神社No.1「神殿元亀二年（一五七一）造立棟札」（『社寺の国宝・重文建造物等　棟札銘文集成――中国・四国九州編――』一四三頁）、総高一五六・七cm、肩高一五三・四cm、上幅二一・一cm、下幅二〇・〇cm、厚さ一・七cm、頭部の形状尖頭、切り欠き無、仕上げ手斧、材質杉、指定国宝附

（表）

座主権大僧都良勢上卿景俊祝師正文棚守房顕客人相守親兼
奉造立神殿大檀越征夷大将軍源朝臣義昭遷宮右兵衛督卜部朝臣兼右守護名代桂右衛門尉大江元重本願円海上人同宥円　清分　慶散　覚蔵
元亀二年十二月廿七日　大工佐伯栄明小工栄秀

（裏）

一切日皆善　一切宿皆賢　諸仏皆威徳
羅漢皆断漏　以期誠実言　願我当吉祥

〔備考〕裏面銘文は現在ほとんど判読不能。棟札は今、当社の宝蔵に納めてある。

人名の読みが一部異なるものの、確かに兼右に教えて貰った通りに書いているのである。また、この棟札の大きさは一五六・七cm、これまた兼右の「板の長さ五尺」という指示通りの数値である。棟札のお手本は確かにあったのである。この場合は、お手本というより、むしろ兼右が直接指導をしたのである。当時の日記の記録と現存の棟札が一致する。まさに感動である。

ところが問題はこの先にある。この後の厳島神社の棟札が、この兼右の示したお手本に従った様子がないのである。また、毛利氏の本拠の広島県吉田町の清神社の「祇園社天正十一年上葺棟札」（史料8、同書九一頁）「祇園社社殿文禄五年上葺棟札」（同書九二頁）などを見ても、どうも兼右のお手本の影響を受けた様子が見られないのである。

【史料8】広島県・清神社№10「祇園社天正十一年（一五八三）上葺棟札」（同書九一頁）、総高一五四・二cm、肩高一五一・八cm、上幅一六・八cm、厚さ〇・九cm、頭部の形状尖頭、切欠き無、指定県指定文化財

（表）

（梵《バン》）奉上葺藝州高田郡吉田庄祇薗社一宇　右意趣者　奉爲天長地久　御願圓満社頭安全　威光增益也　護持大檀主大江右馬頭輝元朝臣武運繁榮　家門昌泰※

天正十一年癸未　祝師左近將監元辰　湯淺源兵衛亟元□（定）

※作叓奉行堅田三郎左衞門尉元乘　大工佐伯源左衞門尉元貞　鍛治　佐伯左衞（門脱カ）三郎元利

霜月廿二（四）日　神主粟屋佐渡守方泰　宇多田右衞門亟元次

兼右といえば、当時、唯一神道の主導者であった。その故に毛利氏は厳島神社の遷宮の儀式にわざわざ京都から兼右を招いて、その儀式を執り行ったのである。また、棟札の書き様も兼右に求めたのである。求められたか

ら兼右はお手本を示したのである。その結果は、ただ、その時の棟札にこそその通り記されたが、以後継承された様子も流布した様子も見られないのである。何故なのだろうか。

元亀二年の厳島神社の棟札と清神社（祇園社）の天正十一年・文禄五年の棟札とどこがことなるかといえば、一見しての相違点は二点である。一つは領国主毛利輝元の名があるか否か、もう一つは意趣、すなわち祈願の文言、何のための社殿の造営か、あるいは修復かが記されているか否かである。兼右が示したお手本にはこの両方ともないのである。いや一方、すなわち大檀那は記されている。しかし、兼右の考えではこれだけ大きい、天下国家の安泰を願う神社の大檀那は室町幕府の将軍をおいて他にはなかった。しかし、毛利氏の側からいえば極めて不満であった。実質、この工事を指揮したのは毛利氏であり、直接工事を監督したのも勿論毛利氏の家臣桂元重であった。

毛利氏にとっては、ただ先例を教えてくれれば良いだけのことで、その後は、地元でアレンジしてやって行くのである。事実、厳島神社は遷宮儀式の翌日に曼荼羅供を行っている。これも兼右の考えでは行う必要のないものである。しかし、厳島神社側はそれを行った。事柄の大半が既に地元で行われるようになったからには、地元優先で事柄は進行したのである。かくて吉田神道の書式も、そのままでは棟札の標準的な書式にはなり得なかったのではないかと考えられる。しかし、兼右は毛利氏の他にも、越前の朝倉氏や若狭の武田氏などに招かれ、神道伝授を行っているのであって、その方式が受け入れないと短絡的に考えるのも納得がゆかない。

和歌山県の天満神社に「本殿慶長十一年造立棟札」がある。

【史料9】和歌山県・天満神社№1「本殿慶長十一年（一六〇六）造立棟札」（『社寺の国宝・重文建造物等　棟札銘文集成――近畿編Ⅱ――』二五四頁）、総高一一四・四㎝、肩高一一二・七㎝、上幅二〇・〇㎝、下幅二〇・二㎝、厚さ二・六㎝、頭部の形状尖頭、切欠き無、仕上げ鉋、指定重文附

（表）

奉造立神殿大檀越浅野紀伊守豊臣幸長朝臣遷宮左兵衛佐卜部朝臣兼治

奉行　生駒平兵衛尉藤原長兄　奉行　祝忠兵衛尉中原利長

慶長拾一丙午年十一月廿四日　大工　塀内七郎右衛門尉平吉政

（裏）

（貼紙）慶長十一年丙午一月廿四日
浅野紀伊守幸長殿御納

まさに、厳島神社の棟札と全く書きぶりは同じである。それもそのはず、中央行末尾の卜部朝臣兼治は兼右—兼見—兼治とつづく吉田家の正統で、兼右には孫に当たる。異なる点はただ二つ、大檀越のところが室町幕府将軍足利義昭ではなく、大名浅野幸長になっている点と、兼右が兼治になっている点のみである。かくて、この書式こそ吉田神道の書式の典型と考えられるが、なお、流布という観点でみると類例は少ない。これは吉田家の当主が鎮座あるいは遷宮の儀式を直接行った時の、極めて格式の高い儀式を伴った時の書式であった可能性も考えておきたい。また、当主が直接儀式の進行を担わない場合の棟札のお手本が別にあった可能性も考えておくべきだろう。

ここで見たように厳島神社の棟札は、長い造営工事とそれが終わって厳かに遷宮の儀式が執り行われ、その最後を締めくくるものとして作成され、奉納されたのである。たった一片の木の札ではあるが、そこにはこの以前の営みの集約が書き記されたのである。

第二章　棟札の検討

一　国立歴史民俗博物館の調査

国立歴史民俗博物館では、平成三年（一九九一）度に「非文献資料の調査」の一環として棟札の調査を行った。勿論、棟札には文字・文章が記されているのであって、「非文献」という名称にはいささかの抵抗がある。しかし、従来のいわゆる文献史学は、棟札をあまり取り扱ってこなかったことも事実である。また、棟札のもつ情報は決して文字のみではない。こうして取り組まれたのであった。その結果は、平成五年（一九九三）に『社寺の国宝・重文建造物等　棟札銘文集成――中国・四国・九州編――』として刊行された。以後、平成九年（一九九七）までに、中部編・近畿編Ⅰ・近畿編Ⅱ・関東編・東北編の全六冊が刊行され、ほぼ全国がカバーされた。収載された棟札の総点数は約三、六八一点である。以下、この報告にそって考察を進めたい。

なお、以下の考察ではこの報告を『歴博報告』と記すこともある。また、この報告書は棟札を掲載するに当たり、都道府県別に分け、さらに社寺ごとに個々の棟札に№を付している。従って、以下に引用の場合には、「○○寺№○」、或いは「○○神社№○」と資料（棟札）を特定して行きたい。また、掲載頁の注記については、いちいち『社寺の国宝・重文建造物等　棟札銘文集成』と断らず、直接、中部編・近畿編Ⅰ・近畿編Ⅱ・関東編・東北編の○○頁と記したい。なお、「中国・四国・九州編」は長いので、便宜的に中国編○頁、四国編○○頁、九州編○頁などと記して行くこととする。

さて、この『歴博報告』に収載された棟札の総点数が約三、六八一点であると「約」という数字で示すのは、いささか奇妙である。しかし、当面、正確には数え得ないからである。その理由としては、以下の諸点がある。①明らかに棟札ではない木札が収載されている場合がある。②表裏が別の棟札である場合がある。記載された年月日も、工事の内容も異なり、明らかにそれ以前にあった棟札の裏面を再利用した棟札がある。この場合、確かに木札としては一枚である。しかし、棟札としては二点と数えるべきであろう。が、この報告書では一点に把握されていることが多い。③逆に二〜三枚の棟札が内容的には連続した、実質一点の棟札である場合がある。この場合もこの報告書は木札の点数に従って複数枚に把握している。④写の場合、紙に記された写と、木札に記された写がある。木札に写された場合、外見は棟札そのものである。この両者の判別と点数の数え方は、本来の棟札と同レベルではできない。⑤後世の作為にかかると思われる棟札もある。これらの点を考慮しながら、当面の概略の数を数えた。

さてこの報告書は、『社寺の国宝・重文建造物等　棟札銘文集成』という表題からも分かるように、収載された棟札は、社寺のもの、また国宝・重要文化財の建造物などに偏ったものである。恐らく予想される棟札の量の多さを考慮して優先順位を付けたのである。また、地域的には北海道・沖縄県は含まれておらず、他にもほとんど調査されなかった県もいくつか見られる。そして時代的には江戸時代末のものまでを収録し、明治期以降のものは対象になっていない。このように未だ十分なものとは決して言えない。が、棟札の様態を全国レベルで知ることが出来るようになった点では快挙と言って良いと思う。

既に『山梨県棟札調査報告書』で見たように、山梨県だけでも棟札の総点数は数千枚に達することが予想され

【表2：棟札の概数】　（『社寺の国宝・重文建造物等　棟札銘文集成』全6冊の集計）

	東北	関東	中部	近畿Ⅰ	近畿Ⅱ	中国	四国	九州	全国計
12世紀　代	2	3	1		1				7
13世紀前半			2		4				6
13世紀後半	5	1	4	1	6	1		1	19
14世紀前半	3	3	6	4	2	9			27
14世紀後半	5	8	3	2	4	7	3	1	33
15世紀前半	3	10	7	8	14	8	2	1	53
15世紀後半	9	15	14	11	12	9	3	1	74
16世紀前半	8	39	20	16	22	22	3	2	132
16世紀後半	28	57	40	20	45	40	8	3	241
17世紀前半	46	50	90	69	79	29	20	9	392
17世紀後半	56	86	109	85	94	28	49	15	522
18世紀前半	33	126	124	78	106	29	39	28	563
18世紀後半	51	112	128	94	102	45	41	30	603
19世紀前半	60	97	137	78	131	50	36	37	626
～幕末まで	29	45	53	29	64	12	15	21	268
集計点数	338	652	738	495	686	289	219	149	3,566
収載点数	342	661	748	497	691	329	221	192	3,681

収載点数は、『同書』に掲げるものを数えた。但し写に付いては省いたものもある。集計点数は、集計に耐えるものを数えた。表裏2枚の棟札は2点に、また写は集計し得るものは数え、そうでないものは数えてない。また、確かに棟札であっても、ほとんど残欠に近く、考察の難しいものは省いた場合もある。

る。『歴博報告』が約三、六八一点の棟札を紹介しているからと言って、それがなお残存しているであろう棟札の全体から見れば一部に過ぎないことは確実である。しかし、一方、全国的規模で棟札を考察しようとした場合、現段階で、これに代わるものはない。ここでは『歴博報告』によりながら、棟札の考察を一歩進めたいと思う。

【表2：棟札の概数】は、『歴博報告』の約三、六八一点の棟札の地域別、時代別の内訳である。一二世紀の初めから、今日まで、実に延々と八〇〇年間の長きにわたって棟札は書き・作られ続けてきたことになる。我々日本人の行為として、これだけ長い間連綿と行われてきた行為が他にあるだろうか。勿論、衣食住をはじめ起床から就寝までの日々の人々の営み、こうした事柄は、人類の発生以来、絶え間なく営まれてきた。今後も変わることはあるまい。そうした事柄とはいささかレベルの異なる、儀式及びそれに伴う行為として、これほど不変かつ連綿と続けられてきた事柄は、他にはそう多くはないと思う。言いかえれば、それだけ基本的な営みの一つであったと言って良いだろう。棟札を考察するとき、先ず念頭に置いて置きたい点である。

次に、一二世紀初めから見られるわけであるが、一二・一三・一四・一五世紀のものは少ない。これはなお調査が進んでいないこともあるが、やはり残存点数そのものが少ないからであろう。但し、これがもともと棟札が少なかったのか、それとも、あったものが腐食・滅失して無くなったのかの判断は、今となってはもはやできない。恐らく、今残存しているよりは多かった。ただ、後の時代に較べればやはり少なかったと言うべきだろう。ようやく残存点数が増えるのは、一六世紀に入ってからである。以後、一七・一八・一九世紀と時代と共に増加している。『歴博報告』は主に社寺の棟札を扱っている。これらは生活を遂行する上で必ずしも必要不可欠な建物の棟札ではない。ある意味では不要不急の建物である。その棟札が確実に増えていることは、この国が確実に豊かさの方向へと進んできたことを示している。

九州地方の棟札は点数が少ない、これは調査が進んでいない結果であって、本当はもっとあると思われる。近畿編Ⅰには滋賀県・京都府分が収載されているが、ここも予想に反して少ない。これは余りの寺社の多さの故に却って調査が進んでいないためと思われる。ただ、比較的古いものについて言えば、最初に見た真如堂が応仁の乱で荒廃したのと同じように幾多の戦乱や天災のために建物自体が消失し残らなかったという理由も考えられる。

こうして見て行くと『歴博報告』は、いかにも不備が目立つが、この点は当面目を瞑《つむ》っておきたい。むしろ、全三、六八一枚を通じて何が分かるか、また、掲載された個々の棟札から何が分かるかについて見て行きたい。

棟札には、色々な書き方があったり、様々なことが記載されている。そこで幾つかの項目について、時代の差や地域による差があるかを確かめてみたい。例えば、木の板である棟札は表裏二面から構成される。この場合、表のみでなく裏面にも記されるようになったのはいつ頃からか、卍字や梵字が記されるようになるのは何時ごろからか、「封」「△」などさまざまな呪符が書かれるのは、或いは偈や祈願の文言が書き加えられるのはいつ頃からか、などを多少探ってみよう。

①裏面の使用

裏面も使用する事例は、虫川白山神社No.1「寛元三年（一二四五）棟札」（東北編二一七頁）、同No.2「宝殿正安元年（一二九九）修造棟札」（東北編二一七頁）、交野神社No.3「嘉禎四年（一二三八）造営棟札」（近畿編Ⅱ一五頁）、神宮寺八幡宮No.1「社殿正応三年（一二九〇）造営棟札」（東北編一一〇頁）など、一三世紀に既に見られる。もっとも、これらは後世の写・あるいは後世の作成かも知れない。一四世紀代には、白山神社No.1「本殿元弘四年（一三三四）造立棟札」（中部編一九〇頁）、大梵天社No.1「大梵天王御宮文和三年（一三五四）建立棟札」（東北編五五頁）、光明寺No.1「堂宇延元元年（一三三六）再建棟札」（中国編七三頁）などが見られる。

②卍字

十二所神社No.1「文明四年（一四七二）遷宮棟札」（関東編一五頁）、成島八幡神社No.17「文明十年（一四七八）造立棟札」（東北編一三七頁）が早い例で、以後徐々に増えて行く。従って、卍字の使用は一五世紀後半以降と言えよう。

③梵字の使用

八幡神社No.1「本殿康永四年（一三四五）修造棟札写」（近畿編Ⅱ頁七〇頁）、真照寺No.1・2「延文元年（一三五

六）再興棟札写」（関東編三四一頁）が早い例であるが、いずれも写である。現存している棟札での早いものは、吉祥寺No.1「薬師堂応永三十四年（一四二七）棟上棟札」（近畿編Ⅱ三〇二頁）、瑞花院No.1「本堂嘉吉三年（一四四三）上棟棟木銘」（近畿編Ⅱ二〇四頁）などである。

④⁚・封・参・合・△など

⑴⁚　呪いの一つと思われる⁚印を付した棟札も多い。中牧神社No.1「本殿文明十年（一四七八）修造棟札」（中部編一三八頁）、別所谷八幡神社No.2「明応二年（一四九三）棟札」（東北編二二七頁）、衡梅院No.1「本堂明応七年（一四九八）立柱上棟棟札」（近畿編Ⅰ一八五頁）などが早い例で、この呪符は一五世紀後半から棟札に出現するようになったと言って良いだろう。

⑵封　「封」と書かれた棟札も良く目にするものの一つである。棟札の上部の左右に二文字ずつ都合四つの「封」字を記すもの、棟札の四隅に「封」と記すものが多い。

神宮寺八幡宮No.1「社殿正応三年（一二九〇）造営棟札」（東北編一一〇頁・裏面使用のものの項で前出）、八幡神社No.1「本殿康永四年（一三四五）修造棟札写」（近畿編Ⅱ七〇頁・梵字の項で前出）、成島八幡神社No.3「宝殿貞和四年（一三四八）修理棟札」（東北編一二七頁）などが早い例であるが、以後一〇〇年ほど見えず、再び見られるのは、十二所神社No.1「文明四年（一四七二）遷宮棟札」（関東編一五頁・卍字の項で前出）、楽法寺No.1「本堂文明六年（一四七四）再興棟札」（関東編五三頁）など以降である。ここで今一つ興味の惹かれるのは、「封」と記した棟札の早い時期の事例が、別の項目の早い時期の事例にも見られることである。すなわち、裏面まで書き継ぐことや、梵字・卍字・⁚・封・△などの、いわば棟札の荘厳化は、それぞれの一つ一つが単独で起こったのではなく、棟札を飾る種々の荘厳化と長文化は両者相まってほぼ同時に起こったのである。それは棟札に記される祈願の文言や呪いの効果が求められたが故の結果であると思量されるのである。

(3)△印　この△印は、多くは中央上部に比較的大きく記される。しかし、やはり一様ではない。白抜きの△、黒く塗りつぶした▲、正三角形に近いもの、高さに比し底辺の長いものなどさまざまである。また△を三つ重ねて記したものもある。

飯岡八幡宮№1「村岡大明神延元五年（一三三六）造立棟札」（東北編二二二頁）、鴨島五所神社№1「本殿永享七年（一四三五）造営棟札」（関東編五二頁）、楽法寺№1「本堂文明六年（一四七四）再興棟札」（関東編五三頁・「封」の項で前出）などが早い事例であるが、なお一五・一六世紀には多くはない、漸く増加が見られるのは、一六世紀の後半から一七世紀に入ってからである。

⑤偈《げ》

偈の中では圧倒的に「聖主天中天　迦陵頻伽声　哀愍衆生者　我等今敬礼」（『法華経』巻第三化城喩品第七）が多い。さて、その初見は、神宮寺八幡宮№1「社殿正応三年（一二九〇）造営棟札」（東北編一一〇頁）である。この棟札は、先に、裏面使用のものの項でも、「封」の項でもみたところである。すなわち、偈を書いたり、封をしたり、棟札を荘厳化すれば、いきおい記載文字数は多くなる。結果として、記載が裏面にまで及ぶことは自然の流れであったと思われる。

他に成島八幡神社№2「宝殿並長居正安二年（一三〇〇）修理棟札」（東北編一二六頁）などにも偈の記載例は認められるが、その事例はなお少ない。ようやく記載例がしばしば見られるようになるのは一五世紀後半からである。

⑥祈願文

龍岩寺№1「奥院母屋弘安九年（一二八六）墨書」（九州編三六三頁）、光海神社№2「八幡宮社殿正和五年（一三一六）建立棟札」（中国編一三七頁）、同№1「伊都岐島宝殿正慶二年（一三三三）造立棟札」（中国編一三七頁）、

霊山寺№1「本堂弘安六年（一二八三）建立棟札」（近畿編Ⅱ一四九頁）、釈尊寺№1「観音堂宮殿正嘉二年（一二五八）建立棟札」（中部編一六七頁）など、祈願の文言を記した棟札は、一三・一四世紀から認められる。何のために寺社を建てたのか。それは天下国家の平穏と、造営に携わった人々自身の現世と来世の安穏のためであった。言ってみれば、社寺を造立し、棟札を記す行為の本質的な部分でもある。比較的早くから意趣を記した棟札が出現する意味も無理なく理解できる。

ところで、棟札は本当には何と呼ぶのが適当だろうか。この関心から棟札自体にどう記されているのかを拾ったものが【表3：棟札の名称及び類似名】である。

圧倒的に「棟札」が多い。「宗札」「胸札」は当て字ある。「棟札之祝文」「棟札祝文」は、棟札が御祝いの文であったことを示していよう。「棟牘」「棟牌」「棟冊」「棟檄」は、いずれも「ムナフダ」で良いであろう。「成就之棟榜」「成就棟榜」「成就之札」「成就之棟札」「成就棟札」「成就之牘」は、棟札が造営や修理の達成の時の札であることを示している。そして、「碑文」は、後世に伝えるためにわざわざ記された文という意味合いであろう。棟札は何時も棟ばかりではなかった。「上梁文」「上梁之文」「上梁銘」「上梁記」「梁牌銘」「梁札」「上梁記」など、梁に掲げられる、或いは梁に直接記されることもあった。梁・桁・棟のどこにでも書いたり、打ち付けることは可能であった。ただ、何故か「桁札」「桁銘」と記したものはほとんどない。やはり木造建築では最も高い所に位置する「棟」が象徴的な意味をもったためと考えられる。

他にも「覚」「記録」「起請文」「置文」「置札」「定」「意趣文」「供養札」「名簿」などの名称が見られる。一口に「棟札」と言っても多様な目的があり、そのために種々の名で呼ばれる結果になったのである。

以上、棟札を縦にしたり、横にしたり、種々集計を試みて見た。当初は中尊寺型のように建物建造に関わるこ

【表３：棟札の名称及び類似名】　（『歴博報告』より）

棟札及び類似名	該当の棟札
棟　札	毘沙門堂№３（東北編59頁）、艫神社№１・５（関東編21・23頁）、瑞龍寺№９・13（中部編17・20頁）、園城寺№33（近畿編Ⅰ32頁）、観心寺№４（近畿編Ⅱ23頁）、鰐淵寺№１（中国編24頁）、今八幡神社№１（中国編156頁）、香椎宮№２（九州編286頁）など161点
棟札覚	万福寺№４（中国編42頁）、松山神社№２（四国編217頁）
むなふた	園城寺№７（近畿編Ⅰ21頁）
棟御札	津島神社№５（中部編299頁）
棟札之祝文	中津神社№２（九州編382頁）
棟札祝文	中津神社№３・４・５（九州編382・383・384頁）
宗　札	熊川神社№１（関東編339頁）
胸　札	八幡神社№１（東北編68頁）
峯　札	明王院№８（近畿編Ⅰ49頁）
棟　牘	延命寺№３（東北編186頁）、最恩寺№１（中部編150頁）
棟　牌	東慶寺№２（関東編358頁）
棟　冊	白山神社№１（東北編52頁）
棟　檄	春日神社№３（中部編39頁）
成就之棟榜	駒形神社№10（中部編172頁）
成就棟榜	駒形神社№15（中部編173頁）
成就之札	浅間神社№６（中部編122頁）
成就之棟札	浅間神社№７（中部編123頁）
成就棟札	駒形神社№12（中部編172頁）、浅科八幡社№８（中部編183頁）
碑　文	清水寺№２（東北編31頁）、楽法寺№３（関東編54頁）、園城寺№９（近畿編Ⅰ22頁）など15点
上梁文	長勝寺№１（東北編13頁）、大乗寺№３（中部編25頁）、妙心寺№21（近畿編Ⅰ182頁）、伊佐爾波神社№１（中国編214頁）など８点
上梁之文	長勝寺№１（東北編13頁）、万福寺№４（近畿編Ⅰ197頁）、東大寺№23（近畿編Ⅱ133頁）
上梁銘	足利学校跡聖廟大成殿№１（関東編135頁）

上　梁　記	円覚寺No.1（関東編335頁）
梁　牌　銘	大国霊神社No.2・6（中部編314・316頁）
梁　　　札	宝塔寺No.2（近畿編Ⅰ189頁）、常徳寺No.4（中国編203頁）
棟　梁　文	光海神社No.14（中国編142頁）
上梁棟札	大野湊神社No.2（中部編28頁）
上　梁　記	盤台寺（中国編136頁）
上棟之祝文	竜吟庵No.3（近畿編Ⅰ158頁）
棟　上　銘	日置八幡宮No.4（中国編163頁）
柱　立　札	春日大社No.2（近畿編Ⅱ139頁）
修覆之札	石上神宮No.5（近畿編Ⅱ176頁）
木　　　牌	沼名前神社No.3（中国編83頁）
覚	弘前八幡宮No.1～5（東北編21～25頁）、鞆淵八幡神社No.3（近畿編Ⅱ243頁）、太宰府天満宮No.5（九州編328頁）など12点。
記　　　録	元興寺No.1（近畿編Ⅱ142頁）
起　請　文	観音寺No.2（関東編77頁）
置　　　文	鞆淵八幡神社No.2（近畿編Ⅱ242頁）
置　　　札	宗像大社辺津宮No.1・2・3・4（九州編300・302・305・306頁）
定	鞆淵八幡神社No.5（近畿編Ⅱ245頁）
意　趣　文	安楽寺No.6・7（関東編318頁）
成就之牘	飯高寺No.5（関東編218頁）
龕　　　文	熊野神社No.2（東北編80頁）
屋根（屋禰）札	天皇神社No.6・7・8（近畿編Ⅰ73・74頁）
供　養　札	薬王寺No.3（近畿編Ⅱ295頁）
勧請之御札	八幡神社No.2（近畿編Ⅱ71頁）
内陣有之札	賀茂神社No.8・14・15（近畿編Ⅱ105・109頁）
中　　　札	泉穴師神社No.9（近畿編Ⅱ37頁）
札　（古札） （此札）	鶴林寺No.9（四国編192頁） 香椎宮No.5（九州編288頁）
名　　　簿	鹿苑寺No.2（中部編208頁）

とのみが文字で記されていた。徐々に多様な内容や種々の記号を記すようになった。また、いくつかの符号や書きぶりに時間差のあることもおぼろげながら掴めた。しかしなお、時間差による決定的な特徴を抽出することは、現時点では困難なように思う。いつも例外を伴うからである。また、地域差については、直接検討しなかったが、確かに一定程度ある。しかし、これもまた決定的と言えるものを見出すのは現段階では困難である。では、どうしたら良いのか。正直、途方に暮れる。幸い「卍」字を使用したものに際だった特徴を見出すことが出来た。以下に、この点からの考察をもう一歩進めてみたい。

二　書式の考察

(1)卍の記された棟札

表4の「卍の記された棟札」を見ると、さまざまな社寺の棟札に卍が使用されていることが分かる。その数は二七〇点で、当面集計の対象にした棟札三、五六六点の七・六%を占める。卍の記された棟札は決して多いと言うわけではないが、かといって例外と言うほど少ないわけでもない。この内、各地の東照宮のものは二四点になり、東照宮に顕著に見られるのである。これに日光の輪王寺・二荒山神社の三八点を加えると計六二点になる。

【史料10】愛知県・東照宮№1「薬師堂元和五年（一六一九）新造棟札」（中部編二七一頁）

（表）

聖主天中天迦陵頻伽聲　　正三位権中納言源義利　　成瀬隼人正藤原朝臣正成
(梵《バン》)卍王舎城奉新造東照大権現御本地薬師堂一宇　時奉行
哀愍衆生者我等今敬礼　　御導師山門棟領大僧正天海　竹腰山城守藤原朝臣政次

（裏）

正遷宮十八開眼並法花読誦千部　御大工藤原朝臣
元和五年己未九月十七日　　澤田若狭守吉次

〔備考〕棟札の所有者は密蔵院（春日井市熊野町三一三三）。以下同じ。

東照宮・輪王寺・二荒山神社は江戸幕府を開いた徳川家康を祀り、関わった社寺である。

愛知県名古屋市の東照宮は徳川御三家の一つ尾張徳川氏の造立になるものである。その「薬師堂元和五年（一六一九）新造棟札」（史料10）を見てみよう。

中央に、大日如来の梵字「バン」・卍・王舎城を記し、「東照大権現の御本地の薬師堂一宇を新造し奉る」とつづける。この中央の主文の両脇の上段には「聖主天中天　迦陵頻伽声　哀愍衆生者　我等今敬礼」の偈、中段には右に「正三位権中納言源義利」と大檀那、左には「御導師山門棟領大僧正天海」と落慶法要を勤めた導師が記される。そして、下段には、中央に「時奉行」、その少し下の左右に「成瀬隼人正藤原朝臣正成」「竹腰山城守藤原朝臣政次」と、直接の工事責任者の名が記されている。次いで、裏面に年月日・開眼供養・大工が記されている。

他の東照宮の棟札を見ると、梵字の「バン」および「王舎城」は無いことが多い、また大檀那が中央行に記され、導師と年月日が左右に記されることもある。そして時代が下がるに従って、工事に関わった人名が多数書かれるようになったりするが、基本的な書式は極めて統一性が高い。既に、偈も梵字も、そして卍も記されている。この名古屋東照宮の棟札には導師に天海大僧正の名が見える。彼が家康の知恵袋の一人であったことは周知のことであろう。この東照宮の棟札の書き方、それはとりも直さず江戸幕府の書式で、その文案は天海大僧正が指示した天台系の棟札の書式と考えて良いだろう。今、これを仮に「東照宮型」あるいは「幕府型」の棟札と名付けておきたい。

これが江戸幕府が示した公式の棟札の書式であるとしたら、意外と点数が少ないのではないかと思われるかも知れない。しかし、そうではない。例えば、東照宮以外で、卍を記した他のものを見ると、例えば、青森県の浪岡八幡宮の場合は、「国主土佐守信義（津軽信義）」（東北編四五頁）、岩手県の中尊寺金色堂の場合は、「松平氏綱

【表4―1：卍の記された棟札】　（1600年以前）

県名	社寺名と卍の記された棟札の作成年
山形	成島八幡神社：文明10年・明応2年・天文22年・元亀4年・天正16年・文禄5年
群馬	雷電神社：元亀4年、大御堂：文禄2年、薬師堂(中之条)：慶長3年
茨木	艫神社：明応4年・永正10年・大永3年・天文3年、十二所大明神：文明4年・大永5年・天文19年・慶長5年、諏方神社(美和)：永正17年・天文8年・天文17年、鷲子山神社：天文21年・元亀2年・元亀4年、観音寺：永禄2年・天正5年、馬場八幡宮：天正8年、酒列礒前神社：天正8年
千葉	神野寺：天正15年(2点)
新潟	多多神社：永正16年
滋賀	西教寺：天正2年
島根	美保神社：文禄5年
徳島	丈六寺：永禄6年

【表4―2：卍の記された棟札】　（1601年以後）

県名	社寺名と卍の記された棟札の作成年
青森	浪岡八幡宮：寛永15年、東照宮(弘前)：延享5年
秋田	佐竹家霊屋：寛文12年、八幡神社(大館)：寛保3年・安永8年(2点)、神明社(飯田川)：文化8年
岩手	中尊寺金色院：慶安2年・元禄2年・元禄12年、安楽寺：延宝3年
山形	成島八幡宮：寛永21年・承応3年・寛文9年・天和3年・元禄12年(2点)・享保6年・享保7年・享保12年・安永5年・天明元年・天明7年・文政11年・天保6年・天保11年・天保15年・嘉永4年・嘉永5年、若松寺：慶応2年
宮城	瑞巌寺：慶長9年、東照宮(仙台)：承応3年、高蔵寺：貞享4年
福島	堂山王子神社：貞享5年・宝暦5年、杵衝神社：寛政12年
群馬	貫前神社：寛永12年・元禄11年、薬師堂(中之条)：天和3年・享保13年、東照宮(尾島)：元禄9年、妙義神社：宝暦6年
栃木	輪王寺：天和3年・元禄3年(2点)・正徳2年(3点)・享保16年・元文元年・元文5年(2点)・延享元年・承応2年・宝暦9年(3点)・宝暦14年・宝暦9年・安永8年(3点)・寛政10年・文政2年(2点)・天保13年・文久3年、二荒山神社：貞享2年・元禄10年・元禄14年・正徳3年(3点)・元文5年(2点)・延享2年・宝暦9年・安永8年(2点)・安永9年、東照宮：宝暦13年・天保2年・嘉永3年・文久3年、木幡神社：嘉永4年、観音寺：慶長12年・寛永19年・承応2年、酒列礒前神社：元和2年・寛永18年、茨木諏方神社(美和)：正保3年・貞享4年・享保6年・宝暦2年・文化8年・文化13年・文政4年、立野神社：慶安2年・寛文4年、一言主神社：寛文2年・元禄13年・宝永4年・宝暦9年、薬王院：貞享5年、大宝八幡神社：元禄8年・宝永5年・享保11年・寛延4年・

栃木	天明２年・文政12年、厳島神社(旭)：元禄16年・正徳３年・寛政９年・慶応２年、二所神社：宝永５年・天明６年、楽法寺：宝永７年、羽黒神社：享保15年、小山寺：享保17年・元治元年、香取神社(玉造)：享保19年、大聖寺：宝暦４年・文久３年、八十番神社：明和３年、逢善寺：天保７年・天保15年・嘉永６年・安政２年
千葉	竜正院：元禄10年・寛政12年、新勝寺：元禄14年・宝永元年・享保17年・安永９年・享和３年・文化６年・文政５年・天保２年・安政５年、笠森寺：明和９年、神野寺：天明６年、栄福寺：寛政元年・嘉永４年、府中日吉神社：文化５年・文政４年・天保11年・嘉永４年・嘉永７年・文久２年
埼玉	喜多院：寛永９年
東京	浅草寺：慶安元年・慶安２年・元禄５年・元禄16年・寛政元年・寛政７年、東照宮：慶安４年・元文５年・寛政８年・文政６年、寛永寺：貞享２年・安永８年・天明７年・文政元年・天保12年、根津神社：宝永３年、安楽寺：宝暦６年・寛政元年・文化７年・嘉永５年、成木熊野神社：安永７年・天明元年、薬王院：文化２年
神奈川	神武寺：元和８年・天保10年(カ)・嘉永４年・安政６年、光明寺：享和２年
長野	安楽寺：貞享元年、新海三社神社：元禄13年
石川	尾崎神社：寛永20年・延宝５年・宝暦５年、総持寺：寛保３年
福井	滝谷寺：貞享５年
岐阜	南宮神社：寛永19年・元禄７年・安永２年
愛知	東照宮(名古屋)：元和５年、東照宮(鳳来寺)：慶安４年、観福寺：延宝２年・天和２年
静岡	久能山東照宮：宝永元年・寛保２年・宝暦６年・安永４年・天明８年・享和３年・天保４年・天保13年・安政３年
山梨	長谷寺：嘉永２年
滋賀	園城寺：寛永21年・明暦２年・天和３年・元禄２年・元禄８年・元禄10年・正徳３年・享保12年・安永５年・天明２年・文化11年・嘉永２年、円満院：正保４年(２点)、天皇神社：延宝６年・明和５年、長寿院：元禄９年、小槻神社：文化12年
京都	神童寺：文化３年、峰定寺：安政５年
奈良	長谷寺：寛文５年、東大寺：宝永２年
和歌山	長保寺：寛文７年・天和３年(２点)・享保２年(２点)・文政３年、東照宮：文化11年・元治２年、紀三井寺：宝暦９年
岡山	鶴山八幡宮：寛永12年
福岡	高良大社：宝暦５年・宝暦７年・明和元年

村（伊達綱村）」（東北編七一頁）、また岡山県の鶴山八幡宮の場合は、「作州太守藤原朝臣森内記長継」（中国編六〇頁）など、いずれも大名がその造営に深く関わった場合の棟札に見られるのである。そして、徳島県の鶴林寺の「本堂貞享元年（一六八四）再興棟札」（四国編一八九頁）の場合は、卍はなく、中央上部よりに「金輪聖王　玉体安穏……」の祈願文言を挟むが、その書式は幕府型に近似している。他にも高知県土佐神社の「本殿元和五年（一六一九）上葺棟札」（四国編二四六頁）など大名の関わった棟札にこの傾向は強い。大名は幕府の威光に従い、棟札の書式を倣ったのである。敢えて言えば、卍字は幕府の棟札そのものであって、大名は幕府から示された書式に従いつつ、意図的に卍の使用を遠慮したとも考えられる。

　では、幕府がこのような些末なことにまで干渉し、規制を加えるようなことがあったのだろうか。結論から先に言えば、これは決して些末なことではなく、天下の統率者、領国の支配者にとっては極めて重要な事柄であった。『駿府記』の慶長十九年（一六一四）の八月の条に、次の様な記載がある。

　八月四日、大仏殿の棟札の写し到来す、中井大和守（正清）これを捧ぐ。照高院道勝法親王これを書かしめ給う。御意に叶わず不快。仰せて曰う、鐘銘は奈良の大仏の銘に准ずべき旨、仰せらるるの処、相違。又、秀頼、出京たるに於いては、供奉の輩、諸大夫に任ぜらるべしと云々。任官の諸大夫、しかるに秀頼の出京を止むの由、頗る御不審の由仰せらると云々。

（『大日本史料』第十二編之十四、四五一頁）

　八月五日、今日、大仏の鐘銘・棟札、片桐市正これを捧ぐ。御前において金地院これを読む。中井大和守差し上げの書付に相違なし。件の鐘銘善悪の処、五山衆評判致すべきの旨、則ち、善悪を書き記し、捧ぐべきの旨、仰せ出さる。

（『大日本史料』第十二編之十四、四五三頁）

　八月十七日、奈良興福寺の南大門・法隆寺の御持堂・聖霊院法華堂等の棟札の写し四通、中井大和守、これを捧ぐ。仍って、御覧せしめ給う所、各大工の棟梁の姓名、これを載す。然るに、今度、大仏殿の棟札、大

工の名無きの儀、御腹立の由なりと云々

（『大日本史料』第十二編之十四、四九三頁）

これは、豊臣秀頼が造ろうとした方広寺の鐘の銘「国家安康、君臣豊楽」に関わる有名な事件の一節である。高木昭作は、「鐘銘・棟札に関して『かようの書付は末代に残る事ニ候条、誰人ニ書かせ、かようニ文体つかまつり候と、上意を得らるべき儀と御諚なされ候』と金地院崇伝が報じたように、大仏供養は頼朝以来の伝統に基いて彼自身が総覧すべきものとする思想が家康にあったこと、などの事実は何故かこれまで見過ごされて来た。つまり、鐘銘事件は徳川家康にしてみれば、彼の国主としての権威をめぐる問題だった」（高木昭作「江戸幕府の成立」、岩波講座『日本歴史』近世1、一四四頁）と、その重要性を訴えている。

すなわち、家康はいくつもの鐘銘や棟札の銘文を実際に目にしているのであり、かつ、そこには金地院崇伝や大僧正天海が近侍していたのである。幕府型の棟札の書式は、決して思いつきなどではないのである。また、豊臣方に対して、その銘文が良くないと、難癖を付けるからには、幕府の考える模範的な棟札の書式を示す必要もあったのである。事実、「今度、大仏殿の棟札、大工の名これ無き儀、御腹立」と、大工の名前が記されていないことに家康が立腹しているように、その指摘は具体的であったのである。

では、ある日突然、崇伝や天海が、東照宮型の、すなわち幕府型の文案を考え付いたのであろうか。それとも、これ以前に脈々と伝えられてきた書きぶりを踏襲し、再整理したものであったのかが、次の課題となろう。再び結論を先に言えば、この以前に種々の工夫がこらされ、様々に書き表された文面の、この段階における、そして徳川氏の権威を損なうものでない型に調えられたのが東照宮型棟札であった。

(2) 大名の棟札

徳川氏が幕府型の棟札の書式を模索していたと考えた場合、徳川氏以前に戦国大名や織田・豊臣政権が書式の統一を試みるという志向はあったのであろうかが、次の問題点となろう。

先に見たように、毛利氏もその書式の模範例を吉田兼右に求めていた。小田原の後北条氏でもまた、その書き様に先例を求めていた。

小田原より六所大明神の棟札、走湯山の棟札、太田兵庫助所へ越されおわんぬ。これを本として、書かせるべきの由なり。その一書に云う。

六処の宮、伊豆山の棟札を写し候て、かくの如く院家に走らせ、舞の名を書き付け候て、越さるべく候。同じく神主の名乗、氏、書き候て、越さるべく候。末代のために候の間、神主も官途を書せられたく、付いては院家に談合ありて書き、越さるべく候。また、権守藤朝、何の大工にて候や。鎌倉大工こと・奈良大工をば、この方にて相い定むべく候。棟札両人、大工を書きて越すべし。

一、一日。院家より給い候札の書き様、これ願書に書く候の間、棟札には書くまじく候。そのため走湯山の棟札を写して越し候。しかるに、かくの如く紙を切り候て、院家の僧名、また奉行五人の官途・名乗りを書き候て越すべし。

（『快元僧都記』天文九年十月十三日条）

文意は難解であるが、相模国の総社である六所神社や伊豆山神社の棟札が参考にされたこと、大工の名が記されたこと、そして、棟札が「末代のために候の間、神主も官途を書せられたく」と、棟札が後世に残るものなので、その名乗りは正式なものを使用するようにとしているのである。

実際、後北条氏の棟札は、箱根神社の№1「東福寺三所大権現宝殿大永三年（一五二三）棟札」（関東編三七一頁・『中世の棟札』、横浜市歴史博物館、二〇〇二年、一〇八頁）、寒川神社の№1「宝殿大永二年（一五二二）再興棟札」・№2「宝殿天文十五年（一五四六）再興棟札」（関東編三六八頁・同前書一〇六頁）の三点には、いずれにも後北条氏当主の氏綱・氏康の花押が据えられているのである。管見に及んだのは三点のみで、未だ後北条氏の棟札の書式を決定的に判断できる段階にはないが、後北条氏は自ら棟札に署名を添えるほどに深く関与した可能性が高い。以上、毛利氏・後北条氏が棟札に深い関心を示したことは朧気ながら見えてきた。しかし、未だ断片にとどまる。では、徳川氏に先行、あるいは対抗した豊臣氏の場合はどうであったろうか。

【史料11】 京都府・北野天満宮№１「本社慶長十二年（一六〇七）建立棟札」（近畿編Ⅰ一四〇頁）

（表）

慶長十二暦十二月吉日
北野天満天神本社　右大臣豊臣朝臣秀頼公再興旃
奉之
片桐東市正且元（花押）

（裏）

奉行　荒木勝太光髙（花押）
御大工　藤原森田和泉守重次（花押）
当社　御大工岩倉五良左右衛門（花押）
神事奉行　松梅院法印禪昌（花押）

〔**備考**〕現本社の建立棟札。

【史料12】 奈良県・吉野水分神社№１「本殿慶長十年（一六〇五）再興棟札」（近畿編Ⅱ二〇八頁）

（表）

慶長拾年乙巳九月廿八日
内大臣豊臣秀頼卿御再興
法隆寺
御大工藤右衛門尉秀次藤原朝臣
棟梁同氏太郎右衛門尉宗次　同助右衛門尉家次
同権太夫宗次　同源太夫正家　同善兵衛尉家次
矢田
同権尉宗次　新次郎　弥太郎　久三　久三郎
甚九郎　善四郎　㐂介　太郎次郎
太郎八　善三郎
奈良後藤　同塗師
杣方當郷寺戸之住　六左衛門尉宗忠　甚三家次
与七郎

（裏）

（記載なし。）

〔**備考**〕『建造物課昭和五五年度指定説明』によると、肩高七九・二㎝となっている。

北野天満宮「本社慶長十二年建立棟札」（史料11）、吉野水分神社「本殿慶長十年再興棟札」（史料12）などが秀頼の棟札である。この二つの棟札には、はっきり「豊臣朝臣秀頼公再興」「豊臣秀頼卿御再興」と、誰が何をしたのかが記されている。このタイプは、【表5：豊臣型（秀頼型）の棟札】に見られるように、一四例が認められるが、いずれにも主文に「秀頼」の名が明記されているのである。これほど、発願者・施主の名をはっきり書く例は、他にもないわけではない。例えば、「奉造立三間五間三間七間宝殿惣戒師釈迦牟尼大檀那大崎少将藤原朝臣政宗公単身御建立之所也」（大崎八幡神社№1、東北編九二頁）、「□御建立征夷大将軍秀忠卿」（鹿島神宮№1・2、関東編七五頁）、「正一位大政大臣源朝臣家光将軍御修覆」（妙法院№1、近畿編Ⅰ一五九頁）、「大織冠廟并御供所征夷大将軍従二位源家綱公御再興」（談山神社№4、近畿編Ⅱ二〇二頁）などがある。しかし、全体から見れば決して多くはない。勿論、多くの棟札には発願者や施主の名は記されることが多い。問題は、それを主文の、且つ上部に、誰が何をしたかをはっきり記すか否かである。秀頼の場合は、その名が主文の上部にほとんどが記されている。いかにもこの神社は秀頼が再建しました、或いは、この寺は秀頼が建立しました、と誇らしげに記しているのである。家康が腹を立てたのはこの部分であった可能性が高い。方広寺の大仏殿の棟札について、「今度、大仏殿の棟札、大工の名これ無き儀、御腹立」と、家康が立腹したのは、大工の名を書くべきだと言うのみでなく、豊臣秀頼の名を小さく記すようにと言いたかったのではないだろうか。

さて、今一つの豊臣氏によるものは片桐且元が秀頼の意を奉じて記したものである。例えば、片埜神社の棟札の場合は、「大河州牧郷一宮者……」と書き始めて、今回の修理に至る経緯が語られ、そして豊臣秀頼の意思でこの再興が計られたことを述べ、終わりを「……安楽之誠者也」と締めくくっている。そして年月日が記され、最後に「片桐東市正且元（花押）」とあるのである。表6の一三点は、いずれもこのタイプで、いわば由緒型である。横長の紙に記されたか、縦長の板に記されたかの違いはあるが、通常の文章のように書き記したタイプで、

【表5：豊臣型（秀頼型）の棟札】

県名	社寺名	No.	西暦	主文	出典頁
滋賀	宝厳寺	No.2	一六〇三	秀頼公御建立	近畿編Ⅰ一一四頁
滋賀	白鬚神社	No.4	一六〇三	（裏面）御願主　秀頼公	近畿編Ⅰ一二一頁
滋賀	白鬚神社	No.5	一六〇三	（裏面）御願主　秀頼公	近畿編Ⅰ一二二頁
滋賀	白鬚神社	No.6	一六〇三	（裏面）御願主　秀頼公	近畿編Ⅰ一二三頁
京都	北野天満宮	No.1	一六〇七	北野天満天神本社　右大臣豊臣朝臣秀頼公再興旃	近畿編Ⅰ一四〇頁
京都	由岐神社	No.1	一六〇七	油岐大明神　秀頼公御再興也	近畿編Ⅰ一五三頁
京都	醍醐寺	No.1	一六〇〇	大檀那大納言正三位豊臣朝臣秀頼御建立	近畿編Ⅰ一八七頁
京都	醍醐寺	No.2	一六〇八	大檀那右府豊臣朝臣御建立	近畿編Ⅰ一八七頁
大阪	葛井寺	No.1	一六〇一	且過堂并大門大坂秀頼公御建立	近畿編Ⅱ　二〇頁
大阪	観心寺	No.1	一六一三	（梵）奉上葺河州観心寺金堂　豊臣朝臣秀頼公御再興也	近畿編Ⅱ　二二頁
奈良	吉野水分神社	No.1	一六〇五	内大臣豊臣秀頼卿御再興	近畿編Ⅱ二〇八頁
奈良	吉野水分神社	No.2	一六〇五	内大臣豊臣秀頼卿御再興	近畿編Ⅱ二〇九頁
奈良	薬師寺	No.3	一六〇三	当社大施主　内大臣正二位豊臣秀頼卿	近畿編Ⅱ一四四頁
和歌山	那智山青岸渡寺	No.1	一六〇三	慶長八年癸卯七月二日　大旦那秀頼公	近畿編Ⅱ三〇五頁

古文書型と言ってよいかも知れない。この秀頼の名を明記した棟札と片桐型の棟札が対になったのが豊臣氏の棟札の書式で、それぞれ一〇数例を確認できる。いずれも関ヶ原の戦いの終わった後の一六〇〇年代初頭のもので、既に関東に幕府が開かれて後のものである。

【表６：豊臣型（片桐型）の棟札】

県名	社寺名	棟　札	西暦	出典	頁
滋賀	宝厳寺	観音堂及び唐門慶長八年再興棟札	1603	近畿編Ⅰ	113頁
	白鬚神社	本殿慶長八年再興棟札	1603	近畿編Ⅰ	120頁
京都	教王護国寺	金堂慶長八年修造棟札	1603	近畿編Ⅰ	165頁
大坂	片埜神社	本殿慶長七年再興棟札	1602	近畿編Ⅱ	13頁
	金剛寺	金堂慶長十年再興棟札	1605	近畿編Ⅱ	25頁
		御影堂慶長十一年再興棟札	1606	近畿編Ⅱ	25頁
		五仙堂慶長十一年再興棟札	1606	近畿編Ⅱ	26頁
	泉穴師神社	本殿慶長七年再興棟札	1602	近畿編Ⅱ	35頁
奈良	法隆寺	東院伝法堂慶長十一年修理棟札	1606	近畿編Ⅱ	183頁
		南大門慶長十一年修営棟札	1606	近畿編Ⅱ	185頁
		聖霊院慶長十一年造営棟札	1606	近畿編Ⅱ	186頁
		三経院慶長十一年造営棟札	1606	近畿編Ⅱ	187頁
島根	出雲大社	本殿慶長十四年修造棟札	1609	中国編	39頁

薬師寺№２慶長八年（1603）棟札（近畿編Ⅱ143頁）も片桐型に準ず

ここまでの考察で、東照宮型以前に、あるいは並行して毛利氏・後北条氏・豊臣氏（秀頼型・片桐型）とそれぞれが棟札の書式に拘った様子は確認できたと思う。そして、この三者はそれぞれにその書きぶりを異にしていた。毛利氏のものは、比較的標準型、或いは幕府型に近かった。後北条氏のものは当主が花押を据えた。豊臣氏は、施主名明記の主文型と縁起型・由緒型であった。各氏が銘々に独自の書式を求めた結果であろう。これはまた、当時、棟札の書き様に統一基準・全国共通の書式がなかったことも示していると思う。

こうした中、徳川家康もまた独自の書式を模索していたものと思われる。東照宮型に整えられる以前の家康の関わる棟札は、当面次の三点が認められる。

史料13は、中央に「奉再興相州鎌倉鶴岡八幡宮寺慶長九年甲辰八月十五日」と主文を記し、その右に「大檀那従一位右大臣征夷大将軍源朝臣家康」と記し、左側には「惣奉行彦坂小刑部元正」を配す。以下、御殿司・奉行、最下段に大工など八名が八行で記されている。

【史料13】神奈川県・鶴岡八幡宮No.1「堂舎慶長九年（一六〇四）再興棟札」（関東編三五八頁）

（表）

神主山城守大伴時孝

大檀那従一位右大臣征夷大将軍源朝臣家康

御殿司（荘厳院）
法印権大僧都賢融

御殿司（相承院）
法印権大僧都空元

小別當（大庭）法眼元能

當社大工
岡崎左右衛門尉能繼

惣引棟大工
藏並太郎左右衛門尉豐吉

奉再興相州鎌倉鶴岡八幡宮寺　慶長九年甲辰八月十五日

惣大工木原代
好田平三定吉

鍛冶大工
中村主水正國安

檜皮大工
伴出雲守家久

大鋸大工
落合與左右衛門忠吉

惣奉行彦坂小刑部元正　奉行　後藤吉右衛門尉守敏
西村左平次忠房

（裏）

（記載なし。）

【史料14】愛知県・伊賀八幡宮No.1「本殿慶長十六年（一六一一）造立棟札」（中部編二八二頁）

（表）

封　聖主天中天　加陵頻伽声　三州額田群（ママ）　慶長十六辛亥年　封

（梵）《シャ》
（梵）《バイ》（梵）　奉造立八幡宮　征夷大将軍氏長者性学院淳和院両院別当牛車兵使従一位右大臣源朝臣家康卿

神主芝田外記尉正勝
大工遠州住孫左衛門

封　哀愍衆生者　我等今敬礼　伊賀郷　六月十五日　封

（裏）

（記載なし。）

【史料15】愛知県・六所神社No.1「慶長九年（一六〇四）建立棟札」（中部編二八八頁）

（表）

奉建立　三州額田郡　高宮郷　六所大明神大檀那　征夷大將軍氏長者性學院淳和院両院別當牛車兵使従一位右大臣源朝臣家康卿

慶長九年甲辰　八月吉日

時奉行藤原朝臣吉久
神主小右衛門家次
大　工藤原朝臣宗兵衛

（裏）

（記載なし。）

史料14は、中央上部に梵字三つを重ねその左右に「封」の文字がある。つづけて「奉造立八幡宮　征夷大将軍氏長者性学院淳和院両院別当牛車兵使従一位右大臣源家康卿」と主文を記し、さらにその下に、「神主芝田外記尉正勝」「大工遠州住孫左衛門」を二行に記す。そして主文の両脇に、上の方から、「聖主天中天　加陵頻伽声／哀愍衆生者　我等今敬礼」の偈、「三州額田群《ママ》／伊賀郷」の地名、「慶長十六（辛亥）年／六月十五日」の年月日を左右二行に割り振って記している。

史料15は、中央に主文・大檀那を一行で記す。家康の肩書きが長くにぎにぎしいが、棟札としては、一行の装飾のない単純な書きぶりである。途中六所神社の所在地と年月日が左右に記され、最下段に関係者三名が記されるのみである。

未だ、書式が綺麗に整えられているわけではないが、案外と整った書式である。中央に主文である「奉造立……」がくる。家康の名は中央にくる場合と右行にくる場合があるが、あまり複雑な表記法は取っていない。この延長にやがて東照宮型（幕府型）が来るのは、無理のない記載法のまとまり方と考えて良い。

三　棟札の性格――伊藤太説の検討

では、いよいよ書式に関わる本論の一端に入りたい。目下の見通しは、現存の最も古い中尊寺型から、一七世紀以降全国政権であった幕府の指し示した東照宮型（幕府型）への発展図式があったのではないかということである。

その前に一つ、伊藤太「棟札の古文書学――中世丹後の工匠・代官・宮座――」（『日本社会の史的構造　古代・中世』、思文閣出版、一九九七年）を見ておきたい。棟札の性格や書式について大変興味ある指摘がなされているからである。

伊藤太の主張は明快である。「そもそも主文・副文といった説明は、棟札銘の説明として決して熟したものとは言えず、棟札銘の内容や性格を体系的に把握するには必ずしも有効ではないと考える。それでは、棟札銘を体系的に理解する方法は有りうるのか。結論的に言えば、棟札銘は願文の一形態として理解しうる」（同書六三一頁）と、棟札は願文であると結論付けている。その書式は、

敬白

（作善業等）事

右、（願意等）敬白

年月日　　署名（交名）敬白

（充所）

であり、書き出しは「敬白立願事」「奉造立……事」、書き止めは「……立願如件」「……祈所也」などとあるのである。そして「右奉修造志者、天長地久……」などと記される棟札の意趣は、「右」とその以前の文を承けた

形の記載法であって、棟札の銘文は、こうした横長の紙に右行から左行へと文章を認めた内容を、縦長の板に散らし書きにしたものである。従って、棟札の銘文は全て普通の願文の書式に書き換えることが出来るというのである。

次で「願意を記さない棟札」に考察を向け、この場合にもやはり、願文の書式と見ることが出来ると主張している。

この点を確かめるために史料16・17を見てみよう。

【史料16】広島県・西山寺No.1「八幡宮社殿正保二年（一六四五）再建棟札」（中国編一一〇頁）

（表）

（梵《サ》）聖主天中天迦陵頻伽聲　正保二季　願主老上又右衛門尉抽無二懇志為二世安樂子孫繁昌造営成就乎
神主 神光院悉能満足祈所

（梵《キリーク》）奉再建立八幡宮一宇右意趣者全輪聖皇天長地久御願圓満殊者郡主御武運長久祈所別而者村中安全諸人快樂五穀成熟所而己

（梵《サク》）哀愍衆生者我等今敬禮　十一月二日　大工 藤原朝臣住吉弥七郎清次　庄屋 久左衛門尉息災延命如意趣
小工 藤原朝臣仁兵衛尉 敬白

【史料17】広島県・清神社No.20「住吉大明神社殿天文十七年（一五四八）造立棟札」（中国編九六頁）

（表）

右意趣者奉為護持信心大壇那　天文十七年戊申

（梵《バン》）奉新造立上棟住吉大明神社癸未御歳大江朝臣隆元武運　襲言

長久家門安全子孫昌盛而已　三月二日

（裏）

（記載なし。）

史料16のように、中央に大きく縦一行に書かれたいわゆる主文の中に「右」の表現があったり、史料17のように、棟札の右端の行であるにも関わらず、「右、意趣は……」と記した棟札も多く認めらる。確かに、伊藤説の言うように「右」と承けたその右側は無いのであって、伊藤説には説得力がある。

また、愛知県岡崎市の土呂八幡宮の「本殿文化五年（一八〇八）再建棟札」（史料18）を見ると、中央上部に「奉納再建棟札土呂郷八幡宮」とあり、両脇及び下部に、年月日・神主以下の人名が列記してあり、最下部に「敬白」とあるのみである。この場合、どこにも願意は記されていない。しかし、主文に「再建の棟札を土呂御八幡宮に納め奉る」とあり、棟札そのものが神に捧げられたことは明瞭である。伊藤説を補強する絶好の材料になろう。

【史料18】愛知県・土呂八幡宮№5「本殿文化五年（一八〇八）再建棟札」（中部編二八六頁）

（表）

文化五年

神主
大須賀源太夫
惣氏子

奉納再建棟札土呂郷八幡宮

戊辰閏六月　大工　河合良助
當國宝飯郡千両村

帳元　伊奈又左衛門
庄屋　溝口斧右衛門
庄屋　鶴田重吉
庄屋　成瀬林右衛門
庄屋　加藤七右衛門
永井邑庄屋　高橋文左衛門

組頭　稲垣勘十
組頭　吉田助市
組頭　石川清六
組頭　大橋源助
組頭　川澄茂右衛門
永井邑組頭　高橋斧右衛門

敬白

（裏）

（記載なし。）

そして最後に、「それでは、何故棟札は願文の一形態として構想されたのであろうか。そもそも寺社堂塔の造営・修理等は作善業の最たるものであって、人びとが寺社を造営・修理するのは、『天長地長』にはじまり『諸人快楽』に至る願いを神仏に聞き届けてもらうためではなかったか。そして、願文とは『神仏に祈願の意を伝えるための文書』であった」と、棟札を奉納した理由を述べている。

以上、棟札を願文であるとした伊藤の明快な論旨には十分説得力がある。また伊藤自身、「もちろん原状の配列にも意味が」あり、「紙に書かれた文書の場合とは異なる形態と書式を有することには充分留意する必要がある」（同書六三三頁）と、板の棟札と紙の願文との相異に慎重に注意を払っている。ただ、敢えて言えば、従来の研究でも「奉……」ではじまる、いわゆる主文をもつ棟札が神仏に捧げられたものであること、社寺の造営が人々の様々な願いを込めたものであることは、十分承知していた。伊藤の主張の意味は、古文書の様式としては大きな分類として、願文の範疇で括りうるとした点にあると思われる。ただ、改めて、伊藤説を再考すると以下の諸問題があると思う。

①仮に伊藤説に従い、棟札は願文であると認識したとして、なお、棟札の書式を主文型と縁起型（由緒型）に分類することは可能と思われる。

②社寺の棟札が神仏への願いを込めて作成されたことは書式の如何を問わず自明のことと考えて良い。その上で、いわゆる「紙の願文」の記載様式を採らないこと、採れないことの意味を考える必要があろう。当然、中には「紙の願文」とそっくりのものもあろう。

③何故、縦長の板を使用したのか。横長の板を使用すれば、紙の願文そっくりに記すことは最初から可能であったのではないか。この点については、もともとは棟木に記された、だから縦長にならざるを得なかったと反論されるかもしれない。しかし、棟木から棟札に変わった時点で、縦長の棟木から横長の棟札に変えることは十分可能だったはずである。事実、横長の棟札もある。

④棟札には記念的な意味もある。徳川家康も北条氏綱も「かようの書付は末代に残る事に候」「末代のために候

の間」と、棟札が後世の人の目に触れることを予想している。即ち、棟札は神仏に捧げられたものであると共に、同時に人の目にも触れ得たのである。この点について伊藤説はほとんど触れていない。

⑤願文である棟札は多数の人々から神仏に宛てて奉納される。であれば、世俗的な効力や権利関係は生じないと思われる。この点について伊藤は、「棟札に記された人名は基本的にはすべて願主と考えて差し支えない」としている。しかし、棟札に記された人名は単なる交名（名列・名簿）ではない。はっきり序列がある。位置・大きさなど、決して並列に記されてはいない。紙の場合にも、位置・敬称などの序列はあるが、棟札での序列は縦長の板に上下の位置関係の中に記されるので一層明瞭である。やはり、この意味の解明は必要と思う。

⑥単に建物を建てたとあるものもある。伊藤はこれも願文として把握し得ると言うが、このタイプの方が古い。これは記念的な意味合いの方が強いのではないかと思う。

⑦また、造立の工程や費用のみを記したものもある。これも記念的・記録的な意味合いが強い。

⑧棟札の記載で目立つのは、何と言っても「奉造立……」「奉葺替……」と造営や修復を記した、いわゆる主文の部分である。そして次に「右、意趣者……」と、造立という行為の意味と願いが語られるのである。このいわゆる主文は、棟札の中央上部という位置からも、また文字の大きさも大きく、何と言っても目立つように記される。やはり、通常の願文とは、趣きを異にすると言わざるを得ない。

⑨民家の棟札には、「家内安全・火災消除・息災延命」など即物的な願望が記されることが多い。これに対して寺社の棟札には工程までが記されることもある。やはり、記念的な意味合いが強いと思う。

以上、伊藤説の魅力的な部分に惑わされることを避けつつ、その問題点を幾つか列挙してみた。伊藤説の問題点は、棟札を古文書の一様式の中にはめ込もうとすることにあると思う。それが棟札という独立した単体でなく、棟木銘というあくまで建物の一部に記された棟木銘だけであったのなら、伊藤説は登場しただろうか。恐らく無かっただろう。棟札は古文書の一角なのか、それとも建物の一角なのだろうか。

人の願い事は様々あった。その願いを神仏に祈る行為も様々あった。時に塔を建て、寺を建て、神社を造り、また経筒を奉納し、石塔を造立し、あるいは写経し納経した。また禊《みそ》ぎし精進潔斎をした。すなわち、棟札に直接願意が記されていなくとも社寺を造営すること自体が願意の実現を願っての行為であったというのは理解できる。しかしだからと言って、願意の記されていない棟札を願文と言えるものなのだろうか。もし極端にこの脈絡で考えるなら、かなりの行為が願意の発露であり、願文になってしまう。例えば、個人が家を作る。これは家族の安穏な生活を願ってのことであった。だから何年何月何日この民家を建てましたと記載した単なる工事完了記録も願文である、とは行かないだろう。

一方、紙に願意のはっきりと記された願文の場合、確かにそれは願文である。しかしそれだけではないだろう。この場合にも、その前後には、禊ぎ・精進潔斎・加持祈禱などさまざまな行為が伴ったであろうことは想像に難くない。こうした総体をこそ明らかにしたいと思う。

また、伊藤は自ら『造営にこめる願い――棟札にみる大工の世界――』という特別陳列を一九九八年に京都府立丹後郷土資料館で行っている。タイトルに示されるように棟札には、建物の造営とそれに込める願いの両方が記されていることを伊藤自身が認めている。棟札を願文とのみ捉えたのでは、造営の部分が抜け落ちてしまうことにならないだろうか。

世の中には様々な資料がある。その中に文字資料もある。文字資料の中にも紙・木・石・布・土に記されるなど材料の違いがあり、また古文書学の言う形式上の分類がある。果たして、従来省みられることの少なかった棟札を考察する場合、従来の古文書学の分類の中にのみ位置づけることが良いことなのだろうか。結果として、それで良ければ勿論良い。しかし、新たな立場で新たな視点で新たな資料を考えるという観点から言えば、一旦、従来の古文書学から離れて、もっと大きな視野で、全ての資料の分類と包括的な理解を志してみるという方向性も模索される必要があると思う。

そして、一見しての棟札の特徴にも目を向ける必要がある。

①木に記されること。

②縦長であること。

③シンメトリックに記載されているものが多いこと。結果として棟札の記載は散らし書きとなり、どういう順番に読んで良いのか苦慮することも多い。

④呪い符号や梵字が記されることも多い。これは何故か?

⑤棟札は建物の中に打ち付けられ、或いは一定の場所に置かれることに意味がある。紙に書かれて移動されたら意味を失うこともある。文字資料の一種ではあるが、単なる事柄の伝達とは決定的に異なる。

こうした点を踏まえて結果はともかく、次の考察に進みたい。

四　中尊寺型から幕府型(東照宮型)へ

仮に中尊寺型と名付けたものは、中尊寺大長寿院に伝わる保安三年(一一二二)の棟札と同金色院に伝わる金色堂の天治元年(一一二四)建立の棟木銘の二点である。その書式は、

奉造立+建物名+年月日+工事担当者名+施主名(棟札)

または、

年月日+建立+建物名+工事担当者名+施主名(棟木)

であった。
ただ、建物の大きさや干支は割書で二行に、大工などの工事担当者や願主・施主などの人数の多い場合はその人数分が複数行に記されている。
最初には行為と年月日、または年月日と行為が記される。次に職人と願主・施主の名が記されるのみである。未だ中央上部に卍・梵字・呪符の記されることもなく、また上段に記されることの多い偈も記されていない。中段に記されることの多い「右意趣者……」という願意を表した文言もない。ましてや寺社の由来を示す縁起などどこにも記されていない単純な記載である。実は寺名さえも記されておらず、単に堂一宇を造りますとあるのみなのである。

【史料19】奈良県・元興寺№1「極楽坊本堂寛元二年（一二四四）造営棟札」（近畿編Ⅱ一四二頁）

（表）

記録　元興寺極楽坊造営事　寛元二年甲辰
四月拾五日乙酉柱立
六月二日辛未棟上
大勧進主
□□□蓮　□権律師西安
□憲　□□□□真寛
西念　□□藤井行成
証寂　□己上
□往生講衆一百余人
□結縁衆二百余人

（裏）

（記載なし。）

さて、史料19の元興寺極楽坊の棟札は、「記録　元興寺極楽坊造営事　寛元二年（甲辰）」と中央に上部から一行で書き、これにつづけて、「四月拾五日（乙酉）柱立」「六月二日（未辛）《ママ》棟上」と左右二行に記し、再び中央行に「大勧進主」と記す。以下四行二段に、恐らく八名の僧の名を記しているのではないかと思われる判読不能な部分があり、最下段の左右二行に「□往生講衆一百余人」「□結縁衆二百余人」と記す。裏面の記載はない。
中尊寺型と比較してみると、一見して良く似ている。最初に「奉」はなく、「記録」とある。棟札の性格の一端が建造の記録であることを良く示している。次に中尊寺で単に「堂」とあったところは、「元興寺極楽坊」と寺名坊名が特定される。そして年月日は、柱立と棟上の建築工程の二つの節目が記載される。大勧進は施主と考えて良い。さらに募縁したであろう往生講衆・結縁衆が一括して一百余人・二百余人と記されている。何故か大工の名が見えない。あるいは判読不能の部分に記載されているのかも知れない。一括して記された「□往生講衆一百余人」「□結縁衆二百余人」が、個々に記されれば大変長い棟札になろう。また柱立・棟上という工事の節目は、さらに細かく斧始・落慶供養などを記すこともできる。そうした棟札の長大化・複雑化の要素をすでに内包しつつ、古いタイプと言って良い。

【史料20】石川県・伊夜比咩神社№１「御殿嘉元四年（一三〇六）造立棟札」（中部編七〇頁）

（表）

嘉元二二年歳次丙午　公文代信延　地頭代行親

奉造立御殿一宇　地頭長谷部宗信　神主則正

二月六日丁未　願所乗覚　棟使□光

大工　左近　又三郎
小工　藤三郎　利四郎　中太郎
加治　助太郎

史料20の伊夜比咩神社の棟札は、中央に上部から「奉造立御殿一宇　地頭長谷部宗信　神主則正」と記す。「御殿一宇」の右側に「嘉元二二年（歳次丙午）」、左側に「二月六日（丁未）」と、「地頭長谷部宗信」の右側に二行「公文代信延」「地頭代行親」、左側に「願所乗覚」「棟使□光」と記す。この部分は願主・施主の連名部分である。そして最下段に「大工左近・又三郎・小工藤三郎・利四郎・中太郎・加治《（ママ）》助太郎」の六名が横一列に記されている。すなわち、この構文は、

奉＋行為＋建物名＋（年月日）＋願主・施主＋職人名

から成り立っている。すなわち、中尊寺型の年月日が左右に振り分けられた記載法となっているのである。中尊

寺型と異なるのは、願主・施主の方が上段に移動している点である。願主・施主と職人名の位置が逆転しているものの、棟札の書き様は、縦長の板の上から下へと層位性をもって記されているのである。

【史料21】広島県・光海神社No.1「伊都岐島宝殿正慶二年（一三三三）造立棟札」（中国編一三七頁）

（表）

奉造立伊都岐嶋御寶殿壹社　右志者　爲　領家地頭弁公文沙汰人　息災延命　無病平安　天長地久也　正慶貳季二月十一日歳次癸酉大工丹後房慶嚴

（裏）

（記載なし。）

〔備考〕現在は木箱に入れて、神主家の居室で保管している。以下同じ。

棟札の書き方が層位をもっていることは、願意の記された棟札を見ると一層はっきりする。例えば、史料21の光海神社の伊都岐島宝殿の棟札は、ほぼ一行で、上から「奉造立伊都岐嶋御寶殿壹社　右志者　為」と書き、「為」の次に左右二行で「領家地頭弁公文沙汰人　息災」「延命　無病平安　天長地久也」とつづけ、再び中央に一行で「正慶貳季二月十一日（歳次癸酉）大工丹後房（慶嚴）」と記している。裏面には記載がない。層位をもった記載法の中段に意趣が挿入されたことは明らかであろう。

他にも、巨田神社の「八幡宮永正五年（一五〇八）再興棟札」（史料22）には、中央上部から「上棟奉再興巨田八幡宮」と記し、次に三行で「右意趣者爲天長地久御願円満殊者」「信心大檀那藤原尹祐御息災延命」「御子孫繁昌国土豊饒武運長久如意吉祥故也」と記す。再び中央に一行で「永正五年（戊辰）九月八日御代官田部長親」と記し、その左脇に「大宮司則周」と記す。そして、最下段に「大工藤原宗重・小工森年・鍛冶吉家」の三名を横一列、三行で記すのである。ここでも意趣文が中段に挿入されていることは明らかである。

確かに「右志者……」「右意趣者……」とあり、この文が承けているはずの右側には何の記載もない。従っていかにも落ち着かない。これこそ、棟札が古文書の一種である願文から発生した証拠である。これは棟札が、右

【史料22】 宮崎県・巨田神社№2「八幡宮永正五年（一五〇八）再興棟札」（九州編三六五頁）

（表）

右意趣者爲天長地久御願圓満殊者　　大工　藤原宗重

□（釘穴）上棟奉再興巨田八幡宮　信心大檀那藤原尹祐御息災延命　永正五年戊辰九月八日御代官田部長親　□（釘穴）小工　森年

御子孫繁昌國土豊饒武運長久如意吉祥故也　大宮司　則周　鍛冶　吉家

（裏）

「三番」（後筆）

から左へと行を追って記載した古文書の願文の書式を縦長の板に書き写した名残りである、という主張もある（前述、伊藤説）。この考えも理解できないわけではない。また、実際、その痕跡というか、古文書の願文がベースにあって、それを縦長の板に書いたから、こうなったのではないかと示す事例もある。

【史料23】 兵庫県・若王子神社№1「本殿永仁五年（一二九七）棟上棟札」（近畿編Ⅱ七五頁）

（表）

敬白　　若王子山福寺勧進神主僧隆明慈願　大工藤原重永

若王子御宮棟上永仁五年歳次丁酉十一月十日大願主沙弥正蓮橘長綱

右造立閣之者為持天長地久御庄内安穏興隆佛法諸人泰平訖兼又信大願主等

無邊御願成就圓満穫得訖惣同心合力助成法願二世之悉地成弁然則以功徳

生生世世間令値遇満足之地蔵尊必欲届西上浄刹仍致丹誠如右

（裏）

（記載なし。）

若王子神社の「本殿永仁五年棟上棟札」は、全五行からなる。史料23に見られるように、確かに「右」と承けたその右側には「若王子御宮棟上」の記載があるのである。

また、日龍峯寺の「白山社天文三年再興棟札」の場合には、史料24に見られるように、主文の左側に「右志趣者……」と意趣文を記している。この書き方ならば確かに「右」は右であって言葉の意味と文章が記された位置関係は矛盾しない。

【史料24】岐阜県・日龍峯寺No.4「白山社天文三年（一五三四）再興棟札」（中部編一二四頁）

（表）

大旦那当山日寿坊大山住人佐藤宗徳　　大工　山城住人

奉再興濃州武儀郡大日山日龍寺宮殿

右志趣者為護持施主二世大願成就圓満仍而造栄功如件天文三年卯月十三日施主敬白

（裏）

（記載なし。）

史料23・24は縦長の棟札であっても、普通に文章を記すように、最初に表題を示し、その表題を「右」と承けて、以下にその理由を書き記しているのである。この記載法は、そう書く気になれば、いつでも可能だったのである。しかし、多くの棟札はこうした書き方をしなかった。即ち承けるべき「右」がないにも関わらず、「右意趣者……」という意趣文を棟札の主文の中段に挿入したのである。この意味が重要であろう。古文書の願文を真似るなら、板を横長に使用することも十分可能だったはずであること、今日残存する最古棟札の中尊寺の棟札には願意は記されていないこと、これらの点を考慮すれば、縦長の板に層位をもって記載される棟札の基本型があり、後に願意が挿入されるようになったと考える方がより自然であろう。

【史料25】広島県・祝詞山八幡神社No.1「社檀貞和三年（一三四七）造立棟札」（中国編一〇七頁）

（表）

奉□（造）立八幡宮社檀一宇

右志趣者　天長地久　地

頭□□泰平□也

貞和三季（丁）□（亥）歳次二月廿九日

大願主高藤爲重

大工藤原爲守

実際、祝詞山八幡神社の「社檀貞和三年造立棟札」（史料25）は、「奉造立八幡社檀一宇　（右志趣者　天長地久

地／頭□……泰平□也）貞和三季（歳次丁亥）二月廿九日（大願主高藤為重／大工藤原為守）」とあり、基本的には縦一行の層位を持った書き方である。この中央一行の中段部分に意趣文の「右志趣……」と記された願意が挿入されたと考えた方が理解し易いのである。

次に「聖主天中天……」に代表される偈の書かれ方を見てみたい。

【史料26】山形県・成島八幡神社No.2「宝殿並長居正安二年（一三〇〇）修理棟札」（東北編一二六頁）

（表）

聖主天中天　　願以此功徳　　奉行宮菴備前右ェ門入道持規　　大工弘願房乗眞
迦陵頻伽聲　　普及於一切　　當政所蓮華院左ェ門次郎入道□　　小工門弟廿三人
大禰宜源吉光
長二丈五尺　大歳　辛酉
咎　急々如律令　奉修理八幡宮御寶殿並長居　正安貳年六月十七日　當地頭長井掃部守大江朝臣宗秀
廣一丈六尺二寸　国敦（困カ）　但宗上
哀愍衆生者　　我等与衆生　　當社縣主□兵部入道□道　　大散使仲金太入道
我等今敬禮　　皆共成佛道　　當庄司□兵□　　申口和泉太夫

成島八幡神社の「宝殿並長居正安二年修理棟札」（史料26）は、中央に「咎　急々如律令　奉修理八幡宮御寶殿並長居　正安貳年六月十七日　當地頭長井掃部守大江朝臣宗秀」と記す。「急々如律令」の左右両脇に「聖主天中天」「迦陵頻伽声」、「哀愍衆生者」「我等今敬礼」の偈を二行ずつ計四行で記す。次に「御寶殿並長居　正安貳年」の右に「長二丈五尺」、左に「広一丈六尺二寸」、年月日の両脇に「願以此功徳」「普及於一切」、「我等与衆生」「皆共成仏道」の偈を、さらに「當地頭長井掃部守」の両脇に、右に「奉行宮庵備前右衛門入道持規」「当政所蓮華院左衛門次郎入道□□」、左に「当社県主□兵部入道□道」「当庄司□兵□……」、そして最下段、「宗秀」の両脇に、右に「大工弘願房乗真」「小工門弟廿三人」「大禰宜源吉光」、左に「大散使仲金太入道」「串口和泉大夫」とある。今少し文字が記されているが、おおよそ以上である。

最初の文字は、参の旧字体「參」の上の部分、つまり「ム」を三つ重ねたものの下に「合」の字を記した字で、漢和辞典を引いても見い出せない。おそらく呪符あるいは呪字と呼ぶべきものと思う。その下の「急々如律令」は呪文である。この両脇に偈が記される。以下、中央の行は中尊寺型であり、その両脇に今一つの偈、願主大江宗秀に連なる奉行人など、そして大工以下職人・役人が列記される。人々の人数が増えた場合、横に拡がることは、既に中尊寺型自体の中にも見られた。やや、各層位（段）が横一列に揃ってないという若干の乱れはあるが、やはり層位をもって記されている。全体を冷静に見れば、層位型である中尊寺型の最上部に呪字、中央行の両脇に偈が書き加えられた形と見える。

【史料27】兵庫県・浄土寺№1「薬師堂永正十四年（一五一七）修造棟札」（近畿編Ⅱ八七頁）

（表）

對（ママ）　聖主天中天　大檀那大梵天王　對（ママ）
△　薬師堂　迦陵頻伽声　永正十三（四）年歳次丁巳（丑）八月廿七日大勧進寺僧衆　拡（弘）勢　大工藤原衛門大夫重次
哀愍衆生者　教蔵　小工三郎兵衛平昌拡
對（ママ）　我等今敬礼　大願主帝釈天王　對（ママ）

（裏）

（記載なし。）

浄土寺の「薬師堂永正十四年修造棟札」（史料27）の場合は、中央に「△薬師堂　永正十三年（歳次丁丑）八月

廿七日　大勧進寺僧衆」と記し、以下、「弘勢　大工藤原衛門大夫重次」「教蔵　小工三郎兵衛平昌弘」を左右二行に記す。すなわち、「奉修造」とこそないものの、堂名＋年月日＋勧進の僧衆＋大工・小工が層位をもって記されている。この「薬師堂」と「永正十三年」の間に、「聖主天中天」「迦陵頻伽声」、「哀愍衆生者」「我等今敬礼」の偈が、四行にわたって挿入され、その下に「大檀那大梵天王」「大願主帝釈天王」のいわゆる仏供役が記されるのである。さらに札の上下の左右四ヶ所に「対」の字が見える。恐らく「封」の字を誤って記したのであるが、中尊寺型を基本に、偈・仏供役・△の呪符、そして対（封）の呪いなどの装飾が施されたとみて良いだろう。

すなわち中尊寺型を基本に考えると左のようになる。

(A)		奉造立	
(B)	長……	＋ 建物名	広……
(C)	干	＋ 年月日	子
(D)	a	＋ 職人名 b	c
(E)	h	＋ 願主・施主名 i	j

Aのさらに上部に卍・梵字・呪符あるいは四天王などが、上部のA・B・Cのいずれかの間に偈や仏供役が記されるようになる。同時に願意がB・C間、C・D間に記される。また、Eの願主・施主は徐々に高い位置に移動する。偈や願意が記されるようになると、もともと一行型であった中尊寺型は複数行の記載を志向する。Eの願主・施主がBの建物名の右に、同時にCの年月日がBの建物名の左に移動したりする。あるいは年月日が中央行の左右に振り分けて記されたりする。縦長の板の対称性を重んじた結果と思う。こうして願主・施主をより高い所にという希望が適えられる。C・D・Eの空いた空間により多数の人名などが記されるようになる。この時

点で、職人はほぼ最下段に位置づけられる。他に工程などが記されたり、さらに裏面まで利用されるようになって多様な記載法が見られるが、要するに一行型を基本に発展し、かつ対称性を重んじ、層位性を維持しながら整えられてきたものと考えられる。こうして東照宮型にいたるのである。

【史料28】群馬県・薬師堂№2「宮殿慶長三年（一五九八）造興棟札」（関東編一四二頁）

（表）

多門天　持國天　聖主天中天　大檀那眞田伊豆守信行御武運長久之砀　番匠文藏 國助右意趣者天長地久御願圓滿殊着諸
大工横尾□殿助
伽（マヽ）陵頻迦（マヽ）声　本願伊勢國山田住廉目喜左衛門藤原朝臣家貝　鍛治源七郎檀越等衆病□除身心安樂別者伽
（梵）卍　王舍城　（梵）奉　造　興　日　向　山　定　光　寺　藥　師　堂　三　間　四　面　一　宇　所　　敬　白
哀愍衆生者　奉書寫榛名山学頭内供奉竪着邃葉法師完海　甚右衛門 孫左衛門藍安全人法不退庄谷豊饒各
檀畂山田與三兵衛綱定山造衆
增長天　廣目天　我等今敬禮　惟昌辰慶長三稔著雍閹茂陽覆吉日　六郎五 内藏助源成就廣作佛支如意蒲迠旨如此

（裏）

（記載なし。）

群馬県中之条町の薬師堂の「宮殿慶長三年造興棟札」（史料28）は、中央に「（梵）卍　王舎城（梵）奉造興日向山定光寺薬師堂三間四面一宇所　敬白」と記す。次に上段から見て行くと、「（梵）卍　王舎城」の両脇に多聞天・持国天・増長天・広目天の四天王、「（梵）奉造興」の両脇に「聖主天中天」「伽陵頻迦声」「哀愍衆生者」「我等今敬礼」の偈が四行で、「造興日向山定光寺薬師堂」の両脇に、以下の文が四行で記される（／は改行）。「大檀那眞田伊豆守信行御武運長久之砌／本願伊勢国山田住廉目喜左衛門藤原朝臣家貝／奉書写榛名山学頭内供奉竪着邃葉法師完海／惟昌辰慶長三稔（著雍）閹茂陽覆吉日」と造立の趣旨が述べられる。下段の部分「堂三間四面一宇所」の右側には「大工横尾□殿助」、その下に二行で「番匠文蔵・善助」「鍛冶源七郎」、左側には「檀□山田與三兵衛綱定山造衆」と記し、その下に「甚右衛門・孫左衛門・六郎五・内蔵助」の四名が四行で記される。最下段「敬白」の両側には、「右意趣者、天長地久御願円満、殊着諸／檀越等衆病□除身心安楽、別者伽／藍安全人法不退庄谷豊饒各／源成就廣作佛事如意蒲迠旨如此」と願意が記されている。

願意が最末に記されるなどここまでの検討にいささかはずれるかも知れない。取りあえずこの最末の願意の部分を除いて、考えて見たい。尤もこの願意こそが肝心な部分でもあるのだが、願意の部分を除いて見れば、ここまでに検討してきた中尊寺型棟札の書式の最も発展した姿であると了解されよう。

【史料29】東京都・東照宮№1「社殿慶安四年（一六五一）造営棟札」（関東編二八〇頁）

（表）

卍

聖主天中天　天長地久
迦陵頻伽声　御願円満
哀愍衆生者　四海安寧
我等今敬礼　国土豊饒

慶安四年卯暦
奉造営東照宮一宇　征夷大将軍従一位左大臣源朝臣家光
四月十七日

御遷宮御導師一品尊敬親王
呪願師毗沙門堂大僧正公海

奉行　従四位下対馬守阿部朝臣重次
副奉行　石尾七兵衛尉藤原治昌
川口源兵衛尉源正信
桑山楮兵衛尉藤原貞政
大工　木原木工助藤原義久
鈴木修理亮藤原長恒

（裏）

（記載なし。）

改めて東照宮の棟札をもう一枚見てみよう。幕府のお膝元、東京上野の東照宮の「社殿慶安四年造営棟札」（史料29）である。この棟札が幕府の意向に反していることはよもやあるまい。

最上段に「卍」、第二段目に「聖主天中天　迦陵頻伽声　哀愍衆生者　我等今敬礼」の偈が四行で、第三段目に「天長地久　御願円満　四海安寧　国土豊饒」の願意が四行で、そして中央に「奉造営東照宮一宇　征夷大将軍従一位左大臣源朝臣家光」と記す。誰が造ったのか、この部分が鮮明に記される。この両脇に「慶安四年卯暦四月十七日」の年月日が二行に分けられて、またその下に「御遷宮導師一品尊敬親王」「呪願師毗沙門堂大僧正公海」が記される。そして最下段にこの工事に携わった奉行・大工が中央の「奉行　従四位下対馬守阿部朝臣重次」を中心に右側に「副奉行」の「石尾七兵衛尉藤原治昌／川口源兵衛尉源正信／桑山楮兵衛尉藤原貞政」、左側に「大工」の「木原木工助藤原義久／鈴木修理亮藤原長恒」が記されている。

誰が、何のために、あるいは何を願って、何を建てたのか。そしてそれが何時のことで、誰と誰が工事や儀式を行ったのかが、極めて簡潔に、かつ序列をもって記されているのである。これが棟札の書式の一つの完成した姿であった。

もう一度、中尊寺大長寿院の保安三年（一一二二）の棟札（東北編七四頁・『中世の棟札』、横浜市歴史博物館、二〇〇二年、七頁）を見て頂きたい。そこにははっきりと横に罫線が引かれているのである。棟札は当初から縦長の板に上から下へと、層位（段階）をもって記されることが志向されていたのである。

五　様々な書式の棟札

確かに中尊寺型から幕府型（東照宮型）への棟札の書き様は一つの典型例であった。しかし唯一無二の絶対の書式ではない。事実、近畿編Ⅰ・Ⅱを見ても幕府型の記載様式を採るものはそれほど多くはない。また、通常「縁起型」と呼ばれる、社寺の由緒や修造の経緯を書き記した棟札の書き様は、この発展の図式からは見えてこない。

東大寺の「法華堂正治元年修造棟札」（史料30）は、「この御堂は、大仏殿造営の前十年、天平五年創造するところ也。星霜数を積み処々皆、朽ち損す。仍って秀恵大法師知識状を書き、勧進すると雖も政所以下満寺衆等、その力微少。仍って南無阿弥陀仏を申さしむの処、信阿弥陀仏に申し付け、損失甚だ多々なるを大底修造せしめ新造の如し。正治元年八月八日より。行事、縁阿弥陀仏・学阿弥陀仏　雑役人五人、木工大工権守国宗、権大工貞延大夫・権大工行清大夫、小工十七人、葺大工行貞」とある。

【史料30】奈良県・東大寺No.4「法華堂正治元年（一一九九）修造棟札」（近畿編Ⅱ一二七頁）

（表）

此御堂者大仏殿造営之前十年天平五年所創造也星霜数積処々皆以朽損仍秀恵大法師書智識状雖勧進
政所以下満寺衆等其力微少仍令申南無阿弥陀仏之処申付信阿弥陀仏令修造損失甚多々大底如新造自正治元年八月八日
行事縁阿弥陀仏　学阿弥陀仏　雑役人五人
木工大工権守国宗　権大工貞延大夫　権大工行清大夫　小工十七人　葺大工行貞

（裏）

（記載なし。）

ここには、今回の修理の理由、誰が費用を調達したのか、誰が工事を遂行したのか、それが何時のことであったのか、そして実際に工事に当たった職人名が列記されている。縦書きの右行から左行へと文章を書き連ねる普通の文章の書き方で書かれているのである。保安三年（一一二二）・天治元年（一一二四）の中尊寺型の棟札・棟木銘に遅れること数十年の歳月があるが、なお、既に十二世紀代に中尊寺型とは異なる棟札の書き方があったのである。であれば、最初から由緒や縁起を通常の文章表現のように書き連ねる書き方があったのだと考えざるを得ない。この棟札の文面からも判明するように、それは広く勧進を求めたからであった。修造の費用を不特定多数の人々に求めるからには、寺社の由緒来歴、何のために使うのか、こうしたことを訴える必要があった。その結果、成し遂げられた建物の棟札にもそれが記される必要があったのである。

また、法隆寺の「東院夢殿寛喜二年（一二三〇）上宮王院棟上棟札」（史料31）は、中央上部から「法隆学問寺上宮王院棟上」と記し、その左右に「寛喜貳年（歳次／庚寅）」「五月二十三日」と年月日を二行に記す。続いて「別當前権僧正範圓」と中央行に記し、その右に「□法隆□□□」「小別當尊圓拝觀進」と、左に「大勧進寛應跡」「勧進公□大□」とある。さらに中央行に「大工妙阿弥陀仏」と続け、その左右に「平末守」「舟波貞行」、「三国国元」「藤井国宗」とあり、その下段には、恐らく職人と思われる「平□利」以下九人の人名が横一列に書かれ、その下段には右三行に三人の人名が記される。再び中央行に戻り、「結縁衆」の三文字が記されると、以下七段十数行に多数の人名が記されている。その数は一段目一〇行・二段目一二行・三段目一四行・四段目一三行・五段目一四行・六段目一三行七段目九行の計八五人である。記載はさらに裏面におよび、中央上部に「法隆寺　上宮王院　修造之時寺僧名帳事」と記し、「三綱」「一學衆」「一禪衆」「一中綱」の僧侶の名が百数十人記され、最末に瓦工など二〇名ほどが記されているのである。

【史料31】奈良県・法隆寺No.1「東院夢殿寛喜二年（一二三〇）上宮王院棟上棟札」（近畿編Ⅱ一八一頁）

（表）

寛喜貳年歳次庚寅

□法隆□□□

小別當脅圓拜勸進

平末守

舟波貞行

法隆學問寺　上宮王院棟上　別當前權僧正範圓　大工妙阿彌陀佛※

五月二十三日

大勸進寛應跡

三國國元

勸進公□大□

藤井國宗

平□利　橘國利　□益延　源成利　※平末清　三國國行　刑坂利次　宗友　□□□末

□□□　延清　橘重成

結縁衆

□□大法師　□胤大法師　俊榮大法師　淨俊大法師　晴喜大法師　隆詮大法師　信玄大法師　覺俊大法師　嚴慶大法師　□□大法師

□眞大法師　頼清大法師　□□大法師　定榮大法師　長俊大法師　明算大法師　順圓大法師　長範大法師　覺曉法師　幸琳法師　〔　　〕　〔　　〕

貞行法師　聖辨法師　興□法師　貞圓法師　觀藝法師　俊辨法師　貞遍法師　隆盛法師　道實法師　玄忠法師　辨俊法師　貞算法師　俊算法師　□□□□

信算法師　信覺法師　覺增法師　聖增法師　聖算法師　榮嚴法師　幸禪法師　實善法師　幸眞法師　榮聖法師　行聖法師　定聖法師　行俊法師

□算法師　觀禪法師　胤實法師　朝縁法師　禪忠法師　興脅法師　行經法師　定增法師　滿實法師　經圓法師　聖嚴法師　欣西法師　覺齋法師　□□□□

宗興法師　草賀部姉子　沙彌定正　定縁法師　清原仲子　貞辨法師　大中臣姉子　中臣利則　源兼延　覺順法師　範永法師　□勝法師　〔　　〕

□□□□　榮□法師　賢忍法師　清原守貞　慶信法師　草賀部姉子　聖阿彌陀佛　高向四子　藤井姉子

（裏）

法隆寺 上宮王院 修造之時寺僧名帳事 一學衆

三綱 聖求大法師 良春大法師 明等大法師 長範大法師 順圓大法師 良藝大法師 實玄大法師

法師成業 □ 大法師

源曉法師 慶信法師 善秀法師 觀妙法師 宗詮法師 覺曉法師 義順法師 聖眞法師 覺順法師 榮融法師 隆勝法師 榮禪法師 □覺法師 辨西法師 玄貞法師

良實法師 玄海法師 清意法師 延範法師 圓慶法師 道慶法師 善慶法師 行俊法師 慶弘法師 幸舜法師 俊賢法師 勝印法師 宗信法師 嚴舜法師

良祐法師 公詮法師 實相法師 實辨法師 榮舜法師 隆辨法師 興藝法師 上詮法師 範永法師 靜尊法師 行弘法師 聖憲法師 榮增法師 實憲法師 良誠法師

淨尊法師 榮憲法師 信覺法師 顯眞法師 觀圓法師 貞圓法師 覺增法師 榮詮法師 觀藝法師 聖增法師 良玄法師 聖算法師 信算法師 貞充法師 良辨法師

禪信法師 榮嚴法師 道實法師 明尊法師 圓良法師 榮範法師 玄隆法師 榮圓法師 榮算法師 實融法師 淨算法師 隆盛法師 信遍法師 貞遍法師 隆算法師

貞算法師 □貞法師 實算法師 榮辨法師 實恩法師 嚴算法師 玄忠法師 欣順法師 弘算法師 辨春法師 □雲法師 覺賢法師 嚴圓法師 實春法師 覺秀法師

□憲法師 辨圓法師 印□法師 舜遍法師 道成法師

※

※ 一禪衆

賢永法師 定賢法師 德禪法師 延經法師 智慧法師 善眞法師 宗禪法師 善融法師 勢賢法師 善勝法師 了海法師 善幸法師 有善法師 教增法師

行尊法師 幸禪法師 行增法師 經眞法師 增經法師 勢藝法師 幸賢法師 實善法師 現禪法師 覺睿法師 善圓法師 幸眞法師 觀融法師 榮聖法師

善祐法師 快增法師 願住法師 行西法師 定全法師 延眞法師 隆賢法師 教尊法師 善住法師 欣西法師 定聖法師 淨慶法師 隨善法師 宗成法師

教實法師 定融法師 興尊法師 現融法師 朝緣法師 經住法師 實淨法師 覺實法師 聖經法師 禪忠法師 行祐法師 成眞法師 行經法師 京尊法師

定辨法師 滿實法師 隆勝法師 淨西法師 智成法師 延聖法師 觀實法師 賢經法師 幸意法師 淨印法師 順西法師 聖嚴法師 宗印法師 幸尊法師

良緣法師 增長法師 行善法師 行住法師 良西法師 實蓮法師 實誠法師 賢聖法師 京限法師 進實法師 了現法師 增眞法師 良印法師 顯實法師

京實法師

一中綱

都那增榮法師 權專當行賢法師

專當禪得法師 權專當良珊法師

權專當珊增法師 圓實法師

權專當行命法師 宗壹法師

權專當良智法師 眞淨法師

權專當淨圓法師 幸壽法師

權專當眞樂法師 行□法師

權專當財善法師

權專當京增法師

權專當觀住法師

權專當觀珊法師

權專當定性法師

一仕丁瓦 工

貞末 記三 忠二 藤才才 二郎 源三

金剛丸 增住 權少才 源三 千行 泉 幸珊

鍛治行文

一刀禰大介七郎刀禰 宗才才承介

藤大夫

一番匠了善一大佛師一人 一神主一人

源太 源三 中平 幸德

一堂童子增力正力 大德諸佛

こちらは最古の中尊寺の棟札に遅れること一〇〇年の時間を経過しているが、それでもなお一三世紀前半の棟札である。

すなわち棟札の書き様は、造営や修理の事実を簡単に記すもの、修造に多くの募縁を求め由緒を記すもの、そして修造に関わった人々の名を可能な限り記そうとするものなど、早い時期から多様なものがあったのである。こうした書き方がお互いに影響しあって様々なバラエティーが生まれたと理解しておきたい。

一方、中尊寺型からの発展の方向も、先に検討した東照宮型へ向けて発展するという一直線の発展ばかりではなかった。

【史料32】秋田県・神宮寺八幡宮の№1「社殿正応三年（一二九〇）造営棟札」（東北編一一〇頁）

（表）

封　　大檀主　源頼朝　大勧進僧覚篤　檀那秦光長
聖（カ）主天中天　大行事帝尺天王　中原親能　宮司日笠重乗
迦陵頻伽聲（拳含）　今日戒師文殊師利菩薩　宮道國平　右（カ）志（カ）者為□□所生男女家門安穏
碑文弥勒菩薩欠　正應三季歳次庚寅六月廿八日　藤原知房　三間一面社一宇長五尋廣四尋　奉（カ）□□村内□衆生御（カ）利益也
哀愍衆生者欠　惣戒師釈迦如来欠　隠岐長家満欠
我等今敬礼　證誠大梵天王　道知　弘欠　当地頭因幡左衛門尉之依仰
諸行事普賢菩薩　賜宗別所御造営仕也　小工　瀧観房
封

秋田県の神宮寺八幡宮の「社殿正応三年造営棟札」（史料32）は、一見複雑な記載様式の棟札に見える。しかし、中央中段部に着目してみると、「正應三季（歳次／庚寅）六月廿八日（藤原知房）三間一面社一宇（長五尋／広四尋）」とある。中尊寺型の棟札に極めて近い書きぶりなのである。複雑に見えるのは、一段目に「聖主天中天……」の偈が四行で、二段目に「大行事帝釈天王」ほか仏供役が六行で記されているからである。そして、中段には、「大檀主源頼朝」以下六名が六行分、年月日と社殿の大きさを記す中央行の間に挿入され、下部に意趣文が加えられたために複雑に見えるのである。実際、中尊寺型に較べれば確かに書き記された要素が多いわけで、その分複雑になるのは当然である。しかし、決してむやみに、かつ無秩序に複雑になっているわけではない。むしろ中尊寺型にない要素が整然と付加された見るべきであろう。なお、ここでは二段目の仏供役の「碑文弥勒菩薩」が中央行に記されているように見えるが、「惣戒師釈迦如来」が中央行に来るのではないかと思う。このタイプは決して例外ではない。事実、同じ神宮寺八幡宮の元応三年（一三一九）・長享三年（一四八九）（同社No.2・3、東北編一一一・一一二頁）に踏襲されているほか、秋田県・三輪神社No.5「社堂正保四年（一六四七）造立棟札」（東北編一一九頁）、宮城県・大崎八幡神社No.1「宝殿慶長十二年（一六〇七）造立棟札」（東北編九二頁）などはこのタイプの延長上で考えて良い書式だと考えられる。問題は、何時・いかなる理由で最上段に偈、二段目に仏供役が記されることになったかである。この理由が判明すると棟札の書式の解明も相当進むのであるが、今は今後の課題とするのみである。もう一つの気がかりは、法華曼荼羅型の棟札との関連である。共に最上段に偈、二段目に仏供役を記す書き方には共通したものがあるように思われるのだが、いかがであろうか。

こうしたバラエティーには、①記載様式・書式による分類（主文型・縁起型など）、②宗教による分類（神社と寺院の別）、③宗派による分類（禅宗様・法華曼荼羅型など）、④記載文言による分類（偈・呪文など）、⑤外形による分類（縦長・横長など）など、様々な規準で様々に分類し得る。以下にはこうした点のいくつかを順次見ていくこととしたい。

(1)「聖主天中天　迦陵頻伽声　哀愍衆生者　我等今敬礼」の偈をもつ棟札

一口に「聖主天中天　迦陵頻伽声　哀愍衆生者　我等今敬礼」の偈が書かれているからと言って、その書きぶりは一様ではない。五言四句から成るこの偈の書き方一つをとってもそのバラエティーは想像以上に豊富である。大きく分けて、一行のもの（Ⅰ）、二行のもの（Ⅱ）、四行のもの（Ⅲ）、その他（Ⅳ）の四つに分類できる。点数の多いのは四行のものであり、次に二行のものが比較的多い。この四行のものも、さらに幾つかのタイプがある。一つは、棟札の文面で確かに「四行」のもの、これを「四行型」と呼んでおく。二つは、中央行の例えば、「奉造立……」を挟んで四行に記されるもの、つまり棟札としては五行のものがある。そして、さらにその両側に何行か別の記載が加わるものがある。いずれにせよこの偈が中央行によって左右二行ずつにわけられたものを分離四行型と呼んでおく。この確かに「四行」のもの、つまり「四行型」もさらに幾つかに分けられる。その記される上下の位置関係を見ると、最上部に記されるもの、最上部には、梵字・卍・奉・△などが記され、その次に「聖主天中天……」が記されるもの、そして「奉造立……」と「年月日」などの中間に「聖主天中天……」の四行が割り込む形で記されるものに分類できる。が、この偈は中程より下部に記されることはなく、やはり全体として棟札の上部に記される。他の分離四行型・二行型についても上下の位置関係については、やはり最上部・次上部・上部〜中段に記される三つのタイプがある。

二行型の場合は、中央行内に割り込むことはほとんど無く、中央行の両脇に記される。また、その他としたものは、一行のもの、中央行の左右どちらかの側にのみ記されたものであるが、ほとんど例外と言ってよいだろう。一見単純に見える棟札は、その構成要素の一つである偈をとってもこれだけ書きぶりが多様なのである。ざっと、この偈の記され方を分類しただけで、次の一四種類が認められる。

Ⅰ、一行のもの＝①

Ⅱ、二行のもの＝②上部

③上段〜中段

Ⅲ、四行のもの

1　独立四行＝④最上部

⑤上部

⑥上部〜中段

⑦裏面

2　分離四行＝⑧最上部

⑨上部

⑩上部～中段

⑪裏面

⑫中央行の片側に四行

⑬中央行の片側に二行

⑭他の偈と共に

Ⅳ、その他

この内、主立ったものの点数を数えると、四行型＝一五三点（うち卍を伴うもの四四点）、分離四行型＝三二〇点（うち卍を伴うもの一〇〇点）、二行型＝三二六点（うち卍を伴うもの六八点）、その他＝二一点、計＝八二〇点（うち卍を伴うもの二一二点）となる。すなわち、「聖主天中天……」の偈は、全三、六八一点中の二二・三％の棟札に見られるのであり、極めて頻度の高いもの言える。同時に様々な記され方があったということになる。このことが形式分類をする上での妨げになってきたのである。この書きぶりの違いに意味があるのか、偶然そうなっただけなのか、ただ、これだけ広範にこの偈が見られるのは、やはり思想的・信仰的な意味はあったのではないか、こうした点の解明が今後の考察の課題であろう。

（2）神道様

神社の棟札だからと言って全てが神道型式と言うわけではない。むしろ、文面からは寺院の棟札と区別のつかないものも多い。事実、前項で見た「聖主天中天　迦陵頻伽声　哀愍衆生者　我等今敬礼」の仏教の経典に記された偈をもつ棟札は、寺院にも神社にも共通して見られる。一方、寺院の棟札には見られず、神社の棟札に限っ

【表7：「三元三行三妙加持」の文言をもつ棟札】

棟札名	西暦	県・神社名	備考	掲載頁
本殿文禄三年再造立棟札	一五九四	千葉・飯香岡八幡宮		関東編　二六一頁
本殿明暦三年建立棟札	一六五七	岡山・総社	「無上霊宝…」「以我行神力…」と共に	中国編　五六頁
本殿并末社延宝二年修理棟札	一六七五	静岡・五社神社	朱字、左右二行。「吐普加身…」と共に	中部編　二六三頁
本殿元禄四年修理上葺棟札	一六九一	岡山・総社	「無上霊宝…」「以我行神力…」と共に	中国編　五六頁
玉殿元禄四年再造立棟札	一六九一	千葉・飯香岡八幡宮	日月清明、主文の両脇に	関東編　二六三頁
鳥居元禄五年造立棟札	一六九二	鹿児島・中津神社	由緒の中に「三元妙行鎮座乃加持」	九州編　三八二頁
美保津姫命霊廟元禄八年修復棟札	一六九五	島根・美保神社	「津美登加波…」の和歌などと共に	中国編　二八頁
事代主命霊廟元禄八年修復棟札	一六九五	島根・美保神社	「無上霊宝…」「天元天妙…」などと共に	中国編　二八頁
拝殿元禄十一年造立棟札	一六九八	茨木・馬場八幡宮	「身体護神　三元加持　五大神王　全身守護」	関東編　二八頁
本殿宝永三年棟札	一七〇六	山梨・浅間神社	「無上霊宝…」「以我行神力…」と共に	中部編　一四三頁
八幡三所太神宮玉殿上葺棟札	一七〇九	石川・八幡神社	「無上霊宝神道加持」と共に	中部編　四一頁
鳥居元文三年造替棟札	一七三八	鹿児島・中津神社	天妙・地妙・人妙の三加持	九州編　三八三頁
本殿宝暦三年修復棟札	一七五三	岡山・総社	裏面。表の「吐普加身…」と共に	中国編　五七頁
社殿宝暦九年上葺棟札	一七五九	香川・神谷神社	「三元三行三妙加持并三宝加持」	四国編　一九七頁
本殿宝暦十一年修復棟札	一七六一	岡山・総社	裏面。表の「吐普加身…」と共に	中国編　五七頁
本殿宝暦十三年葺上棟札	一七六三	滋賀・天皇神社	「以我行神力　神変神通力　五大神主」など	近畿編Ⅰ　七一頁
本殿明和五年葺上棟札	一七六八	滋賀・天皇神社	「以我行神力　神変神通力　五大神主」など	近畿編Ⅰ　七二頁
鳥居安永二年造立棟札	一七七三	鹿児島・中津神社	天妙・地妙・人妙の三加持	九州編　三八四頁

本殿安永五年葺上棟札	一七七六	滋賀・天皇神社	「以我行神力　神変神通力　五大神主」など	近畿編Ⅰ　七二頁
本殿天明二年葺上棟札	一七八二	滋賀・天皇神社	「以我行神力　神変神通力　五大神主」など	近畿編Ⅰ　七二頁
本殿等天明七年修理棟札	一七八七	岡山・鶴山八幡宮	「無上霊宝…」「以我行神力…」と共に、吐普	中国編　六一頁
本殿寛政三年葺上棟札	一七九一	滋賀・天皇神社	「以我行神力　神変神通力　五大神主」など	近畿編Ⅰ　七三頁
本殿寛政五年修復棟札	一七九三	岡山・総社	裏面。表の「吐普加身…」と共に	中国編　五八頁
本殿文化六年葺上棟札	一八〇九	滋賀・天皇神社	「以我行神力　神変神通力　五大神主」など	近畿編Ⅰ　七四頁
本殿等文政五年修理棟札	一七八七	岡山・鶴山八幡宮	「無上霊宝…」「以我行神力…」と共に、吐普	中国編　六二頁
本殿文政八年葺上棟札	一八二五	滋賀・天皇神社	「以我行神力　神変神通力　五大神主」など	近畿編Ⅰ　七四頁
本殿嘉永二年建立棟札	一八四九	愛媛・熊野神社	「人元人歩神力加持」、他に「天」「地」	四国編　二三五頁
本殿安政六年葺上棟札	一八五九	滋賀・天皇神社	「以我行神力　神変神通力　五大神主」など	近畿編Ⅰ　七四頁
社殿万治三年上葺棟札	一八六〇	香川・神谷神社	「三元三行三妙加持并三宝加持」	四国編　一九七頁

て見られる書式・文言もある。或いは寺院の棟札にはほとんど見られず、大部分が神社の棟札に限って見られる書式・文言もある。ここではこうした点の幾つかを見てみたい。

「三元三行三妙加持」の文言を持つ棟札は、表7の二九例が認められる。

一五世紀後半から一六世紀の初頭に吉田兼倶が起こした神道の一流派に唯一神道がある。一般には卜部神道とも吉田神道とも呼ばれている。これは、これ以前の本迹縁起神道・両部習合神道が仏教の影響を受けて展開したことを鑑み、伊勢神道につづき、独自の神道説を創作したものであった。『天元神変神妙経』『地元神通神妙経』『人元神力神妙経』と言われる、三部の神道の経典に基づき、三元三行三妙加持の秘儀を行うものであった。兼倶の教説には種々の批判があったが、儒教・仏教・道教・陰陽道を巧みに取り入れ、体系化を果たした。万物の本体を「体」とし、天・地・人に絡めて「天元・地元・人元」と位置付けた。これが「三元」である。次に、これらは色々な働きをする。これを「用」と言い、「天妙・地妙・人妙」と位置付けた。本となる「体」があり、様々な作用をする「用」が働くと、万物は色々な様相を呈する。これを「相」と言い、「天行・地行・人行」に分類した。こうして「三元・三妙・三行」の枠組みを設定し、神道を中心とした世界観を作り上げたのである（『国史大辞典』「ゆいいつしんとう」の項、吉川弘文館）。

中央の主文の右側に「三元三行」、左側に「三妙加持」と記すもの（飯香岡八幡宮）、右側に「三元三行」「三妙加持」の二行、左側に「以我行神力神道加持」・「神変神通力普供養而住」の二行、計四行を記すもの（総社・浅間神社）、裏面中央に一行で「三元三妙加持」と記すもの（美保神社）など、様々な記載のされ方があるが、吉田神道の影響下に記された文言であることは疑いない。

また、「無上霊宝神道加持」の文言が「三元三行三妙加持」の文言と一連の文脈の中で記されているものある（表8参照）。

【表8：「無上霊宝神道加持」の文言をもつ棟札】

棟札名	西暦	県・神社名	備考	掲載頁
社殿宝永五年再造立棟札	一七〇八	広島・竜山八幡宮	裏面。「無上霊宝神道加持」	中国編　一三三頁
八幡宮拝殿享保十六年再建棟札	一七一六	広島・光海神社	裏面。「無上霊宝神道加持」	中国編　一四〇頁
加須賀薬師享保十七年安置棟札	一七三二	石川・久麻加夫都神社	最上部に横書。「無上霊宝」のみ。	中部編　六六頁
大野湊神社摂社元文四年上梁棟札	一七三九	石川・大野湊神社	「無上　霊宝　神道　加持」四行。	中部編　二八頁
少彦社明和二年造営棟札	一七六五	石川・久麻加夫都神社	「無上霊宝」のみカ。「宝」は○印に懸かる。	中部編　六五頁

熊甲神社明和二年造営棟札	一七六五	石川・久麻加夫都神社	「無上霊宝」のみ。◎印。	中部編　六五頁
雷公大明神社殿明和五年葺替棟札	一七六八	広島・西山寺	「老上霊宝神道加持」。「老」は誤記、誤読カ	中国編　一一五頁
霊社社殿安永六年建立棟札	一七七七	広島・光海神社	裏面。「無上霊宝神道加持」	中国編　一四二頁
太神宮天明七年上棟棟札	一七八七	石川・気多神社	最上部に横書。「無上霊宝神道加持」	中部編　四九頁
白山大権現社頭天明七年造営棟札	一七八七	石川・気多神社	最上部に横書。「無上霊宝神道加持」	中部編　四九頁
随身門天明七年再興棟札	一七八七	石川・気多神社	最上部に横書。「無上霊宝神道加持」	中部編　五一頁
宝蔵天明七年再興棟札	一七八七	石川・気多神社	最上部に横書。「無上霊宝神道加持」	中部編　五一頁
本殿等天明七年修理棟札	一七八七	岡山・鶴山八幡宮	右肩に「無上霊宝」、「三元三行」、裏面に「吐普…	中国編　六一頁
天満宮寛政六年造営棟札	一七九四	石川・金沢神社	「無上　霊宝　神道　加持」四行。	中部編　二六頁
本殿等文政五年修理棟札	一八二二	岡山・鶴山八幡宮	右肩に「無上霊宝」、「三元三行」、裏面に「吐普…	中国編　六二頁
三宝大荒神社文政十年建立棟札	一八二七	広島・熊野神社	裏面中央に「無上霊宝神道加持」	中国編　一〇五頁
天児屋根命社天保六年再興棟札	一八三五	山形・成島八幡神社	「老上霊宝神道加持」。「老」は誤記、誤読カ	東北編　一四四頁
末社弘化二年造営棟札	一八四五	奈良・高鴨神社	主文両脇に「無上霊宝神道加持」	近畿編Ⅱ二〇八頁
長野大明神慶応四年遷宮棟札	一八六八	大坂・長野神社	「允上霊宝　神道加持」「允」は誤記、誤読カ	近畿編Ⅱ　三二頁

従って、「無上霊宝神道加持」とのみあるものもやはり、吉田神道の影響下にある神社で作成された棟札であったと言ってよいだろう。

　次に「吐普加身依身多女」の文言も比較的よく見られる。ところが、読み方が分からない。さらに「吐普加身依身多女　波羅伊玉意　喜与目出玉」「吐普加身依身多女　寒《カン》言《ゴン》神《シン》尊《ソン》利《リ》根《コン》陀《ダ》見《ケン》　波羅伊玉意　喜余目出賜布」と、記されることもある。

これに就いては、『日本国語大事典』（小学館）が、以下のように簡潔に解説している。

「とおかみ　えみため　亀卜を行なう際に亀甲の裏に刻んだ線の名。『と・ほ・かみ・ゑみ・ため』の五の線を焼いて表にあらわれる亀裂の形で吉凶を判断した。のち、転じて禊教の祈禱の時に唱える語」。

「とおかみしんとう　とほかみシンタウ【吐普加美神道】神道十三派の一つ禊教の異称。『吐普加美依美多女、波良比給岐与米給布』と唱えて行法したところからいう」。

ただ、禊教が起こったのは、幕末から明治にかけてである。一方「吐普加身依身多女」の文言は、一七世紀の後半から見られる。従って、禊教の唱文であると言うのでは説明がつかない。ところで、「吐普加身依身多女」の文言が、「三元三妙加持」の文言と共に記される事例もある（五社神社・総社、表7・8・9参照）。また、吉田氏（卜部氏）は、亀卜を行う家であった。これも吉田神道の影響下の文言と言って良いだろう。

「寒言神尊利根陀見」の文字もよく見られるが、読みも分からなければ、意味も分からない。占いの八卦の

【表9：「吐普加身依身多女　波羅伊玉意　喜与目出玉」などの文言をもつ棟札
「吐普加身依身多女　寒言神尊利根陀見　波羅伊玉意　喜余目出賜布」など類似の表記のものを含む】

棟札名	西暦	県・神社名	備考	掲載頁
本殿并末社延宝二年修理棟札	一六七五	静岡・五社神社	「吐普加身…」、以下祝詞に。三元三行三妙も	中部編　二六三頁
本殿元禄六年修覆棟札	一六九三	京都・向日神社	裏面。「天津祝詞…」「五方龍王」	近畿編Ⅰ　二一二頁
高良社本殿元禄十一年葺替棟札	一六九八	長野・浅科八幡社	「吐普加身　依身多女」、左右二行	中部編　一八一頁
本殿元禄十二年建立（修理）棟札	一六九九	長野・駒形神社	「吐普加身　依身多女」、左右二行	中部編　一六九頁
高良社鳥居元禄十六年建立棟札	一七〇三	長野・浅科八幡社	裏面カ。「吐普加身　依身多女」、左右二行	中部編　一八二頁
本殿宝永元年建立（修理）棟札	一七〇四	長野・駒形神社	「吐普加身　依身多女」、左右二行	中部編　一七〇頁

厳島明神社殿正徳六年再建棟札	一七一六	広島・光海神社	裏面。「寒言神尊…喜余目出玉」	中国編　一三九頁
高良社本殿享保十五年修理棟札	一七三〇	長野・浅科八幡社	「吐普加身　依身多女」、左右二行	中部編　一八一頁
本殿元文三年葺替棟札	一七三八	京都・向日神社	裏面。「吐普…」一行。「波羅伊…」二行	近畿編Ⅰ二一二頁
高良社拝殿他寛保元年造立棟札	一七四一	長野・浅科八幡社	「吐普加身　依身多女」、左右二行	中部編　一八一頁
本殿上鳥居寛保二年修理棟札	一七四二	長野・駒形神社	「吐普加身　依身多女」、左右二行	中部編　一七〇頁
本殿宝暦三年修復棟札	一七五三	岡山・総社	「吐普…」に「寒言…」。裏面に三元三行三妙	中国編　五七頁
本殿宝暦八年葺替棟札	一七五八	長野・駒形神社	「吐普加身　依身多女」、左右二行	中部編　一七〇頁
本殿宝暦十一年修復棟札	一七六一	岡山・総社	「吐普…」に「寒言…」。裏面に三元三行三妙	中国編　五七頁
本殿等天明七年修理棟札	一七八七	岡山・鶴山八幡宮	裏面。表に「無上霊宝」、「三元三行」	中国編　六一頁
本殿寛政五年修理棟札	一七九三	岡山・総社	「吐普…」に「寒言…」。裏面に三元三行三妙	中国編　五八頁
本殿寛政十年葺替棟札（その一）	一七九八	長野・駒形神社	「吐普加身　依身多女」、左右二行	中部編　一七二頁
本殿等文政五年修理棟札	一八二二	岡山・鶴山八幡宮	裏面。表に「無上霊宝」「三元三行」	中国編　六二頁
本殿上屋前殿文政八年葺替棟札	一八二五	長野・駒形神社	「吐普加身　依身多女」、左右二行	中部編　一七二頁
本社天保五年葺替并繕棟札	一八三四	福岡・筥崎宮	「吐普加身…」に「寒言神尊…」、左右二行	九州編　二九七頁
宝蔵天保九年建替棟札	一八三八	福岡・筥崎宮	「吐普加身…」に「寒言神尊…」、左右二行	九州編　二九九頁
御供殿弘化二年建立棟札	一八四五	岡山・鶴山八幡宮	裏面。「吐普加…」に「寒言神…」、一行	中国編　六二頁
本殿上屋他嘉永元年葺替棟札	一八四八	長野・駒形神社	「吐普加身　依身多女」、左右二行	中部編　一七三頁
表門嘉永三年建立棟札	一八五〇	岡山・鶴山八幡宮	裏面。「吐普加…」に「寒言神…」、一行	中国編　六二頁
能舞台嘉永三年建替棟札	一八五〇	福岡・筥崎宮	「吐普加身…」に「寒言神尊…」、左右二行	九州編　二九九頁
本殿上屋前殿万延元年年葺替棟札	一八六〇	長野・駒形神社	「吐普加身　依身多女」、左右二行	中部編　一七三頁

「坎《カン》・垠《コン》・震《シン》・巽《ソン》・離《リ》・坤《コン》・兌《ダ》・乾《ケン》」の当て字、または吉田兼倶の創作の八卦の文字と考えて良いのではなかろうか（山里純一著『沖縄の魔除けとまじない』、第一書房、一九九七年、四五頁）。

以上、「三元三行三妙加持」は一六世紀の最末期から、「無上霊宝神道加持」は一八世紀の初頭から、「吐普加美依美多女」は一七世紀の後半から見られるようになるのである。それらは一七世紀に入って以降に神社に普及したのである。意外と思われるかも知れないが、仏教の伝来以来の神仏混淆の状態を脱却して、神道が神道色を意識するのは、比較的新しい時代なってからなのであった。なお、作成した表7・8・9は、これらの文言の記載を『歴博報告』を通覧して抜き出したもので、丁寧に検出すれば、まだまだあると思う。

他に神道色を示すものとしては、神々の名を記したものがある。神社であれば本殿には祭神が祀られる。棟札の中央行、すなわち主文にこの祭神の名が記されることも多い。ただ、ここで言う神々の名は、こうした祭神の名ではなく、本殿を建てました。ついては〇〇の神よ、この本殿をお守り下さいと言った趣旨で、主文の両脇などに、偈と同じような形で記される神々についてである。或いは、棟札自体がこれらの神々に種々のお願いをするという内容で書かれたものについてである。例えば、

【史料33】千葉県・飯香岡八幡宮№5「本殿文久元年（一八六一）棟札」（関東編二六三頁）

（表）

手置帆負命

奉天兒屋根命棟札　棟梁大塚三郎左衛門藤原信重

當村南町

天彦狭知命

同南町
大塚三之助
同三右衛門

下総国左市場村
杉田与平次
同　伊之助

内弟子五井川岸
近藤藤太郎

五井川岸
中西作治郎藤原盛高

当村仲町
楠　長五郎

五井川岸
濱田　平吉

当村濱本町
木挽栄治郎

（裏）

辛
文久元歳

酉
霜月吉日　作之也

大塚三之介書之（花押）

【史料34】大分県・宇佐神宮№5「下宮二之御殿文政七年（一八二四）改造棟札」（九州編三五六頁）

（表）

屋船勾勾能治命　　國狭槌命

棟札　天神地祇八百萬神守護御殿安全如意満足處

屋船豊宇気姫命　　水波女命

などとあるものである。これらの神々には、次のような神々が存在した。

罔象女神	ミズハメノカミ	伊弉冉尊の尿から生まれた水の神。或いは、古代中国の水中の怪物、水神か？
五帝龍王	ゴテイリュウオウ	古代中国の伝説上の五聖君か、呪術世界の五帝か？
手置帆負命	タオキホオイノミコト	太玉命に仕え、天照大神の笠を造った。作笠者とも、工匠守護の祖神。
彦狭知命	ヒコサシリノミコト	太玉命に仕え、天照大神の楯を造った。作楯者とも、工匠守護の祖神。
屋船久久遅命	ヤブネククノチノミコト	屋船豊受姫命と共に屋船（宮殿の意）の神で、家屋の守護神。木の神。
屋船豊受姫命	ヤブネトヨウケヒメノミコト	屋船久久遅命と共に家屋を守護する神。のち農業の神、稲霊神に。
大直日神	オオナビノカミ	伊弉諾尊の子で凶事を吉事になす。
天児屋根命	アメノコヤネノミコト	天孫ニニギノミコトと共に降臨した五柱の一。祝詞・言霊を司る神。
天御中主尊	アメノミナカヌシノミコト	天の中央にあり宇宙を主宰する神。
国御柱神	クニノミハシラノカミ	天御柱神と並ぶ代表的な風神。

国常立尊　クニトコタツノミコト　最初の神、国土の形成、安定を意味する神。

まだ、国狭槌命・水波女命・大苫彦尊・大苫姫尊・金山彦命・泥土煎命・沙土煎命・天御柱神など、多数の神々が存在する。他に、当て字の表記と思われる、「五帝龍神、手置帆日命、彦狭智命・彦狭馳命・天彦狭知命、屋船久々馳命・屋船句々能治命・屋船句々廼馳命・句々廼馳命・屋船木久能治命・家船句々□智命・屋船豊宇気姫命・屋船豊宇食姫命・家船豊受姫命、大直毘神、国狭樋命、大戸道命、大苫辺命、天津児屋根命」などが見られる。

また、「檜皮祖神（＝手置帆負命・彦狭志理命）、屋根守護神（＝大苫彦尊・大苫姫尊）、家イツパイ（一配）守護神（＝屋松（舟カ）久々遅命・屋船豊宇気姫命）」（山口・住吉神社、中国編一五三・四頁）とあるもの、「火神軻遇突智命・水神岡（罔）象女命」（石川・久麻加夫都、中部編六四頁）と神々の役割を記したものもある。ここでは手置帆負命・彦狭志理命は檜皮祖神と記されているが、もともとこの二柱の神は工匠の守護神と考えられていたのであり、これらの神々

【史料35】山口県・住吉神社№3「宮殿文化十三年（一八一六）葺棟札」（中国編一五三頁）

（表）

檜皮祖神　手置帆負命　彦狭志理命　屋根守護神　大苫彦尊　大苫姫尊

（梵）奉葺納宮殿長久安穏祈處

家イツパヒ守護神　屋松久々遅命　屋船豊宇気姫命　文化十三　丙子八月九日

（裏）

御番役
伊秩右膳

御□□
御用人内藤角左衛門
〃　能勢長衛門
〃　飯田又兵衛
御示□方月番　吉岡　力
〃　半野瀬米
寺社奉行　友田惣左衛門
〃　清水誌令

三井治左衛門
田中七左衛門
伏田善右衛門
田崎弥三郎
田中作左右衛門
三井重吉
三井惣吉
中西治郎吉
田中京藏

桧皮　源五左門
〃　甚五左衛門
〃　長次郎
〃　□五郎
作田又藏
口崎文藏
桧皮□　吉
新三郎
能　吉

はそれぞれに期待される役割をもって記されたのである。これら神々は素人には、その読みさえままならず辞書を引くのも困難であるが、『大日本神名辞書』などを手がかりに一つ一つ明らかにして行くほかない。なお五帝龍王は、いわゆる神とは性格を異にするかも知れない。罔象女神と共に記されることが多いので、今、仮にここに置いた。

これらの神々が棟札にどう記されているか、もう少し具体例を見ておこう。

例えば、山口・住吉神社の棟札（史料35）には、檜皮祖神として手置帆負命・彦狭志理命、屋根守護神として大苫彦尊・大苫姫尊、家イツパイ（一配）の守護神として屋松（舟カ）久々遅命・屋船豊宇気姫命の名を記しているように神々はその役割を担って棟札に記されたのであった。

【史料36】愛媛県・滝神社№13「若宮社延享二年（一七四五）建立棟札」（四国編二三〇頁）

（表）

屋舩句々迺馳命　延享二乙丑年　長野桟次郎　□田□□衛門　□□□□
同村右衛門　井野川次兵衛　□□□□
井野川秋右衛門　井野川久左衛門　□□□□
□□□□

△　奉建立若宮社一宇天壌無窮社頭

屋舩豊宇気姫命　五月十八日　遷宮執行宮崎佐渡守藤原定覧

（裏）

元本宗源唯一神道

松平隠岐守御預所

小川山之内飛之幡

平林大工　彌八郎
万右衛門
伊八郎
松之助
助四郎

愛媛県の滝神社の「若宮社延享二年建立棟札」（史料36）は、棟札の文面に「元本宗源唯一神道」とあるように、まさに唯一神道に則った棟札なのであった。

石川県の久麻加夫都阿良加志比古神社の「熊甲愛宕大明神正徳六年建立棟札」には、「火神軻遇突智命・水神岡（罔）象女命」とある。火の神の祟ることの無いように、水の神が火の猛威を鎮めてくれることを願って、火神・水神を連記したものと思われる。そして、これもまた、棟札の裏面に「唯一神道遷宮行之」とあるように、まさに

【史料37】石川県・久麻加夫都阿良加志比古神社№8「熊甲愛宕大明神正徳六年（一七一六）建立棟札」（中部編六四頁）

（表）

火神軻遇突智命　　于時正徳第六丙申暦　　願主鹿嶋郡中嶋村

　　　　　　　　奉建立愛宕大明神成願円満処

水神岡象女命　　　三月三亥吉日　　　　　惣村中

（裏）

熊甲阿良加志彦大神々官笠川丹波守正久

唯一神道遷宮行之

唯一神道に則った儀式でもって遷宮の儀式を執り行った際の棟札なのであった。

このように、神々の名を記した棟札は、その全てがそうであるかどうかは別にして、確かに唯一神道、一般に言う吉田神道の影響下に作られたものもあったのである。であれば、両者の事例の残存が一六世紀の最末から始まるのも納得が行く。両者は同じ考え方に基づくものであった可能性が高いのである。

他に、個々の神々の名ではないが、「天神地祇　八百万神」「大之神祇　小之神祇」「大神祇　小神祇」「三大神祇　三小神祇」「大神祇天長　小神祇地久」などが記され、確かに「神社の棟札」だと思わせるものがある。これらの神々の名はその神の性格の不明のものもあるが、多くは社殿の安穏を守護する神、工匠の神、そして木の神、さらには火災を防ぐことを願っての水の神などであった。或いは天下国家の安穏を願っての本源的な神であった。これら神の名を記した棟札もまた、一六世紀の最末期に現れ、多くは一七・一八・一九世紀代のもので、一八世紀以降に顕著となるのである。

（3）『匠家故実録』に載せる棟札の書式

ところで、今一つこの一群の中で注目したい書式を持つものがある。それは、前にも見た『匠家故実録』に載せる棟札の書式で、次に示すのがそのお手本であった。

（表）

罔象女神　工匠何　何某敬白
奉上棟大元尊神　家門長久栄昌守護所
五帝龍神

（裏）

年号　歳　月　日　幹文吉祥

（『匠家故実録』享和三年（一八〇三）刊：『古事類苑』居処部四九九頁、『中世の棟札』五六頁）

ところで香川県の金刀比羅宮の棟札に次の事例がある。

【史料38】香川県・金刀比羅宮No.2「旭社天保八年（一八三七）上棟棟札」（四国編二〇一頁）

（表）

罔（ママ）象女神　手置帆負神　頭領　綾越後豊章敬白
奉上棟大元尊神寺門永久吉祥守護所
五帝龍神　彦狭知神

（裏）

天保八年丁酉四月乙卯吉祥

まさに『匠家故実録』に示す模範文例にそっくりと言って良いだろう。確かに『匠家故実録』は、棟札の記載例の模範文例であり、それに倣って記された棟札があったのである。

【表10：『匠家故実録』様式の棟札】

県名	社寺名	No.	棟札名	西暦	出典頁
和歌山	道成寺	No.2	本堂文化十一年修復棟札	一八一四	近畿編Ⅱ三〇四頁
和歌山	天満神社	No.11	本殿天保七年修補棟札	一八三六	近畿編Ⅱ二五九頁
香川	金刀比羅宮	No.2	旭社天保八年上棟棟札	一八三七	四国編　二〇一頁
福島	信夫山羽黒神社	No.1	羽黒神社弘化二年上棟棟札	一八四五	東北編　一六五頁
福島	奥玉神社	No.1	本殿弘化四年上棟棟札	一八四七	東北編　一六五頁
和歌山	鞆淵八幡神社	No.9	本殿安政三年上棟棟札	一八五六	近畿編Ⅱ二四七頁
京都	壬生寺	No.2	大念仏堂安政三年上棟棟札	一八五六	近畿編Ⅰ一五五頁
大阪	杭全神社	No.8	拝殿安政五年上棟棟札	一八五八	近畿編Ⅱ　二一〇頁

一応、典型的と思われるものを【表10：『匠家故実録』様式の棟札】に掲げてみた。他にもまだそれらしきものもあるが、先ずは『匠家故実録』によったと考えて良いものを選んでみた。いずれもが一八〇〇年代のものである。『匠家故実録』の刊行が享和三年（一八〇三）であったのだから、当然の結果である。加えて、このタイプの書式は、神社ばかりでなく、寺院の棟札にも見られる点が興味深い。このことは、ここに記された「罔象女神・五帝龍神・手置帆負神・彦狭知神」の神々が神社特有の神々ではなかったことを示すのかも知れない。詳細は今後の検討に俟つとして、吉田神道とは少し色合いを異にするように思われる。やはり、書名の『匠家故実録』の名の通り、大工の作法を記した故実書であったと考えておきたい。

他に、寺院の棟札であっても稀に神名を記すものがある。これは今も見た『匠家故実録』に則ったもの、その変形、そして寺院境内の社の棟札などと考えられる。

ところでここに記される神々については先に触れた通りであるが、罔象女神は、「ミズハメノカミ」と読む。伊弉冉尊が火之迦具土神（ヒノカグツチノカミ）を産んで病んだ時、尿になった神で水の神である。また中国では、モウショウと言われ、水中の怪物でやはり水の神である。また、手置帆負命（タオキホオイノミコト）・彦狭知命（ヒコサシリノミコト）は共に太玉神に隷属し、天照大神の笠や楯を造った神で、のち手置帆負命は作笠者（カサツクリ）、彦狭知命は作楯者（タテツクリ）となる工匠の守護神である（佐藤前掲書）。問題は「五帝龍神」である。これは「五大龍王」と記されることもある。五帝は普通には中国古代の伝説上の五聖君を指すのであるが、日本古来の神々の中にいきなり中国古代の五帝が登場するのは納得が行かない。また八大龍王ならばしばしば耳にするが、これは仏教の守護神で、また数も合わない。

幸い同じ『匠家故実録』の上棟の例式を記す箇所に次のようにある。「上棟の祭神、天御中主尊・大日孁貴・月弓尊。右の三神、屋上祭壇の中央に立てる。大幣三本を璽とす。罔象女命・青帝龍王・赤帝龍王・黄帝龍王・白帝龍王・黒帝龍王。右の六神、同じく左右六本の幣を璽とす。以上九神、屋上の祭壇に於いて祭るなり」（『古事類苑』神祇部二、六〇三頁）とある。

どうやらこの五帝は中国古代の帝王でもなく、また仏教の八大龍王でもない、神であった。やはり吉田神道の影響の下にあるのかも知れない。御存知の方々には至極当然のことであろうが、知らない人の方が多いと思う。是非ご教示をお願いしたい。

（4）法華曼荼羅型の棟札

これについては、何よりも実例を見ていただきたい。

【史料39】山梨県・本遠寺№4「鎮守社慶安五年（一六五二）建立棟札」（中部編一五〇頁・同巻頭写真№33）

（表）

甲斐國巨麻郡大野山本遠寺鎮守本尊也

事仏示爲事已示爲
事仏示爲事已示爲

大持国天王　　大毘楼勒叉天王

南無無邊□菩薩　大梵天王第六天魔王　妙樂大師　佛滅後二千三百三十餘年之問

南無上行菩薩　南無舎利弗尊者　阿闍世大王龍樹菩薩　一閻浮提之内未曽有

南無多寶如来　南無文殊師利菩薩　大龍王　鬼子母神　天照太神　大漫茶羅也

南無妙法華萃經　南無七面大明神　日近（花押）

南無釋迦牟尼佛　南無普賢菩薩　阿修羅王　十羅刹女　八幡大菩薩

南無浄行菩薩　南無大迦葉尊者　提婆達多　天台大師　日本國中大小諸神

南無安立行菩薩　釋提桓因天王　大日月天王　大明星天王　傳教大師　日蓮大菩薩　歴代諸上人等

和光同塵結縁之始
八相成道以論共終

大毘沙門天王　　大毘樓博叉天王

慶安五年龍集壬辰仲夏吉祥日

（裏）

（記載なし。）

例えば、史料39に掲げた山梨県の本遠寺の「鎮守社慶安五年建立棟札」を見れば、一見してその特徴は明らかである。中央にいわゆる髭題目で「南無妙法蓮華経」と大きく記し、「南無七面大明神　日近（花押）」と続けて記している。左右には右に、「大持国天王」・錫杖様の記号らしきもの・「大毘楼勒叉天王」が、左には、「大毘沙門天王」・錫杖様の記号らしきもの・「大毘楼博叉天王」が記され、その行間、上部、左右の脇に、多数の文字が記されているのである。

この法華曼荼羅型の棟札について、『山梨県棟札調査報告書　河内Ⅰ』は、簡潔に次のように纏めている。

日蓮宗における大曼荼羅とは、「日蓮が体験信解した法華経の救済の世界を、一幅の紙面に緊密な調和のも

とに図顕したもの」(『日蓮辞典』)であり、図相としては、「中央に南無法蓮華経を独特の光明点の筆法(俗にひげ題目という)をもって大書し、その両脇、上段には教主釈尊・法華経証明のために涌現した多宝如来、さらにその外側に本化地涌首導の四大菩薩、中段には迹化の菩薩や仏弟子たち、さらにその両側に天部等、そして下段には鬼子母神・十羅刹女・日本国守護の天照大神、八幡大菩薩等を配し、最外側には四天王と悉曇による不動明王・愛染明王とを独自の筆法をもってし、最下部には日蓮の署名と花押が図されている」(『同』)のが完成された形態だという。この曼荼羅の書写は弟子たちにも受け継がれ、多くのものが残されることになるが、特に板に記されたものは板本尊・板曼荼羅などと呼ばれており、建物建立時に作成され、棟札としての役割を果たすことが多い。(同書一九頁)

両側に錫杖のように見えるのが実は不動明王を表す梵字のカーンと愛染明王を表す梵字のウーンであることは、なかなか分かりにくいが、「蓮久寺天神堂寛政八年(一七九六)再建立棟札」(『山梨県棟札調査報告書　河内Ⅰ』八七頁)などを見れば、それが確かに悉曇(梵字)のくずしであることが了解できる。

中央に記された主文「南無妙法蓮華経」を見れば、誰にもこれが法華宗の棟札あることは直ぐに分かる。なお、法華曼荼羅型の棟札のある寺院は、『歴博報告』には、千葉県の飯高寺(関東編二〇八頁〜)、法華経寺(関東編二二九頁〜)、東京都の本門寺(関東編二九二頁〜)、法明寺(関東編二九六頁)、妙法寺(関東編二九八頁〜)、妙福寺(関東編三三二頁〜)、石川県の妙成寺(中部編五三頁〜)、山梨県の本遠寺(中部編一四七頁〜)、静岡県の本興寺(中部編二六一頁)、京都府の宝塔寺(近畿編Ⅰ一八八・九頁)、兵庫県の本興寺(近畿編Ⅱ六一頁〜)、長遠寺(近畿編Ⅱ六五頁〜)、奈良県の蓮長寺(近畿編Ⅱ一五五頁)などに見られるように類例の多い型式である。

さて、「霜柱氷ノ梁ニ雪ノ桁雨ノ椽《たるき》ニ露ノ葺草」と、まことに奇妙な和歌が記される棟札がある(『山梨県棟札

調査報告書　河内I』五二～五三頁）。水の様々に変形した姿と日本建築の各部が対応している。およそこれでは建物は建たないだろう。しかし、柱に梁に桁、そして椽に屋根、全てが水や氷で出来ていれば燃えることはないだろう。おそらくは火除けを願っての和歌であろう。

【表11：「霜柱氷の梁に雪の桁水の長押に露の葺き草」の和歌の記された棟札】に見られるように、この和歌は山梨県に限るものではなく、中部から関東圏に見られる。しかも、圧倒的に法華宗の寺院の棟札に見られるのである。そして、この内の一つには「高祖御詠」（山梨・望月家No.190）、一つには「高祖大士詠歌」（山梨・旧原田家No.72）とある。かつ、この二つは、実は法華曼荼羅型の棟札なのである。すなわち、この和歌は日蓮の作に仮託された和歌なのであった。確かに、この二点についてはそうである。しかし、果たしてそれだけだろうか。この点、山梨県の調査を担当した秋山敬は、和歌末尾が、「……露の葺き草」とあるものと、「……火こそ消えけり」とあるものの二通りあることを指摘する。かつ、現存の確認できるものがいずれも一九世紀代のものであることを併せ考えて、「宗祖である日蓮作といわれる歌の文言が一致しないのは、この句が日蓮作の和歌という伝承ができたのがそう古くないことを物語るのではなかろうか」（『山梨県棟札調査報告書　河内I』五二～五三頁）と考えるのである。

当面、法華宗寺院の棟札に多いことは確かである。しかし、必ず法華宗寺院ばかりではない。現に神社の棟札で、この和歌を記したものもあるのである。そう考えると、もう少し広い意味合いがあるのではないかと思われる。

【表11：「霜柱　氷の梁に　雪の桁　水の長押に　露の葺き草」の和歌の記された棟札】（類似のものを含む）

県	社寺名	No.	年代	宗派	和歌	出典頁
千葉	飯高寺	No.6	一八三二	法華	氷のはりに　雪のけさ　さすい水に　火こそ消えけれ	関東編　二一九頁

東京　妙法寺	No.3	一八一一	法　華	霜柱　氷梁　雪欅　指行水ニ　火社消ニ凫	関東編　三〇〇頁
長野　駒形神社	No.13	一八二五	神　道	雲之桁　氷之梁仁　霜柱　水之長押仁　露之葺草	中部編　一七三頁
長野　法住寺	No.4	一八二九		雪之桁　氷之梁仁　霜柱　水之長押仁　露之葺草	中部編　一七八頁
	No.5	一八五九		雪之桁　氷之梁仁　霜柱　水之長押仁　露之葺草	中部編　一七九頁
山梨　常光寺	No.5	一八一八	法　華	高祖云　霜柱　氷能梁尓　雪乃桁　露乃多留幾尓　雨能富貴　倶佐	国中Ⅰ　一六一頁
山梨　妙源寺	No.698	一八六〇	法　華	霜柱　氷ノ梁ニ　雨ノ桁　サス行水ニ　火コソ消ケリ	国中Ⅰ　四四八頁
山梨　望月家	No.190	一八四〇	（法華）	高祖御詠　志茂波志羅　氷之多流幾　雪之計多　雨之□□□利　露之不幾久佐	河内Ⅰ　一五八頁
山梨　旧原田家	No.72	一八五五	（法華）	高祖大士詠歌　志毛波志羅　古遠里乃波利耳　由幾乃計多　佐寿由久美津尓　比古曽幾恵計流	河内Ⅰ　九五頁
山梨　佐野家	No.725	一八五六	（法華）	□……□乃桁　秘密廼水に　火□……□消	河内Ⅰ　四〇一頁
山梨　妙善寺	No.9	一八五七	法　華	霜柱　氷乃はりに　雪の計多　指行水に　火こそ消けり	河内Ⅰ　六二頁
山梨　妙泉寺	No.100	一八五八	法　華	霜柱　氷之桁ニ　雪の梁　雨の棰ニ　露の葺草	河内Ⅰ　一一二頁
山梨　実教寺	No.387	一八六〇	法　華	霜柱ラ　氷ノ梁ニ　雪ノ桁　雨ノ椽ニ　露ノフキ草	河内Ⅰ　二四〇頁
徳島　藤友家	No.88	一九二九	民　家	霜柱　氷梁仁　雪之桁　雨之垂木仁　露之葺草	民家の棟札八八頁

〈注〉出典欄の河内Ⅰは『山梨県棟札調査報告書　河内Ⅰ』、国中Ⅰは『同　国内Ⅰ』、民家の棟札は『民家の棟札集成――四国地方の民家を中心にして』（生野勇ほか）

沖縄には古い民俗事例が残ることも多い。その沖縄の魔除けや呪術について記したものに、山里純一著『沖縄の魔除けとまじない』（第一書房、一九九七年）がある。その一節に次のような記述がある。

小野清秀の『真言秘密両部神法　加持祈禱奥伝』（青山社、一九九一年）には、「霜柱　氷の梁の　雪の桁　雨の棟（たるき）に　露の葺草」という鎮火祭に唱えられる神歌が見えるが、早川孝太郎『三州横山話』（郷土研究社、一九二一年、のちに『日本民俗誌大系』第五巻、中部Ⅰに所収）によれば、愛知県地方ではこの「火の用心の歌」を三度唱えて寝るというまじないがあったという。これらは呪文としての用例であるが、棟木にこれを書いた例もあった。神谷養勇軒（一七二三―一八〇二）が紀州藩徳川宗将侯の命を受けて、数多くの奇談を集めて編集した『新著聞集』には、能登国鵜島の酒屋与兵衛が家を再建するために古家の梁札を降ろしたところ、

　霜柱　氷のたるき　雪のけた墨までも、下の七字はもらし

と書かれた文字があり、これは創建時期からして弘法大師の手によるものではないかと人々が穿議したことが記されている。後半部分の文字は不確かであるが、これも上記の棟札と同じものと見なして間違いない。

（同書一〇六～一〇七頁）

すなわち、これは鎮火祭に唱えられる神歌で、愛知県の民俗例では「火の用心の歌」として、民間に流布し、また能登では梁札（棟札）に記されていたらしいのである。かつ、それは一八世紀代に遡る可能性がある。実際、棟札残存の事例、また山里純一が明らかにした事例では、中部・関東地方に色濃いが、もう少しこうした民間での信仰や呪いのあり方を注意深く観察する必要を痛感するのである。事実、随分と時代の新しいものになるが、徳島県の一九二九年の民家にも見られる（表11の最末行参照）のであって、今少し広範に流布したものと考えられるのである。

また、先に見た『匠家故実録』の記載法、この「霜柱氷の梁に雪の桁……」の和歌の記載が、共に一八世紀と一九世紀の境目辺りから見られるようになる点も興味深い。国学の台頭という時代の息吹も併せ考えるべきかと思われる。

以上、幕府型（東照宮型）から縁起型、さらに「聖主天中天　迦陵頻伽声　哀愍衆生者　我等今敬礼」の偈をもつ棟札、「三元三行三妙加持」「無上霊宝神道加持」「吐普加美依美多女」などの唯一神道型、曼荼羅型、『匠家故実録』型、「霜柱　氷の梁に　雪の桁……」の和歌を記す棟札など、幾つかのタイプを見てきた。まだまだ、こうした記載様式による分類・考察も進める必要があるが、一旦、この問題から離れて、次には棟札は何のために記されたか、何のために作られたのかという問題を考えてみたい。

第三章　棟札の意味

一　棟札作成の理由・目的、保管

棟札がどのようなものであったのかを一口で言うことはなかなか難しい。ここでは、棟札の文面の中から棟札作成の理由・棟札の目的・そしてその後どう保管されたか、などを探ってみたい。

島根県の日御碕神社の棟札には、「御本社の棟札を納め奉る　天下泰平　国家安全　万民化風　豊寿万歳」（同寺№1「社殿文化九年（一八一二）葺替棟札」、中国編四〇頁）とある。あるいは「御本社の棟札を奉納す」と読んでも良いだろう。いずれにせよ棟札は奉納されたである。では何のために奉納されたのだろうか。

栃木県の二荒山神社の「別宮本宮神社元文五年（一七四〇）修復銘札」（同社№15、関東編一二九頁）には、「元文五申年三月五日に初まり、御修復の御手伝、酒井左衛門尉・神田相生町　御請負　池田屋治兵衛・元飯田町□…：屋伝七・下谷竹町江□屋□蔵・神田相生町池田屋勘助・本郷竹町河内屋長蔵・五郎兵衛町万屋権左衛門・糀町弐丁目車屋長左衛門、申二月廿六日、右の面々祈禱のため、御棟札これを納む」とある。これによれば棟札は、修理に携わった人々や修理に協力した面々の祈禱のためであったのである。では、全ての棟札が祈禱のためであったかと言うと、必ずしもそうとは言えない。例えば、以下のような文面を記した棟札もある。

【表12：棟札の意味を説明した棟札】

棟札名	西暦	本文	県・社寺名	掲載頁
本堂宝永七年再興棟札	一七一〇	夫文明六甲午年棟札云、雨引山伽藍者……	茨城・楽法寺	関東編　五六頁
本堂宝永七年再興棟札	一七一〇	雨引山本堂再入仏并堂供養之節、棟札納之者也	茨城・楽法寺	関東編　五六頁
社殿延享四年修造棟札	一七四七	当社之古棟札、元書面如是有之候処、無何時致　紛失。依是／船子五丁田両役人並当邑役人・惣氏子等、熟談之上、幸少茂／無相違索写、本般写替、納之者也。為永世拝見理辞如上来此一枚者、別当普門院扣付物也。	茨城・香取神社	関東編　六九頁
社殿天保六年修造棟札	一八三五	此棟札之儀者、先名主弥惣治・組頭、表書之通世話致候処、其願／不果卒去。依之、天保六年遷宮之処、少し不分明之事有之。棟札入後／今天保七年丙申五月五日、当役田山久衛門・組頭磯山嘉七・田所利右衛門・飯嶋弥兵衛／(梵)評儀之上、入置者也。	茨城・香取神社	関東編　七〇頁
別宮本宮神社元文五年修復銘札	一七四〇	右之面々為祈禱、御棟札納之。	栃木・二荒山神社	関東編　一二九頁
不動堂元禄十四年新造立棟札	一七〇一	当所并隣村近国之奉加金別札ニ記録之本堂掛置也。	千葉・新勝寺	関東編　一九五頁
不動堂元禄十四年新造立棟札	一七〇一	末代之住僧之節、為相心得之、筆記仕置候。此本堂者……	千葉・新勝寺	関東編　一九六頁

禅堂東司浴室寛延元年再興棟札写	一七四八	……速有再興者也。仍棟札略記焉。	富山・瑞龍寺	中部編　二〇頁
本宮文禄四年再興棟札	一五九五	（後筆）「御本宮棟札ニ而候へども、ふきかへ之節取出し、入ル事をわすれ、それゆへ御門之内へ入おき候。」	福井・常宮神社	中部編　九三頁
本殿文久二年修復棟札	一八六二	……棟上相済候者、先御棟札ニ相見エ候共、其余文八年久ク相立、字面朽候ニ付、新ニ御棟札認畢。	山梨・山梨岡神社	中部編　一三七頁
本殿永禄元年造営棟札	一五五八	……畢竟、書棟札、以納社内、為全末代覚、(予)雖憚多綴□□……	山梨・浅間神社	中部編　一四五頁
本殿大永三年造栄棟札	一五二三	棟札儀、別而打申事、岡田方不謂時儀被申間、則／田村越後守入道殿様・同子息次郎殿様、其理申上処ニ□／不粉子□、堅被仰出、殊末代為支証、御一行被下間、如此儀候。／重而札打申者也。	滋賀・新宮神社	近畿編Ⅰ　六一頁
本殿正保三年修理棟札	一六四六	［酒井忠勝］御宮殿上葺御再興奉感其厚志、雖憚多、時之神主等郷内氏俗等、慶賀之余、書愚詞、以号棟札、奉籠御宝殿、仰之、弥尊。然則上豊下安詮玉再拝ニ候。	滋賀・若宮神社	近畿編Ⅰ　一一八頁
本堂承応二年修造棟札	一六五三	久有仏前令供養其後／正打納之者也。	奈良・蓮長寺	近畿編Ⅱ　一五五頁
十三重塔寛永十八年上葺棟札	一六四一	一御塔ノ高サ八間半アリ、九輪ノ間二間アリ、以上八間半。かやうの儀、末代ノ物語ニ書置者也。年号月日筆者奉行蓮台院長秀敬白。	奈良・談山神社	近畿編Ⅱ　二〇〇頁
社殿文化九年葺替棟札	一八一二	奉納御本社棟札　天下泰平　国家安全　万民化風　豊寿万歳	島根・日御碕神社	中国編　四〇頁

本殿宝暦十年修覆棟札	一七六〇	社頭并寺及大破所、皆是円乗一代之中興、難尽く筆舌。後々当寺住僧一人可預感心者也。聊以記之。	兵庫県・赤淵神社	近畿編Ⅱ　五四頁
太歳・厳島社殿貞享四年上葺棟札	一六八七	当山太歳者……、再建立以来度々棟札、太歳神ト計リ書記有之。……貞享四年十月上葺之棟札を見当り、其衿写し之通、全太歳・厳島相殿之社頭事明白也。向後可為二神之祭祀者也。右、為証跡、古棟札を写し、又古棟札失却を恐れ、致釘付置備後覧者也。于時天保六年八月朔日	広島・西山寺	中国編　一一二頁
摂社水天宮社殿安政三年建立棟札	一八五六	火急之僕ノニ付表ノ御名乗等従之／最口ヨリ表向之御棟札可有之候事。	広島・厳島神社	中国編　一四五頁
観音堂明暦二年再興棟札写	一六五六	仍而是為末代棟札之裏令記之者也。	愛媛県・太山寺	四国編　二一八頁
僧堂享和二年新建棟札	一八〇二	……上棟之事既畢。棟牌掛在僧堂之棟木。今又別記此札而観音閣之納于棟札箱者也。	徳島・丈六寺	四国編　一七七頁
御供所・玄関・拝殿・下拝殿・神楽所寛延四年修理銘札	一七五一	後年為見合印置者也。	熊本県・青井阿蘇神社	九州編　三四八頁

「当所并びに隣村・近国の奉加金、別札にこれを記録し、本堂に掛け置く也」

（千葉県・新勝寺№2「不動堂元禄十四年（一七〇一）新造立棟札」表面、関東編一九五頁）

「末代の住僧の節、これを相い心得んがため、筆記仕え置き候。この本堂は……」

（千葉県・新勝寺№2「不動堂元禄十四年（一七〇一）新造立棟札」裏面、関東編一九六頁）

「……畢竟、棟札を書き以て社内に納む、全く末代の覚のため、予、憚り多しと雖も綴□□……」

「……速かに再興あるもの也。仍て棟札に略記せんや」

（山梨県・浅間神社№8「本殿永禄元年（一五五八）造営棟札」、中部編一四五頁）

（富山県・瑞龍寺№13「禅堂東司浴室寛延元年（一七四八）再興棟札写」、中部編二二〇頁）

棟札は、奉加者の記録であったり、後世の人のための心得のためであったり、再興の記録であったりしたのである。他にも、滋賀県の若宮神社の本殿は屋根が少し痛んだために、正保三年（一六四六）に時の領主酒井忠勝の援助を受けて修理された。そこには、「憚り多しと雖も、時の神主等、郷内の氏俗等、慶賀の余り、愚詞を書き、以て棟札と号し、御宝殿に籠め奉る。これを仰ぎいよいよ尊ぶ。然れば則ち、上は豊かに下は安詮し玉うべく再拝に候」（滋賀県・若宮神社№5「本殿正保三年（一六四六）修理棟札」、近畿編Ⅰ一一八頁）とある。ここには勿論、願意も込められているが、同時に修理が達成されたことを喜び、その修理の経過を記して置きたいという願望があったことが分かる。

また、奈良県の談山神社の寛永十八年（一六四一）に行われた十三重塔の上葺・修理の棟札には裏面に修理の経過が詳しく記されている。その末尾には、「一つ、御塔の高さ八間半あり。九輪の間二間あり。以上八間半。かようの儀、末代の物語に書き置くもの也。年号月日、筆者奉行蓮台院長秀敬白」（奈良県・談山神社№1「十三重塔寛永十八年（一六四一）上葺棟札」、近畿編Ⅱ二〇〇頁）とある。この棟札は「末代の物語」のために、すなわち、後世再び修理が必要になった場合の参考のために書き置かれたのであった。

実際、「……棟上、相い済み候と言えり、先の御棟札に相い見え候」（山梨県・山梨岡神社№1「本殿文久二年（一八六二）修復棟札」、中部編一三七頁）とあるように、先の棟札に記された社殿修理の工程、ここでは棟上げの儀式が参考にされ、今回の儀式が達成されたのである。

修理や屋根の葺替ではないが、広島県の西山寺の場合には、境内社の太歳社が「再建立以来、度々の棟札、太歳神と計り書記これあり」と長く太歳社とばかり記されてきた。ところが、「貞享四年（一六八七）十月の上葺の棟札」が発見され、それには「太歳・厳島相殿の社頭のこと」が明白であった。そこで、「向後、二神の祭祀を為すべきもの也。右、証跡のため、古棟札を写し、また古棟札の失却を恐れ、釘付致し、後覧に置き備えるもの也」と、社名が改められ、古い棟札が写され、打ち付けられたのであった。それは天保六年（一八三五）八月朔日のことであった（広島県・西山寺No.6「太歳・厳島社殿貞享四年（一六八七）上葺棟札」、中国編一一二頁）。確かに棟札は後の人々の行動や認識を規制することを伴ったのである。

こうしたことは神社に限らず、寺院でも行われた。

「雨引山本堂の再入仏并びに堂供養の節、棟札、これを納むるもの也」（茨城県・楽法寺No.5「本堂宝永七年（一七一〇）再興棟札」裏面、関東編五六頁）

「久しく仏前にありて供養せしむるのその後、正しくこれを打ち納むるもの也」（奈良県・蓮長寺No.1「本堂承応二年（一六五三）修造棟札」、近畿編Ⅱ一五五頁）

と、供養の儀式が執り行われ奉納され、打たれたのであった。神社の場合もまた遷宮などの儀式が執り行われ奉納されたことは、先に厳島神社の事例でも見た通りである。

茨城県玉造町の香取神社の場合には、「この棟札の儀は、先の名主弥惣治・組頭、表書きの通り世話を致し候の処、その願い果たさず卒去。これに依り、天保六年遷宮の処、少し不分明の事これあり。棟札入れるの後、今、天保七年五月五日、当役田山久衛門・組頭磯山嘉七・田所利右衛門・飯嶋弥兵衛、評儀の上、入れ置くもの也」（茨城県・香取神社No.3「社殿天保六年（一八三五）修造棟札」裏面、関東編七〇頁）と、村を主導する名主・組頭の努力で社殿の修造が達成された。棟札はその記録であった。当然、棟札の表面には「奉遷宮香取大明神　惣氏子中息災擁護処」と、村人の息災安穏が祈願されて社殿が営まれたのであった。

勿論、失敗も多々あった。例えば、

「(後筆)御本宮棟札ニ而候へども、ふきかへ之節取出し、入ル事をわすれ、それゆへ御門之内へ入おき候」

(福井県・常宮神社№1「本宮文禄四年(一五九五)再興棟札」裏面、中部編九三頁)

は、いかにも人間らしい。屋根の葺き替え工事の時、一旦取り出した棟札が、工事終了の際、入れ忘れられたのである。「それゆえ御門の内へ入おき候」と、棟札は大切に保管されたのであった。

多くの棟札は棟木に打ち付けられた。あるいは括って縛り付けられた。

ところで、深刻な棟札もある。滋賀県の新宮神社には、大永三年の本殿造立棟札が二枚ある。一枚は、中央上部に「奉造立　大永三年(癸未)三月十日　(奉行)黒川駿河守藤原宗次(花押)」と大書きし、周辺に三四名の人名が記されている。いわば主文型の棟札である。もう一枚も、やはり表には「奉造栄　大永三(癸未)年三月十日」と記し、宇治院文七吉治他二名が記される。この三名は先の一枚に記された黒川宗次他三四名とは一致しない。つまり、同じ神社の同じ造営に異なる二つの棟札が存在するのである。案の定、後者の棟札の裏面には「棟札の儀、別して打ち申す事、岡田方謂わざる時儀申さるの間、則ち、田村越後守入道殿様・同子息次郎殿様、その理を申し上ぐるの処に□不粉子□、堅く仰せ出され、殊に末代の支証のため、御一行を下さるるの間、かくの如くの儀に候。重ねて札を打ち申すもの也」(滋賀県・新宮神社№1・2「本殿大永三年(一五二三)造立棟札」・「本殿大永三年(一五二三)造栄棟札」、近畿編Ⅰ六〇・六一頁)とある。文意の通じない部分もあるが、領主田村入道親子の許しを得て、「重ねて札を打」ったのである。この間の事情は別途この地域の歴史を考察する必要があるが、棟札の文面から考えれば、新宮神社を巡る地域社会の中で、宇治院吉治は黒川宗次一派から仲間外れにされ、造立の棟札にその名を書かれることがなかった。そのため領主田村親子に訴え、それが認められて、別の棟札を作成し奉納したと言うことになる。棟札にその名が記されるか否かは、一六世紀前半の近江では、地域社会での身分に関わるものだったのである。この場合には祈願という側面より自身の立場を主張するという側面の方が強い棟札であった。

また、兵庫県の赤淵神社は十八世紀の半ば円乗が相続した頃は、社寺ともに大変荒廃した状態であった。「円乗出府以来相続するものなり。社頭并に寺、大破に及ぶところ、皆これ、円乗一代の中興、筆舌に尽くし難し。後々当寺住僧一人感心に預かるべきものなり。聊かもって、これを記す」とある。苦労した再建の過程を是非後の人にも知って貰いたい。まさに赤裸な告白が記された棟札である（兵庫県・赤淵神社No.6「本殿宝暦十年（一七六〇）修覆棟札」裏面、近畿編Ⅱ五四頁）。

こうした棟札は、「本宮の脇、東方の御社御内陣にこれある札」・「本宮の脇、西方の御社御内陣にこれある札」（兵庫県・賀茂神社No.7・8・14「摂社片岡社慶長二年（一五九七）造替棟札」・「摂社太田社慶長二年（一五九七）造替棟札」・「摂社貴布祢社慶長二年（一五九七）造替棟札」裏面、近畿編Ⅱ一〇五・一〇九頁）と、社内の社の一角に保管された。また、徳島県の丈六寺の棟札には、「上棟札、悉く観音堂に安置す」（同寺No.22「山門元治元年（一八六四）修補棟札」裏面、四国編一八〇頁）と、寺内の観音堂に保管されたのであった。このように、棟札は、多くは該当の建物の棟木に打ち付けられるか、掛けられるか、括り付けられるのを基本としたが、同じ境内の堂舎に納められることも多かったと思われる。

また、「この棟札、御普請成り満つるの後、公儀御奉納なり。これに依り表の子細書き記すものなり」（熊本県・青蓮寺No.2「阿弥陀堂宝暦四年（一七五四）棟札」裏面、九州編三五二頁）とあるように、大名によって奉納された。このため子細が記録されたのである。また、大名が棟札に関心を示すことがあった。正徳五年（一七一五）四月、安芸の浅野吉長は、「国内寺社の棟札、御尋ねあり」（広島県・西郷寺No.2「山門文政四年（一八二一）再々興棟札」の備考欄、中国編七一頁）と、国内の寺社の棟札の調査を命じたのである。

また山梨県の本遠寺の棟札には、「この守護一札は、開山の時代、雑蔵の棟札としてこれあり。然るに承応四年（一六五五）乙未夏、紀州太守大納言朝臣頼宣卿、当山に宝蔵を建つ。よりて今、この棟札、宝蔵の守護たるものなり」（同寺No.3「宝蔵慶長十二年（一六〇七）建立棟札」裏面、中部編一四九頁）とある。当初、雑然と保管されていた棟札は、大名の関心により宝蔵が建立されると、以後、宝蔵に大切に保管されたのである。

二　棟札を写す

ところで棟札を写すと言うことも良く行われた行為であった。

「先の御棟札に相い見え候とも、その余文は年久しく相い立ち、字面朽ち候に付き、新に御棟札を認めおわんぬ」（山梨県・山梨岡神社No.1「本殿文久二年（一八六二）修復棟札」、中部編一三七頁）

「棟札、星霜を積み、年久しき故、文字見え難し、後代のためこれを写し置く也」（茨城県・楽法寺No.4「本堂文明六年（一四七四）再興・大永六年（一五二六）葺替棟札写」、関東編五五頁）

年月を経て、棟札が古くなると文字が見えなくなった。そこで、写が作られたのである。では、何故写が作られる必要があったか。その写は正確であったかが次の問題になる。何故写が作成される必要があったかと言えば、既に見たように棟札が後世の先例になったからに他ならない。

【表13：棟札を写すこと】

棟札名	西暦	本文	県・社寺名No.	掲載頁
本堂文明六年再興・大永六年葺替棟札写	一四七四 一五二六	文明六甲午年十二月十三日本堂再興之棟札并大永六丙戌年三月五日葺替之棟札、年久文字確見故写之者也	茨城・楽法寺No.3	関東編　五五頁
本堂文明六年再興・大永六年葺替棟札写	一四七四 一五二六	文明六甲午年十二月十三日雨引山本堂建立成就入仏之之棟札、積星霜年久故文字難見、為後代写置之也	茨城・楽法寺No.4	関東編　五五頁
社殿延享四年修造棟札	一七四七	当社之古棟札元書面如是有之候処、無何時致　紛失。依是船子五丁田両村役人並当邑役人惣氏子等熟談之上、幸少茂無相違索写本般写替納置之者也。為永世拝見理辞如上来。	茨城・香取神社No.2	関東編　六九頁
本殿文久二年修復棟札（その一）	一八六二	皆出来、則五月廿八日棟上相済候者、先御棟札ニ相見エ候得共、其余文ハ年久ク相立、字面朽候ニ付、新ニ御棟札認畢。	山梨・山梨岡神社No.1	中部編　一三七頁
本殿永正十六年柱立棟札写	一五一九	当社造立ハ太破ニ及／青地駿河守元真造立之／永正十六年己卯二月廿一日／辰時釿始／四月十一日卯時柱立有之／為覚、棟札ヲ写者也	滋賀・小槻神社No.1	近畿編Ⅰ　七五頁
本殿永正十六年柱立棟札写	一五一九	其後大破ニおよび雨もれ朽申候／一面ハ見え不申候	滋賀・小槻神社No.2	近畿編Ⅰ　七六頁
本殿応永二十九年造立棟札慶長二年写	一四二二 一五九七	慶長二（丁酉）季二月十五（甲子）日、写斯、神主六人部左衛門尉守政	京都・向日神社No.2	近畿編Ⅰ二一〇頁

本殿永正八年上棟棟札	一五一一	明治十七年／旧七月十九日写シ	兵庫・豊歳神社No.1	近畿編Ⅱ　八一頁
本堂天和三年再興棟札・同天保六年写	一六八三 一八三五	天保六未年八月ニ／右同年ニ此板札書うつす	兵庫・東光寺No.1	近畿編Ⅱ　八三頁
拝殿文明二年修覆棟札・元文五年写	一四七〇 一七四〇	右、相知レ候通書写スル者ナリ 右之古キ棟札ハ宝蔵ニ相納置者也	奈良・石上神宮No.1	近畿編Ⅱ一七四頁
社殿寛永十六年再興棟札写	一六三九	此棟札ハ天文二年ニ焼失仕候ニ附、ひかへ以写シ／置申候。	広島・熊野神社No.3	中国編　八五頁
本堂享保十二年修補棟札	一七二七	……已上古来棟札之写……	広島県・西国寺No.2	中国編　七二頁
金堂文和五年上棟棟札写	一三五六	（朱書注記）「右棟札古代之写、紙棟札ノ形ニ継合写有之。寛文六年之写也」	香川県・観音寺No.1	四国編　一九八頁

「当社の造立は太破に及び、青地駿河守元真これを造立す。永正十六年己卯二月廿一日、辰の時釿始、四月十一日、卯の時柱立これあり。覚のため、棟札を写すもの也」（滋賀県・小槻大社No.1「本殿永正十六年（一五一九）柱立棟札写」裏面、近畿編Ⅰ七五頁）とあるように、誰が、何時、何をしたか、こう言うことが重要な事柄であった。こうした写は勝手に写されたわけではなかった。

「当社の古棟札、元、書面かくの如くにこれあり候ところ、何時となく紛失致す。これにより、船子・五丁田の両役人並びに当邑の役人・惣氏子等、熟談の上、幸い少も相違無く写を索め、本般、写し替え、これを納むもの也」と、一旦失われた棟札が衆人の合意によって写し替えられた（茨城県・香取神社No.2「社殿延享四年（一七四七）修造棟札」、関東編六九頁）

また、広島県の熊野神社の暦応二年（一三三九）の棟札は、寛永十六年（一六三九）に写されたものであった。「この棟札は天文二年に焼失仕り候に付き、ひかへを以て写し置き申し候。以上／寛永十六年己卯年二月　日（社司）丹後守（小原義定）」（同社No.3「社殿寛永十六年（一六三九）再興棟札写」裏面、中国編八五頁）と、あらかじめ別に控えが作成されていて、それを元に写が作成されたのである。

香川県の観音寺の文和五年（一三五六）の棟札には「右、棟札、古代の写し、紙、棟札の形に継ぎ合わせ、写しこれあり。寛文六年これ写すなり」の朱書の注記がある（香川県・七宝山観音寺神恵院No.1「金堂文和五年（一三五六）上棟棟札写」、四国編一九八頁）。即ち、紙を棟札の形に整え、それに棟札の文面を写し取ったものがあったのである。

【史料40】京都府・向日神社No.1・2「本殿応永二十九年（一四二二）造立棟札・同慶長二年（一五九七）写」（近畿編I二一〇頁）

1　本殿応永二十九年造立棟札　出典または調査主体『重要文化財（建造物）昭和六十一年度指定説明・調査カード』

（総高）一八三・八cm（肩高）一八〇・八cm（上幅）一八・〇cm（下幅）一八・二cm（厚さ）〇・六cm（頭部の形状）尖頭（切欠き）無（材質）檜（指定）重文附

（表）

奉造立向日社御實殿壹字

應永廿五年戊戌　事始之

同廿九年壬寅十一月廿七日辰魁上棟

物集女太郎左衛門入道道集
三郎左衛門尉光清
寺戸　中原与左衛門入道浄宏
同沙汰成磬
同太郎左衛門尉成持
同沙汰定監
藤原雅成

土河藤原仲兼
同太郎左衛門入道浄専
同二郎左衛門入道浄全
同瀧口左衛門尉□
同沙汰道忠
同五郎左衛門尉仲成

鶏冠井　藤原上総守雅重
上野　中原□
同□
同二郎左衛門尉雅家
大江八郎三郎雅僉
今里　源次郎左衛門尉入道□
同□

冨坂　□
同太郎□
※

※
神主　五郎大夫吉長
六人部五位大夫重教
同□貞年
同貞盛

吉五　行教
吉六　行光
白井庄　□阿弥

2　本殿応永二十九年造立棟札慶長二年写　出典または調査主体『重要文化財（建造物）昭和六十一年度指定説明・調査カード』

（総高）一六四・〇㎝　（肩高）一六一・三㎝　（上幅）一四・七㎝　（下幅）一四・六㎝　（厚さ）一・〇㎝　（頭部の形状）尖頭　（切欠き）無　（材質）杉　（指定）重文附

（表）

應永廿五戊戌季事始之
奉造立向日社御寳殿壹宇
同廿九壬寅稔十一月廿七日辰尅上棟

物集女　源太郎左衛門入道道集
　　　　同三郎左衛門尉光清
寺戸　　中原與左衛門入道浄宏
　　　　沙弥成譽
　　　　太郎左衛門尉成持
　　　　沙旀定盛
　　　　藤原雅成
　　　　奉行中

土河　藤原仲兼
　　　太郎左衛門入道浄専
　　　二郎左衛門入道浄金
　　　瀧口左衛門尉
　　　沙旀道忠
　　　五郎左衛門尉仲成

鶏冠井　藤原上総守雅重
上野　　中原沙旀性向
　　　　新左衛門尉家光
　　　　次郎左衛門尉雅家
今里　　大江八郎三郎雅魚
野村　　源次郎左衛門尉
　　　　新左衛門尉

富坂　藤原勘解左衛門
　　　太郎左衛門尉行信
　　　□□阿闍梨源意
白井庄　勢阿旀
※

在々所々氏子中為奉加造宮首尾有慈者也
※　慶長二丁酉季二月十五甲子日寫斯神主六人部左衛門尉守政

封　封

写の正確さについては、京都の向日神社の「本殿応永二十九年造立棟札」と「同　慶長二年写」（史料40）の二点を比較すれば、写の棟札がいかに正確に元の棟札を写していたかが分かる。後者の末尾、年月日の後に「寫」とあるので、こちらが写であることは明らかである。文面は基本的に同じである。末尾に記された人名が不確かな部分があるものの、表面の記載はほとんど正確に写し取っている。なお、外形は写の方がやや小振りで、材質も元の棟札は檜、写は杉と異なっている。

史料41の兵庫県の豊歳神社の棟札も興味深い。表面には「奉上棟御社」と記し、次に「大工南都宝田宗行」と「并小工藤原定行」とを二行に記す。次に「于時永正八年辛未歳次仲冬廿六日」年月日を記し、最後に「大願主記守《ママ》国　敬白」を二行に記している。どちらかと言えば、中尊寺型に近い、中央一行を基本にした記し方である。

さて、裏面には、「下地を寄進し奉るのこと。壱段七斗代、在所は長裏縄手の内、委しくは支証・絵あり。守国名の内、買地なり。この上は子々孫々において違乱妨げあるべからず。支証は…［五文字判読できない］…、仍って後代のため注する所なり。施主中太夫。／一つ、正面の蛙股は、池向の衛門、願主なり。／明治十七年旧

【史料41】兵庫県・豊歳神社No.1「本殿永正八年（一五一一）上棟棟札」（近畿編Ⅱ八一頁）

（表）

奉上棟御社　大工南都宝田宗行
　　　　　　并小工藤原定行　于時永正八年歳次辛未仲冬廿六日記　大願主守国　敬白

（裏）

奉寄進下地之事壱段七斗代在所者長裏縄手内委者支證江アリ守国名之内買地也
此上者於子々孫々不可有違乱妨　支證者子□處為住仍為後代注所也施主中太夫
一正面之カヘルマタハ池向ノ衛門願主也
　　　　明治十七年
　　　　　旧七月十九日写シ

〔備考〕　修理工事報告書では、材質のありようから当初の棟札と推定している。「明治十七年……」については、薄い字をなぞった時点と推定している。

七月十九日写し」とある。これは、いわゆる寄進状である。棟札の裏面にこうした寄進状が記されること自体、大変興味深い。なお、「支証・絵あり」は原文では「支証・江アリ」とある。が、今はもう一つの興味深いことに注目したい。それは、この棟札の注記に次の様な観察報告が記されていることである。「（備考）修理工事報告書では、材質のありようから当初の棟札と推定している。『明治十七年……』については、薄い字をなぞった時点と推定している」。

この「備考」の推定が正しければ、この棟札は原品であり、原棟札の文字が薄くなったとき、かすれた文字に墨を加えることもまた、「写し」と呼ばれたのである。

また、兵庫県東光寺の「本堂天和三年再興棟札・同天保六年写」も、写が正確である証拠となる。天和三年（一六八二）、の棟札がおよそ一五〇年後の天保六年（一八三五）に「右同年にこの板札を書うつす」と写されているのであるが、幸い元の棟札と写の棟札が二枚共に現存している。この両者は実に酷似している。すなわち正確に写されているのである。なお『歴博報告』は元の棟札の年号を「天和二年」と表記し、備考欄で「天和の修理は三年が正しい」とするが、もともと「天和弐稔」ではなく、「天和弐稔」とあったのではないかと考えられる（同寺№1「本堂天和三年再興棟札・同天保六年写」、近畿編Ⅱ八三・八四頁）。

【史料42】奈良県・石上神宮№1「拝殿文明二年（一四七〇）修覆棟札」（近畿編Ⅱ一七四頁）

（表）

元文五年相改　文明二年庚寅三月六日　慶安三年八月二十二日　萬治四年春二月　貞享元年甲子
卯月吉日正徳三年

文明二年御修覆写之札

右之古キ棟札ハ宝蔵ニ相納置者也　癸巳卯月吉秀快写之
右相知レ候通書写スル者ナリ

奈良県の石上神宮の「拝殿文明二年修覆棟札」も写の意味を考える記載がある。文明二年（一四七〇）・慶安三年（一六五〇）・万治四年（一六六一）・貞享元年（一六八四）・正徳三年（一七一三）・元文五年（一七四〇）と、多くの年号と三つの述語がある。どの年号がどの文章に続くのか不安は残るが、試みに読めば、以下のようになろう。「文明二年御修覆写の札。文明二年（庚寅）三月六日、慶安三年八月二十二日、万治四年春二月、貞享元年（甲子）卯月吉日、正徳三年（癸巳）卯月吉（日脱カ）、秀快これを写す。元文五年相い改め、右の古き棟札は宝蔵に相い納め置くものなり。右、相い知れ候通り書写するものなり」。

これによれば、写すのは決して書写する人物が都合の良いように改変するのではなく、周知のことを写すのである。そして写し終わった後は、即ち新しい棟札が出来た後は、原品は宝蔵に大切に保存された。この二点を知ることができる。

変わったものとしては三重県の庫蔵寺の棟札がある。表面はごく普通の棟札である。裏面には古文書の寄進状が写されている。そこには「権少僧都聖尊、後日のため、本帳をこれ写し置くものなり」とある。この場合は古文書をわざわざ棟札の裏面に写し取ったのであるが、この場合にも、目的は「後日のため」であり、また勝手に写したのではなく、元になる本帳があって、それを写しているのである（三重県・庫蔵寺№1「本堂永禄四年（一五六一）再興棟札」、中部編三三九頁）。

また、愛媛県の石手寺の棟札には、「大唐青龍寺棟札写之。信禬僧正之直筆写畢」とある（同寺№5「安養寺慶長十年（一六〇五）造立棟札」、中国編二〇八頁、№2も参照）。中国の青龍寺に棟札があり、その青龍寺の寺名の部分を石手寺の旧名である安養寺に置き換えて書いたという意味なのだろうか。

広島県の西国寺の「本堂享保十二年（一七二七）修補棟札」（同寺№2、中国編七二頁）には、次のような記載がある。「本堂中興建立、至徳三年（一三八六）丙寅八月十九日落慶。大工周防守藤原広重、以上古来棟札の写し。その後修葺、一度、年月これを失う。寛永八（一六三一）辛未正月廿一日、成功修補。……（中略）……享保十二、丁未、修補……（中略）……交名これを別記す。この三度の修覆なり」。即ち、以前の建立・修復が古い棟札によって知ることが出来たこと。落慶供養に当たった僧の名は別に記されたことが分かる。

また、写ではないが、古くなり汚損した棟札が修理されることもあった。「寛永十四年の棟札、汚損。石水院の古木をもって補い、繕いおわんぬ」（京都府・高山寺No.2「石水院寛永十四年（一六三七）修理棟札」、近畿編Ⅰ一七一・一七二頁）。

以上、写にも様々なケースがあったが、いずれも必要があって写を作成したのである。ところが、原本に対して写は軽んじられる傾向がある。しかし、写は原本を正確に写したのであり、またその目的にそって有効に作用したのである。写は「写」であって、決して偽物ではないのである。写だからといって軽んじられる理由はどこにもない。この点はよくよく留意したい。

三　二枚の棟札（三枚以上の場合も含む）

各社寺の棟札を見ていると同じ棟札が二枚あるいは三枚あることがしばしばある。一体、何故同じものが複数作られるのであろうか。実例を見て行こう。

東京都の妙福寺にある「本堂客殿天明六年（一七八六）建立棟札」（同寺No.3・4、関東編三三三頁）の二枚の棟札は、大体においてほとんど同じである。異なる点は、表面上部に山形に記される偈が異なっていること、一方は表のみ、他方は表裏に記載のあること、そして一方は花押が記され、もう一方には花押は記されていないことの三点である。一つが正式の棟札で、他方は写または控えと言うことなのだろうか。

山梨県の武田八幡社の「本殿天文十年（一五四一）造営棟札」（同社No.1・2、中部編一三四頁）の場合は、二枚とも文面は全く同文で記載様式も同じである。一方が写と考えられるが、二枚共写との説もある。

岐阜県の南宮神社の「高山社寛永十九年（一六四二）再興棟札」（同社No.9・10、中部編二一二頁）の二枚は、遷宮の儀式にあたった導師の表記がやや異なる以外は同文である。

【表14：同じ内容の棟札が二点ある例】

棟札名	西暦	県・社寺名No.	備考	出典頁
本堂客殿天明六年建立棟札	一七八六	東京・妙福寺No.3・4	偈異なる、表のみと表裏、花押の有無	関東編 三三三頁
薬師堂寛平三年建立・延文元年再興棟札写	八九一 一三五六	東京・真照寺No.1・2	梵字・山号の有無、開山名の有無	関東編 三四一頁
本堂延享三年再興修造棟札・同写	一七四六	東京・真照寺No.3・3′	略同文、文字多少異なる	関東編 三四二頁
熊野三所大権現宮寛文七年再興棟札	一六六七	神奈川・神武寺No.6・7	略同文、月日・大工名など異なる	関東編 三六五頁
（旧高勝寺）鐘楼堂明和六年上葺棟札	一七六九	石川・乗光寺No.2・3	主文異なる、四名の人名同じ、一つは表裏に記載あり	中部編 四六頁
松永山王権現天保十二年再建棟札	一八四一	福井・明通寺No.7	注記に「もう一点現存」とあり	中部編 一〇四頁
本殿天文十年造営棟札	一五四一	山梨・武田八幡社No.1・2	全く同文、一方は写か、二枚共写との説も	中部編 一三四頁
高山社寛永十九年再興棟札	一六四二	岐阜・南宮神社No.9・10	略同文、導師の表記やや異なる	中部編 二一二頁
寝堂寛永七年再興棟札	一六三〇	京都・大徳寺No.21・22	内容は略同じ、書式・大きさ大いに異なる	近畿編I 一三〇頁

本殿寛永三年再興棟札	一六二六	京都・平野神社No.1・2	全く同文、現第一殿・第二殿のそれぞれに奉納か	近畿編Ⅰ一三八頁
本殿応安六年棟札	一三七三	滋賀・押立神社No.1・2	ほとんど同文、総高やや異なる	近畿編Ⅰ一一〇頁
本殿慶長十一年再興棟札	一六〇五	奈良・吉野水分神社No.1・2	文面基本的に同じ、形状は尖頭と平頭の相異	近畿編Ⅱ二〇八頁
慶長四年造営棟札	一五九九	和歌山・三船神社No.15・16	文面同じ、両者とも大工の花押、材質は杉と檜	近畿編Ⅱ二四〇頁
社殿文禄五年再造棟札	一五九六	島根・美保神社No.1・2	文面・書式大いに異なる、大きさ・形状は同じ	中国編　二五頁
社殿寛永元年再造棟札	一六二四	島根・美保神社No.3・4	「此分二枚有之内壱枚ハ社納壱枚ハ隕シ置」の追筆	中国編　二六頁
社殿正保二年修復棟札	一六四五	島根・美保神社No.5・6	偈・梵字異なる、「此分二枚有之壱枚社納リ」の追筆	中国編　二六頁
本殿享保十四年修復棟札	一七二九	島根・美保神社No.10・11・12	No.12の裏面に三枚の使用法追記あり	中国編　二八頁
（本殿）寛文八年棟札	一六六八	山口・今八幡宮No.1	備考に「今一つ、表裏とも全く同文のものがある」とあり	中国編　一五六頁
魚鐘堂文化三年造立棟札（鐘楼）	一八〇六	愛媛・興隆寺No.5・6	魚鐘堂と鐘楼の異同不明、文面およそ似る	四国編　二三三頁
本殿安政四年修覆棟札	一八五七	高知・不破八幡宮No.8・9	全体に良く似る、別の建物か、詳細不明、要検討	四国編　二四四頁

京都府の大徳寺の「寝堂寛永七年（一六三〇）再興棟札」（同寺No.21・22、近畿編Ⅰ一三〇頁）の二枚は、内容は同じものと思われるが、文面・記載様式・大きさ・形状は大いに異なる。何故、同じ内容の異なったタイプの棟札があるのか理由は見当がつかない。

京都府の平野神社の「本殿寛永三年（一六二六）再興棟札」（同社No.1・2、近畿編Ⅰ一三八頁）の二枚は全く同文で、同じ記載様式である。平野神社の場合は社殿が複数あり、それぞれ現在の第一殿・第二殿に奉納されたものと考えられる。

奈良県の吉野水分神社の「本殿慶長十一年（一六〇五）再興棟札」（同社No.1・2、近畿編Ⅱ二〇八頁）の二点は文面は基本的に同じである。ところが、形状はNo.1は尖頭であり、No.2は平頭であるので明らかに異なる棟札である。出典はNo.1が『重要文化財吉野水分神社楼門廻廊修理工事報告書』、No.2は『同　拝殿幣殿修理工事報告書』である。従って『歴博報告』の「本殿慶長十一年再興棟札」という命名に問題があり、本来は「楼門廻廊慶長十一年再興棟札」「拝殿幣殿慶長十一年再興棟札」という、同時に再興された、この神社の別々の建物に奉納された棟札であったのではないかと考えられる。

和歌山県の三船神社の「慶長四年（一五九九）造栄棟札」（同社No.15・16、近畿編Ⅱ二四〇・二四一頁）の二点は、文面も同じで、両者ともに大工の花押が押されている。大きさはほとんど同じであるが、ただ材質が杉と檜で異なっている。

島根県の美保神社には、同じ内容をもった棟札が四組も残されている。

№１・２は「社殿文禄五年（一五九六）再造棟札」（中国編二五頁）である。大きさ・形状・材質などはほとんど同じであるものの、文面・書式は大いに異なっていて、一見して同じ内容の棟札とは思えない。しかし、年月日・代官名・大工名などは共通しており、同じ建物、或いは一連の棟札と考えられる。

№３・４は「社殿寛永元年（一六二四）再造棟札」（中国編二六頁）である。この場合は、大きさ・形状・材質などもほとんど同じで、且つ、文面・書式もよく似ている。中央上部の梵字が異なること、裏面の記載の有無、偈や人名の表記など異なっているが、大きく見れば同じ書き方の棟札と言って良い。中でも一枚には、「この分二枚有るの内、壱枚は社納、壱枚は隕《（隠カ）》し置く、明治十五年九月」（№３）の追筆がある。後の筆の注記なので、寛永元年（一六二四）当時の実態であるかどうかは慎重に考えなければならないが、少なくとも明治十五年（一八八二）当時、この棟札に関わり注記を追記した人物は、一枚は確かに社殿に奉納されたもの、もう一枚は別の所に保管されたものと考えていたのである。

№５・６は「社殿正保二年（一六四五）修復棟札」（中国編二六・二七頁）である。この場合の文面・書式は一見そっくりである。良く見ると、中央上部の梵字、左右に記された偈が異なる。そしてやはり一枚に「この分二枚これあり。壱枚社納リ」（№６）の追筆がある。追記した筆者は№３の追記と同じ人物であろう。

№10・11・12の「本殿享保十四年（一七二九）修復棟札」（中国編二八・二九頁）は、三枚が同一時期の同一の修復に際しての棟札である。内一枚（№10）は、総高一一七・三㎝、他の二枚は総高九二・七㎝で大きさが異なる。この小さい方の二枚は文面・書式とも良く似ている。従って、大きな棟札一枚と、小さな同じ棟札が二枚の、計三枚の棟札があると言うことになる。そして、三枚目の棟札（№12）の裏面に次の追記がある。

> 明治十五年九月この分、大棟札共三枚あり。大棟札は執権以下御上役人記しあり。外に大工も大棟札にあり。依て小棟札と二枚、社納致し置く。

すなわち大棟札は、執権・寺社奉行などお上の役人の名の記された正式の棟札であり、小棟札は庄屋・年寄など村の主立った者達の記された棟札であった。こちらは二枚あって、内、一枚を大きな棟札と共に社殿に納め、残りの一枚はどこか別の所に保管したのである。

また、同じ棟札が二枚現存しているわけではないが、文面から二枚あったことが分かるものがある。徳島県の丈六寺の「僧堂享和二年（一八〇二）新建棟札」（同寺№17、四国編一七七・一七八頁）には、「……上棟の事、既におわんぬ。棟牌、僧堂の棟木に掛け在り。今また、この札を別記して観音閣の棟札箱に納めるもの也」とある。この場合には当初の棟札は確かに棟木に掛けられた。そしてもう一枚が別に記され堂内の棟札箱に納められたのである。この棟札は裏面も面白い。そこには「僧堂指図大概かくのごとし」と僧堂の平面図がごく簡単に図示されている。

また、広島県の厳島神社の「摂社水天宮社殿安政三年（一八五六）建立棟札」（同社№5、中国編一四五頁）の裏面には、「表向の御棟札、これあるべく候の事」とある。どうやら、表向きの棟札と内向きの棟札の二枚があったらしいのである。

以上、同じ棟札が複数枚存在する理由も一様ではないが、それぞれに理由のあることであったのである。

四　組（セット）の棟札

ここまで、棟札が一枚で完結するものを中心に見てきた。しかし、一枚で完結することなく、二枚目、三枚目に連続した文章が記され、複数枚で完結する棟札も少なからずある。また、連続しているわけではなく、一枚、一枚はそれぞれ一応独立完結しているが、同一の建造物の同一時期の造営や修理に関わる棟札で、微妙に異なるもの、相互に内容を補完する棟札がある。或いは、一つの社寺で同時に複数の建物の造営や修理が行われ、同一年月日に複数の棟札が作られ奉納される場合がある。ここでは、これらを組（セット）の棟札と仮に呼んでおきたい。

岩手県の中尊寺の「金色堂元禄十二年（一六九九）修復棟札」（No.5）と「同銘札」（No.6・7）（東北編七一・七二頁）の場合は、一枚（No.5）が棟札の本体で、形態は縦長で主文は「奉修復　金色堂一宇」とある。残り二枚（No.6・7）は、修復の記録と奉加者の記録で、奉加したのは、「右、八人頓証菩提ためなり」とあるように先祖の供養のためであった。この二枚は形態も横長であり、棟札そのものではない。しかし、文面から見てNo.5の棟札に記された修復に関わるものであることは疑いない。

岩手県の天台寺の「観音堂並末社明和二年（一七六五）修営棟札」（No.5・6、東北編八五・八六頁）は、棟札本体と、その工事に携わった職人の交名《きょうみょう》（名簿）を記した札である。

秋田県の八幡神社の「拝殿元禄四年（一六九一）造立棟札」（No.2・3・4・5、東北編一五一〜一五三頁）など四点は、棟札の原品（No.2）とその簡略な写（No.3・4・5）と考えられる。何故、ほぼ同じ文面の三枚の写が作られたのかは不明である。

茨城県の楽法寺の本堂は宝永七年（一七一〇）に再興された。これに関わる棟札が三点ある（同寺No.3・4・5、関東編五四〜五六頁）。一枚がこの宝永七年の再興に関わる棟札（No.5）で、残り二枚は、文明六年（一四七四）・大

【表15：組(セット)の棟札】

【東北地方】 中尊寺No.5・6・7(東北編71・72頁)、天台寺No.5・6(東北編85・86頁)、八幡神社No.1・6、No.2・7、No.3・8、No.4・9、No.5・10(東北編98～104頁)、八幡神社No.2・3・4・5(東北編151～153頁)
【関東地方】 楽法寺No.3・4・5、No.6・7・8(関東編54～58頁)、鹿島神宮No.1・2(関東編75頁)、木幡神社No.1・2(関東編102・103頁)、香取神宮No.1・2・3・6(関東編188～191頁)、新勝寺No.4・6・14(関東編197～205頁)、法華経寺No.9・10・11、No.12・13(関東編242～244頁)、法明寺No.3・4(関東編296・297頁)、阿蘇神社No.8・9、No.10・11(関東編324～328頁)、箱根神社No.3～9(関東編372～374頁)
【中部地方】 瑞龍寺No.4～8、No.9・10(中部編15～18頁)、気多神社No.3・4(中部編49・50頁)、藤津比古神社No.3・4(中部編60・61頁)、久麻加夫都阿良加志比古神社No.3・4(中部編62頁)、諏訪神社No.7・8(中部編76頁)、大安寺No.1・2、No.3・4(中部編88～91頁)、常宮神社No.4・5(中部編95・96頁)、熊野神社No.5・6(中部編129頁)、清白寺No.4・5・6(中部編133頁)、武田八幡神社No.4・5(中部編136頁)、山梨岡神社No.1・2(中部編137・138頁)、筑摩神社No.1・2、No.3・4(中部編153～155頁)、駒形神社No.7・8、No.10・11、No.12・13(中部編171～173頁)、神明社No.1・2(中部編196頁)、水上布奈山神社No.2・3(中部編201頁)、南宮神社No.9・10、No.21・22ほか(中部編210～221頁)、神部神社浅間神社大歳御祖神社No.1・2・11・19(中部編243～252頁)、妙源寺No.2・3(中部編278頁)、伊賀八幡宮No.3・4(中部編283・284頁)、観福寺No.3・4(中部編317・318頁)
【近畿地方Ⅰ】 新宮神社No.1・2(近畿編Ⅰ60・61頁)、油日神社No.1・2(近畿編Ⅰ89～92頁)、白鬚神社No.1・2・3・4・5・6(近畿編Ⅰ120～122頁)、妙心寺No.1・2・3、No.4・5・6、No.9・10、No.11・12・23、No.18・19(近畿編Ⅰ174～183頁)、万福寺No.1・2(近畿編Ⅰ195頁)、水度神社No.1・2・3(近畿編Ⅰ206・207頁)
【近畿地方Ⅱ】 杭全神社No.1・5(近畿編Ⅱ16・19頁)、広峯神社No.1・2(近畿編Ⅱ98頁)、賀茂神社No.1・2ほか(近畿編Ⅱ101～122頁)、法隆寺No.3・5・6・7(近畿編Ⅱ183～187頁)、大峰山寺No.1・2・3・4(近畿編Ⅱ211～213頁)、丹生官省符神社No.1・2(近畿編Ⅱ216・217頁)、慈尊院No.6・7、No.10・11、No.12・13、No.14・15、No.16・17(近畿編Ⅱ219～222頁)、金剛峰寺No.15・16、No.18・19(近畿編Ⅱ230～232頁)、金剛三昧院No.2・3、No.5・6(近畿編Ⅱ233・234頁)、三船神社No.1・4、No.2・5、No.12・13・14(近畿編Ⅱ236～240頁)、鞆淵八幡神社No.8・9(近畿編Ⅱ247頁)、天満神社No.11・12(近畿編Ⅱ259・260頁)、加太春日神社No.3・4、No.8・9(近畿編Ⅱ262・263頁)、薬王寺No.1・2(近畿編Ⅱ294頁)

【中国地方】 明王院№１・２（中国編79頁）、熊野神社№14・15・16・17・22・23（中国編103〜106頁）、地頭八幡神社№１・４（中国編122・123頁）
【四国地方】 支度寺№１・２（四国編199頁）、石手寺№３・７・９（四国編209・210頁）、滝神社№６・７（四国編226・227頁）、土佐神社№３・31、№４・36、№６・33・37・42、№12・14、№19・38（四国編247〜262頁）、朝倉神社№４・８（四国編267・270頁）
【九州地方】 岩屋神社№１・２、№３・４（九州編284・285頁）、香椎宮№１・２、№５・６・７・８、№11・12（九州編285〜292頁）、筥崎宮№８・９・10・11（九州編296〜298頁）、宗像大社辺津宮№１・２・３・４（九州編300〜307頁）、英彦山神社№１・２・３、№４・５・６、№７・８・９、№10・11、№12・13・14、№15・16・17（九州編316〜323頁）

注：同一の修造について棟札が２枚以上あるもの、一つの寺社の複数の建物が同時に造立・修理をされ、同一時期の棟札が２枚以上あるものを掲げた。前者の事例の方が多い。

永六年（一五二六）の棟札をこの宝永七年の再興の時に再写した棟札（№３・４）である。

同じ楽法寺の「社殿享保十二年（一七二七）建立棟札」（同寺№６・７・８、関東編五四〜五八頁）の三点は、東照大権現と山王大権現との二柱を祀った社殿の造立に関わる棟札で、一つは両柱同時に奉納した棟札、一つは東照大権現に、一つは山王大権現に奉納した棟札で、計三点になったのである。

茨城県の鹿島神宮の「社殿元和五年（一六一九）建立棟札」（№１・２、関東編七五頁）と「摂社奥宮本殿元和五年（一六一九）建立棟札」（№３、関東編七六頁）の三点は、№１が正式な棟札で、主文に「奉御建立征夷大将軍秀忠卿」とある。№２は、遷宮などの経過を補足した棟札と考えられる。ところで、この文末尾には、「後代亀鏡のためこれを認め御内に奉納するものなり」と、それが後世の模範となるものであることを記し、最後に「元和五己未年雪《（霜カ）》月二日　大宮司散位中臣朝臣則広敬白」の名が記される。一見、大宮司が記したかに見える。ところが、裏面には、「御造営日養頭理左衛門尉　江戸衆なり、二世安穏子孫繁昌のために記し置きおわんぬ。富田彦兵衛代　大谷七左衛門尉」とある。確かに今回の造営の細部を記録した棟札（No.2）は、大宮司が記した。しかしその棟札作成の費用は日養頭理左衛門尉が「二世安穏子孫繁昌」を願って負担した。そのことを今回の造営奉行富田彦兵衛の代官の大谷七左衛門尉が記録したのであろうか。ともかく、No.2はNo.1の内容を補足する棟札であった。なお、No.3は社殿に先駆けて出来上がった奥宮の棟札で、やはり一連の工事の棟札と考えられる。

栃木県の木幡神社の「楼門嘉永四年（一八五一）修営棟札」（No.1・2、関東編一〇二・一〇三頁）は、No.1が正式な棟札、No.2はその修営に従事した職人の交名を記した棟札である。事実、No.1には職人は「屋根方　君嶋専助」一人が記されるに過ぎない。一方、No.2には、「家根方　棟梁　君塚専助」以下、九人の職人の名が記されている。ところで、屋根方の棟梁は、No.1では「君嶋専助」、No.2では「君塚専助」とある。十中八九、同一人物で、どちらかが誤記か誤読であろう。実際の棟札が誤記することも多い。また当て字を多用することも多い。その上、極めて読みにくいことも多い。棟札を史料化する困難さはこんなところにもある。また、何をもって棟札と呼ぶか、何をもって正式の棟札というか、曖昧な部分は残るが、このNo.1と2は、二枚一組の棟札と考えるべきであろう。

千葉県の香取神宮の「本社他元禄十三年（一七〇〇）修復棟札」（No.1・2）「同写」（No.3）「楼門元禄十三年棟札写」（No.6）（関東編一八八〜一九一頁）の四点も一連のものである。「御修覆大日本大将軍源綱吉公」の主文をもつNo.2が中心となる棟札で、表には勘定奉行・寺社奉行など諸役人の名が記される。裏面には、この時の修復に関わる境内の諸建物の大きさなどが記される。No.1は、「香取大神宮御修覆御請負棟梁」の主文が示すように、職人の名が記される。No.3は、「摂州住檜皮大工藤原朝臣家次」とあるように、屋根葺職人の交名（名簿）を記した棟札と考えられる。そして、№6は、「香取大神宮楼門元〆棟梁」とあるので、今回の修復の対象となった境内三九棟の鳥居も含む建物の内、楼門の修復に当たった職人の交名を記した棟札である。とすれば、今回の修復に関わる棟札は、三九棟それぞれにあり、職人もそれぞれに奉納した可能性がある。もし、この推定が正しければ、この時の棟札は四〇枚以上、一〇〇枚前後作られた可能性がある。しかし、今、『歴博報告』から判明するのはたったの四枚に過ぎない。本来あったであろう棟札、そして残ることは意外に少ないという現実、この点も頭の片隅に止めておきたい。

千葉県の新勝寺は、一般には成田山の名で知られている。その「不動堂（現釈迦堂）安政五年（一八五八）新再建棟札」（№4）「三重五智宝塔安政五年再興棟札」（№6）「一切経蔵安政五年再興棟札」（№14）（関東編一九七・一九九・二〇五頁）もまた、成田山新勝寺の境内のいくつもの建物が同時に再建・修造された時の一連の棟札である。

同じ千葉県の法華経寺の№9・10・11・12・13（関東編二三七〜二四四頁）の五点も一連のものと考えられる。「祖師堂元禄十五年（一七〇二）造営勧化銘札」（№9）には、「祖師堂造営の砌、……棟札記名施料金百疋、その員数五十九人、時にまた白銀青銅の奉加幾ばかり……」とあり、祖師堂造営の奉加者名簿の棟札である。№12・13の二点も基本的には、同じ趣旨の棟札である。この三点はいずれも中央行に上から「南無妙法蓮華経」と記し、その上部両脇に「棟」「札」と記しているので、こうした奉加者名簿もまた棟札と呼ばれていたことは間違いない。同じ元禄十五年の「棟札祈禱」（№10・11）が二点ある。こちらは、「祈禱棟札」とあって、金額は記されていない。また、月日も前者が六月九日であるのに対し、祈禱棟札は三月である。従って、別個の棟札であるかも知れないが、祈禱棟札にも「祖師堂」とあるので、同じ年の同じ祖師堂に関わるものなであって、一連のものである可能性が高い。

東京都の阿蘇神社の「本殿延宝四年（一六七六）再興棟札」（No.8・9、関東編三二四〜三二七頁）は、No.9が棟札、No.8が奉加者名簿である。現に「阿蘇宮御再興のため……寄進し奉る日用金」とある。

神奈川県の箱根神社の「大権現社寛文七年（一六六七）上棟棟札」以下七点（No.3〜9、関東編三七一〜三七四頁）は、この時行われた箱根神社の境内各社殿それぞれに掲げられた棟札で、年月日・書式は全て同じである。ただ、主文の中に記される境内各社の社名を異にしている。

富山県の瑞龍寺の「仏殿安政六年（一八五九）葺替棟札」（No.4・5・6）と「同箱棟札」（No.7）「同葺替銘札」（No.8）の五点（中部編一五〜一七頁）も一連のものである。No.4は、工程の記録と鉛職人の名簿である。この堂は鉛の板（鉛の瓦）で葺かれていたらしい。No.5はこの工事の諸役人の名簿である。No.6はNo.5の諸役人の内の「仕手方頭取」が「仕手方主附」として記されているものである。主文は「御仏殿葺替仕手方主附」とあり、末尾に「屋根棟梁」とあるので、この工事の内の直接葺替に携わった者のみの棟札と考えられる。No.7は箱棟の工事に当たった職人名が記されるが、No.5に記された人名とは一致しない。No.8は主立った職人名の記されたもので、No.5の上位に記された人名と一致するものが多い。不明な点が多いが、全工程に関わる主立った者を多数記した棟札、工事の各箇所に携わった職人名を記載したものの両者から構成されているように思われる。そして、No.5の棟札との人名の異動を見たとき、一致する棟札と一致しない棟札があったことを考えると、まだ、他にも棟札があった可能性が高い。

石川県の気多神社の天明七年（一七八七）の二枚の棟札（No.3・4、中部編四九・五〇頁）は、同じ神社の異なる社殿にそれぞれ掲げられた棟札で、主文がそれぞれ「気多太神宮社頭御造営の厳命あり」「気多太神宮左脇白山大権現社頭御造営」とある他、文面・書式は全く同じと言って良い。

同じ石川県の久麻加夫都阿良加志比古神社の「熊甲大明神宮寛文六年（一六六六）造立棟札」ともう一枚（No.3・4、中部編六二頁）は、一枚がこの時の造立棟札、もう一枚は、この造立の際写し取られた古い棟札である。そこには何と神亀三年（七二六）の年号が記されている。寛文六年を遡ること実に九四〇年も昔のものなである。勿論、鵜呑みにできる年号ではない。しかし、社殿を造立し、棟札を奉納することが、九四〇年も前から、千年近くも連綿と行われ続けてきたことであると、言いたかったのであろう。この心情、そして、実際に村々では、十中八十九、何らかの形で祈り続けて来たであろうこと、このことは理解しておく必要がある。

すなわち、古い棟札の写を作ることで、この社殿の由緒来歴の正しさを示し、同時に今回の造営の棟札を奉納することで、その祈願と記念を明らかにしようとしたのである。やはり、一組の棟札と考えるべきものと思う。

福井県の常宮神社の「本宮文政五年（一八二二）屋根葺替棟札」の二点（No.4・5、中部編九五・九六頁）は、一枚（No.4）は横長の板に、よく見る古文書のように葺替の経緯を詳しく記す。もう一枚（No.5）は、縦長の板に要点を記した、いわゆる棟札である。記された人名は院主（社僧）・町方肝煎老輩は一致するが、奉行・代官、職人の名など、一方（No.4）には記されるが、もう一方（No.5）には見えない。代わりに地下数人の名が見える。

恐らく二枚の棟札は作成の目的が異なり、そのために記された人名に異動があるものと思われるが、その目的の相異はこれ以上はっきりしない。ただ、No.4の末尾には、「……御箱棟成就仕り候。これに依って五月十九日未の刻、正遷宮の神祭、相い勤め申し候。委しき儀は別の帳面に印し置くものなり」とある。すなわち、棟札を奉納すること、棟札を記すことは、その全てを記録したわけではなかった。あくまで造営や修理の一部を記すに過ぎなかったことも忘れてはならないだろう。

山梨県塩山市の熊野神社の「本殿宝暦元年（一七五一）修復棟札」（No.5・6、中部編一二九頁）の二点は、主文が「奉勧請伊弉冉尊御宝殿」「奉勧請早玉男尊御宝殿」と異なる他は、全く同文である。おそらく相殿で二柱の神が祀られ、それぞれに棟札が奉納されたものと考えられる。

同じ山梨県の清白寺の「総門享保十六年（一七三一）修復棟札」（No.4・5・6、中部編一三三頁）の三点は、一枚が修復の経緯を記した棟札、残りの二枚は内容は同じで、施主・奉納の金額・そしてこの金額で修復を行うようにとその使い道の指定が記されている。いわば費用を出す施主と費用を受け取る寺の契約である。そのために二枚作られ、一方は施主に、一方は寺に保管されたのかも知れない。修復が達成されたのち、施主が保管していた方は不要になり、寺に納めた。結果として同じ内容のものが二枚残った。当面、こう考えておきたい。

山梨県韮崎市の武田八幡神社の文政三年（一八二〇）の二点（No.4・5、中部編一三六頁）は、本来の棟札と思われるもの（No.4）は、大きさも高さ三六・三、上幅二五・一cmの小さなもので、文面も「武田八幡宮様御殿屋根葺」の主文ほか、年月日と人名が数名書かれるのみである。一方、これに付随する棟札と考えられるもの（No.

5）は、大きさも高さ一一〇・〇、上幅二七・七㎝と比較的大きく、文章は千文字以上（一〇八七文字）の長さで、連綿と記されている。一枚の棟札では意を尽くせないことも多い。そこで、より大きなもう一枚の板が用意され、連綿と綴られたのではないかと思う。

長野県の駒形神社の「本殿安永七年（一七七九）葺替棟札」（№7・8）「本殿寛政十年（一七九八）葺替棟札」（№10・11）「本殿上屋前殿文政八年（一八二五）葺替棟札」（№12・13）（中部編一七一～一七三頁）の三組六枚の組み合わせも興味深い。この場合一枚は、例えば「奉葺替駒峯大明神本殿一宇成就攸」（№7）の主文・年月日・神主・村の名主などが記された、ごく普通の棟札である。そして、もう一枚は「奉葺檜《ママ》波大工藤原家次」（№8）などと記され、後は年月日・村役人が記されている。こうして二枚を並べて見ると、一枚は神主が書いた正式な棟札、一枚は職人自らが記した棟札ではないかと思われる。実際、大工名が中心にくる棟札は、神主の名が記された棟札に一ヶ月ないし三ヶ月先んじて書かれているのである。両者共、同じ工事に関わる棟札であるが、作られ方・奉納の目的に相異があったことが窺われる。

同じ長野県の水上布奈山神社の「本殿文化十年（一八一二）再造営棟札」（№2・3、中部編二〇一頁）の二点の内一点には「奉再造営御本社御土代寄附　坂井要右衛門」とある。普通の棟札に加えて特別の寄付者を顕彰したものと思われる。

愛知県の妙源寺の「柳堂慶長十八年（一六一三）上葺棟札」（№2・3、中部編二七八頁）は、一点は経緯を、一点は職人の名を羅列したものである。

桑子明眼寺太子堂上葺のこと、□柿葺明眼寺住持善蓮、一力を以て（上葺）成就する所なり。この刻、板手これ引く肝煎は、尾州名古屋の町奉行平岩七兵衛なり。また、葺師大工は、即ち尾州名古屋の住、久兵衛なり。仍て件の如し。／時に慶長拾八丑年正月廿八日　善蓮　敬白。

この場合は、この寺の住職善蓮が自ら発願し、自らの資金で屋根の葺き替えを達成したのである。勿論、町奉行の奉加があり、葺いたのは葺師であった。もう一枚には、

桑子山御太子堂の上葺、明眼寺様御とりたて、奉行は平岩七兵衛殿、檜皮の御大工は和泉の国の住人藤原家いのへ久兵衛。／石地九郎左衛門・藤原朝臣いのへ宗左衛門・藤原朝臣いのへ与八・藤原朝臣いのへ宗十郎・藤原朝臣いのへ六介・藤原朝臣いのへ弥七郎・藤原朝臣うへた新助・いてら甚太郎・中むら喜蔵・伊ば作左衛門・やマ祢喜助・おふ山弥右門・竹村宗三郎・長さか喜右門・はんや弥兵へ・玉つくり二蔵。仍て件の如し。

慶長拾八うしノ年正月廿八日　生国和泉当時尾州名古屋之住　いのへ久兵衛

とある。まさに職人名の列記である。しかもそれは大工の「いのへ久兵衛」が記したのである。ここでは住持の記したもの、大工の記したものの二枚の棟札があったのである。

滋賀県の白鬚神社の棟札は、先に豊臣型（秀頼型）・同（片桐型）の棟札の項でも既に見たところである。白鬚神社のNo.1・2・3・4・5・6（近畿編Ⅰ一二〇〜一二二頁）の六点は慶長八年（一六〇三）の同社の再興に関わる一連の棟札である。No.1は片桐型の棟札、No.2は今回の工程・経緯を記したもの、No.3は、ことが成って遷宮の儀式が執り行われたとき奉納されたものである。以上三点が本殿に関わるものである。No.、4・5・6の三点は同時に行われた境内諸社（伊勢・高羅大明神・若宮）の棟札である。なお、この三点には、いずれにも「寛永四

年（一六二七）十一月十四日」に修理が行われたとの追筆がある。

京都府城陽市の水度神社の文安五年（一四四八）の棟札三点も興味深い（No.1・2・3、近畿編Ⅰ二〇六・二〇七頁）。一点（No.1）には「八月六日、釿初、辰の時。同八月十七日、柱立て、辰の時。同八月十七日申の時、棟上。同九月廿二日、檜皮葺初め」とあり、それぞれの工程の開始日時が記される。次の一点（No.2）には「檜皮大工藤原近光孫二郎これを葺く、文安五季（戊辰）九月廿二日、葺き初めなり」とある。これは、数ある工程の中で、誰が何時から檜皮を葺き始めたかのみが記されている。そしてもう一枚（No.3）には「八月六日辰の時釿始め、同十七日辰の時柱立て、申の時棟上などなり」とNo.1の内容を繰り返し記し、「次で上葺檜皮棟上、十月十八日申の時。御遷宮、十一月八日子の時。右、造立し奉るのところ、件の如し」とある。即ち、工程を記したもの、工程の一部のみを記したもの、工事完了時に記されたものの三点があるのである。いわゆる「奉……」と記す棟札とはタイプを異にするが興味深い。また、札の形状・仕上げも興味を惹かれる。一枚（No.1）は、形状は「異形」であり、仕上げは表は台鉋・裏は鐺鉋である。もう一枚（No.2）は、単に杉の「割板」で、上幅も五・七cmと細い。いかにも作業工程で生じた木っ端を使用したような感じがする。残る一枚（No.3）は台鉋の仕上げと『歴博報告』にある。果たして十五世紀半ばの文安五年の時点で台鉋が既に使用されていたのかどうか、お教えを請いたい。

兵庫県御津町の賀茂神社には、四三枚の棟札が残る（No.1～43、近畿編Ⅱ一〇一～一一二頁）。この内、慶長二年（一五九七）のもの四点（No.7・8・14・15）、寛永二年（一六二五）のもの三点（No.21・29・42）、元禄十二年（一六九九）のもの六点（本殿No.1・2・3、その他No.10・17・43）、延享二年（一七四五）のもの四点（No.4・11・18・22）、享和元年（一八〇一）のもの六点（№５・12・19・23・27・31）、文化十四年（一八一七）のもの三点（№32・35・37）、文久二年（一八六二）のもの四点（№６・13・20・24・(28)）が、それぞれ一連の棟札で、ここでいうセットの棟札である。

例えば、延享二年の棟札を見ると、摂社の棟札には、「檜皮小工二十三人の姓名、御正殿の棟札に記す故、ここに略す」（№11・18・22）とある。では正殿の棟札にはどうなっているかと言うと、そこには確かに神吉忠四郎重貞以下二十三人の名が記されているのである（№４）。従って、これらが一連の棟札であることはもはや疑いようがない。

元禄十二年の六点の内、三点は本殿に関わるもの、残り三点は境内諸社に関わるものである。その他の同一年次の複数点の棟札はみな、境内諸社・諸建物の同時修理造営に関わる棟札である。この間の修造の間隔は、二九・七五・四七・五六・一六・四六年になり、一定しない。しかし、数十年間隔で境内社の多くが一斉に修理を加えられた様子を見て取ることができる。これは高温多湿の日本の風土の中では、木造建築はある期間をおいて修理を繰り返さないと維持できないことを示している。以前の棟札が写されたり、また棟札が後世の拠り所になるようにと記されたのは、実はこの理由による。即ち、一定期間の後、また同じことが必ず繰り返されるのである。その故に先例・典拠が重要となったのである。

奈良県の大峰山寺には、「本堂元禄十六年（一七〇三）寄進者交名札」（№１・２・３・４、近畿編Ⅱ二一一～二一三頁）四点がある。いずれも中央上部に「大峯山上本堂」と記し、その右、或いは両脇に「元禄十六癸未年五月十六日」あるいは「五月吉祥日」と記している。そして、その下に数段に渡って寄進者と思われる人名が記される。年月日が同じであること、書きぶりが近似していることから一連のものであることは疑いない。ところで寄進者を記した各段の中央行には、「第九　第拾　第拾一　第拾二　第拾三　第拾四」（No.1）「第一　第三　第四　第五　第六　第七」（No.3）「第二番　第十八番　第二十番　第二十二番　第二十三番」（No.4）と三枚までに数字が記され、一枚だけは数字が記されていない。仲間が数人で番としてまとまり、一斉に寄進したものなのだろうか。数字が飛んでいること、「番」があったり、無かったり、また、数字自体の記されていない札もあって、意味が良く分からないが、何らかの意味を持ったことは疑いない。そして、ここに記された数字は、当面「二十三」が最大であるが、同じ数字が重なることはない。無いのは「十五・十六・十七・十九・二十一」である。

和歌山県の丹生官省符神社の二枚の棟札を『歴博報告』はともに「本殿天文十年（一五四一）再建棟札」（No.1・2、近畿編Ⅱ二一六・二一七頁）とする。確かに二枚の棟札は大きさ・形状ともに同じで、その上両肩に太枘が造られ合わせれている。当然、「二枚で一組になっている」と考えるのが自然であろう。ところが一枚には「天文十年」とある。また、もう一枚の方には年月日の記載はなく「銀五百目」「人江村大庄屋　市原村大庄屋」などとある。銀高表示や「大庄屋」の記載は、一六世紀半ばにあっても良いが、多くは江戸時代に入ってからの表示と思われる。仮にそうだと仮定した場合、では何故二枚は一組にされたのか。後考を俟ちたい。

和歌山県の慈尊院には、一八枚の棟札がある（No.1～18、近畿編Ⅱ二一七～二二三頁）。うち、七組一四枚が同時期の組になった棟札である。一枚は大工棟梁の、もう一枚には檜皮屋の名が見えるので、竣工の暁に、木工大工の棟梁と檜皮葺師の棟梁がそれぞれに奉納したものと考えられる。慈尊院の棟札を時代順に並べると次のようになる。

「弥勒堂元和　七年（一六二一）上葺棟札」（No.1）

「弥勒堂慶安　三年（一六五〇）上葺棟札」（No.2）
「弥勒堂延宝　二年（一六七四）上葺棟札」（No.3）
「弥勒堂元禄　七年（一六九四）上葺棟札」「同葺納棟札」（No.4・5）
「弥勒堂正徳　四年（一七一四）上葺棟札」「同葺納棟札」（No.6・7）
「弥勒堂元文　二年（一七三七）上葺棟札」「同葺納棟札」（No.8・9）
「弥勒堂宝暦　七年（一七五七）上葺棟札」「同葺納棟札」（No.10・11）
「弥勒堂安永　六年（一七七七）上葺棟札」「同葺納棟札」（No.12・13）
「弥勒堂寛政　九年（一七九七）上葺棟札」「同葺納棟札」（No.14・15）
「弥勒堂文化十四年（一八一七）上葺棟札」「同葺納棟札」（No.16・17）
「慈尊院棟札（建物・年次・事由不詳）」（No.18）

ここに見られるように、延宝二年（一六七四）から正徳四年（一七一四）の二回は二〇年ごとに修復され、その後元文二年（一七三七）まで二三年であるが、その後は文化十四年（一八一七）まで、四回、きちんと二〇年ごとに葺き替えが行われている。式年遷宮は何も神社に限ったことではなかった。勿論、この場合は寺院のお堂であって、「式年遷宮」とは呼ばないが、同じように修理が継続して行われたのである。なお、木工の大工棟梁は元禄七年以降、一貫して井上忠兵衛であったが、檜皮の葺師はそのつど、大坂・高野山・紀州長田庄・九度山村の者が呼ばれ、葺き替えが行われた。

和歌山県の金剛峰寺にも二組四枚の棟札（No.15・16とNo.18・19、近畿編Ⅱ二三〇～二三二頁）が残っている。一組（No.15・16）は、ほぼ同文であって二枚の棟札の性格の相異を認めるのが難しい。『歴博報告』の備考によれば、一方は打ち付けられた棟札、一方はどこかに置いて保管された棟札である。ほぼ同じ文面の棟札であっても使われ方が異なったものと考えられる。また、もう一組の棟札（№18・19）は、葺師と大工がそれぞれに奉納した棟札であった。

和歌山県の鞆淵八幡神社の「本殿安政三年（一八五六）上棟棟札」（№8・9、近畿編Ⅱ二四七頁）は、二枚で一点の棟札である。普通、一枚の棟札の表裏に記される事柄が、二枚の板に書かれ、「文字記載面どおしを合わせ」、釘で止められているものである。その記載様式は『匠家故実録』に則った文面である。

和歌山県の薬王寺の「観音堂文政十年（一八二七）修理棟札」（№1・2、近畿編Ⅱ二九四頁）は、連続した内容が記される棟札である。まず、一枚目の中央行に「（梵）薬王寺観音堂」と記し、その左右に「上棟貞和三丁亥正月廿六日　大工」「大願主当邑氏人等　小工」と、貞和三年（一三四七）の造営を記す。つづけて中央行に「次、修理寛正二季巳年」と記し、その左右に「皆悉　三月廿九日申酉の刻入仏　大工」「大願主当邑（氏人等并現住）敬白　小工」と次の修理が寛正二年（一四六一）であったことを記している。そして、二枚目の中央行に「次修理文政十丁亥三月吉良日」と記し、その左右に「大工当邑佐兵衛」「小工金屋邑栄蔵」と記す。つづけて中央行に「大願主」、次に「心誉寛良・当住寛隆・庄屋庄兵衛・世話人檀方」を四行に、最後に中央行末尾を「敬白」と結んでいる。この二枚の板は、高さ一三五㎝内外、幅一五㎝内外で大きさも大体同じである。また頭部の形は尖頭ではなくともに平頭、そして材質はともに松である。この二枚の棟札は、最初から連続した内容を記すために、その料材から同じように整えられたものと考えられる。

愛媛県の滝神社の「牛頭天王社宝永八年（一七一一）上葺棟札」と「（本殿）宝永八年上葺棟札」（No.6・7、四国編二二六・二二七頁）の二枚は、『歴博報告』は、棟札の名称を同一にしていないが、二枚で一点の棟札である。一枚目は中央行に、「瀧宮牛頭天王社一宇を上葺し奉る、時に宝永龍次辛卯二月六日　悉地成就のところ」と記し、その左右に由緒・費用などが記される。二枚目には中央行に「上葺助力勧化のこと、施財の高下に随って、先後に名を連らぬ、これ正道の規式なり」と記し、その左右、各四行にわたり、奉加金の額・奉加者名を記す。

裏面は、一枚目の「粤《ここに》新庄山口郷瀧宮牛頭天王宮の濫觴……」と、この神社の始まりから説き起こされ、やがて、社殿が何回も火災に遭ったことなどの来歴が述べられる。そして、「……三男孫兵衛は中曽根村」で終わる。一見、文章が途切れたかに見えるが、それは、二枚目の裏面、「居住を営みし……」へ続く。そして宝永八年に近い来歴と直近の上葺き達成の経緯が語られ、最後は「秀紹これを草しおわんぬ」で締めくくられている。およそ棟札に書き記したいことの全てが記された棟札の事例と言っても良いだろう。棟札に記し後世に伝えたいことは沢山あった。一枚では書ききれない。その故に二枚になったと言って良いだろう。

福岡県の香椎宮に残る三組の組合わせも興味深い。「本殿享和元年（一八〇一）再造棟札」「同再建棟札」（No.1・2）は一組の棟札と考えて良い。一見したところ個々の独立した棟札に見える。一つには「奉再造香椎宮神殿一宇」（No.1）の主文が見え、年月日も記される。もう一つにも「（梵）奉再建香椎宮神殿一宇伏冀」（No.2）の主文、年月日が記される。さらに「大檀主筑前大守黒田姓源長順公」とあり、領国主黒田長順の名が記されている。どうやらこちらが棟札の本体に見える。そう思って次を読むと、「御再建懸りの役人の姓名、国主に従い別の札棟を書き、奉納せらるるに依り、ここに略しおわんぬ」とある。この別の棟札がNo.1の棟札なのである。そこには、御用聞・御普請奉行・小頭・棟梁などの人名が記される。まさにNo.2が正式の棟札で、No.1はそれを補足する棟札であったのである。なお、№1の裏面には作業工程が文章で、№2の裏面には工事の日取りと神官名が記されている。また棟札の大きさも№1は一五三・五㎝なのに、№2が一七六・二㎝あり、この点でも№2の方が立派に作られている。

同じ香椎宮の№5・6・7・8の四枚の棟札は、文久三年（一八六三）の修理に関わる棟札である。内三枚（№5・6・7）はいずれも高さ一五八㎝ほどで、今回は形状も同じように作られた。この内、№6が正式の棟札、№7はそれを補完するもの、№5は境内の別の社殿の棟札である。なお、№8は職人の交名で、横長の板に記されている。形状も同じように作られた№6と№7は、一方が補完すると考えても良いが、連続した棟札と考える方が良いかも知れない。

なお、№10・11の二枚は正式な棟札と補完する棟札、№12・13の二枚は、補完する棟札のみが残存している（九州編二八五〜二九二頁）。

福岡県の英彦山神社の六組の棟札は連続した内容の棟札と考えられる（№1・2・3、№4・5・6、№7・8・9、№10・11、№12・13・14、№15・16・17、九州編三一六〜三三三頁）。例えば、「宝殿天保十三年（一八四二）再建棟札」（№1・2・3）の場合、三枚ともに形状・大きさは近似している。一枚目（№1）には、「奉再建英彦山大権現宝殿一宇　恭惟　伏冀」と主文を記し、座主の名ほかを記す。二枚目（№2）には、「大願主肥前国主」以下、先達などの名が記され、三枚目（№3）には、奉行・惣大工などの名が記される。ただ、二枚目・三枚目には年月日は記されていない。『歴博報告』は、№1・2・3は、「三枚組」としている。その根拠は記されていないが、恐らく、一括して保管され、同じ形状・大きさであるからであろう。内容的に見ても連続した内容が記されているのであって、三枚一組の、三枚で一点の棟札と考えるべきであろう。

№12・13・14も『歴博報告』は「三枚組」とする。実際、これもまた、形状・大きさは近似し、内容は、一枚目（№12）に「奉修覆大講堂一宇　大願主　従四位下小笠原伊予守源忠総」以下、家老・寺社奉行が記される。次いで二枚目（№13）の普請奉行・筋奉行・大工頭・代官・山奉行・吟味役・大工の名に繋がる、さらに三枚目（№14）の作事奉行・鍛冶奉行・棟梁・脇棟梁・鍛冶の名へと繋がる。この三枚の棟札には、明らかに上位者から下位の者へと連なる形で関係者の名前が記されているのであって、内容的には一点の棟札と言って良い。

こうして見ると、№4・5・6、№7・8・9も三枚一組の棟札の可能性が高い。『歴博報告』では、№5を「大講堂元和二年（一六一六）建立棟札」、№8を「大講堂寛文五年（一六六五）修覆棟札」とし、№4・6・7・8を「奉幣殿棟札」と異なる棟札名を付しているが、№7・8・9は形状・大きさも近似し、内容も№8から№7へ、№7から№9へ連続する。

№4・5・6の場合は、名称に加えて幅も一見異なるかに見える。

№4（史料43）は高さ一七四・七、上幅二九・四、下幅二九・一cmである。これに比較して№5（史料44）は高さ一七四・五、上幅二八・〇、下幅一九・〇cm、№6（史料45）は高さ一七四・五、上幅一六・五、下幅二八・五cmである。即ち№5の下幅、№6の上幅の法量が異なっているのである。しかし、№6の上幅が著しく細いの

【史料43】福岡県・英彦山神社№4「奉幣殿棟札」（九州編三一八頁）

4奉幣殿棟札　**出典または調査主体**『山伏の住む英彦山』・『調査カード』

（総高）一七四・七cm　**（上幅）**二九・四cm　**（下幅）**二九・一cm　**（厚さ）**二・〇cm　**（頭部の形状）**平頭　**（切欠き）**無　**（仕上げ）**表台鉋・裏タテ引鋸　**（材質）**杉　**（指定）**重文附

（表）

平岡新兵衛尉能廣　惣衆権大僧都法印学琳坊賓□（琳）

座主権大僧都法印忠有　御作事奉行　別当権大僧都法印政所坊有延

不波少五郎氏家　惣衆権大僧都法印櫻本坊良淳

（裏）

（記載なし。）

【史料44】福岡県・英彦山神社№5「大講堂元和二年建立棟札」（九州編三一八頁）

5大講堂元和二年建立棟札　**出典または調査主体**『山伏の住む英彦山』・『調査カード』

（総高）一七四・五㎝　**（上幅）**二八・〇㎝　**（下幅）**一九・〇㎝　**（厚さ）**一・七㎝　**（頭部の形状）**平頭　**（切欠き）**無　**（仕上げ）**表台鉋・裏手斧　**（材質）**杉　**（指定）**重文附

（表）

元和貳年丙辰

奉建立大講堂一宇大檀那（ママ）　細川越中守源朝臣忠興

九月吉祥日

（裏）

（記載なし。）

【史料45】福岡県・英彦山神社№6「奉幣殿棟札」（九州編三一八頁）

6奉幣殿棟札　**出典または調査主体**『山伏の住む英彦山』・『調査カード』

（総高）一七四・五㎝　**（上幅）**一六・五㎝　**（下幅）**二八・五㎝　**（厚さ）**二・三㎝　**（頭部の形状）**平頭　**（切欠き）**無　**（仕上げ）**表台鉋・裏タテ引鋸　**（材質）**杉　**（指定）**重文附

（表）

長之坊　泉能坊　鍛冶棟梁北村九郎兵衛尉秀永

通蔵坊　大津留六左衛門尉宗清□□澤田加兵衛尉　浄光坊　惣大工来林民部左衛門尉祇行

秀学坊

當山作事奉行　御鍛冶奉行　當山鍛冶奉行覚尊坊角頭　小工九十三人

泉祐坊　理賢坊　小倉御大工頭　飯田正左衛門尉宗延

常照坊　片岡彦左衛門尉正次　宮前忠介　増亀坊　鍛冶棟梁九藤甚三郎之昌

能圓坊　如蔵坊

（裏）

（記載なし。）

〔備考〕　右上部欠損。

は、「右上部欠損」と備考にあるので、№4と№6は本来同じ大きさである。さて、残る所は№5の下幅である。恐らく二九・〇㎝とすべき所を校正ミスをし、一九・〇㎝としたのでないだろうか。上幅が二八・〇、下幅が一九・〇㎝とすれば、相当の熨斗型の棟札になる。しかし、全国的に見てもこれだけの熨斗型は考えられない。また英彦山の棟札はほとんどが上幅と下幅はほとんど同じであり、この№5の棟札だけが極端な熨斗型とは考え難い。そして、仕上げの方法を見ても表面は三枚ともに台鉋、裏面はタテ引鋸または手斧削りと良く似ている。どうやら、この三枚も一組の棟札で、№5の「奉建立大講堂一宇大檀那　細川越中守源朝臣忠興」から№4の「座主権大僧都法印忠有」以下、作事奉行などに続き、さらに№6の「当山作事奉行　御鍛冶奉行　当山鍛冶奉行覚尊坊角頭　小工九十三人」に続いた連続した棟札なのである。英彦山では、こうした複数枚の板に書く棟札の書き様が一七世紀初頭から一九世紀半ばまで連綿と引き継がれたのである。

以上、同じ棟札が複数枚ある事例、同一社寺の境内諸建築を一斉に修造したために同一年月日の棟札が多数存在する事例、また、一見、それぞれが独立した別個のものに見える複数枚の棟札が、実は連続した一点と数えるべきものであった事例など、セットの棟札の多様性を見てきた。この組（セット）で考えるべき棟札の内容にも実に多様な姿があったことは、今見てきた通りである。では、何故かくも多様な姿を取ったのであろうか。建造物の造営や修理に関わる事項、それだけが記されているはずの、比較的単純な内容のみが記されているはずの棟札が、どうしてこれほどの多様な姿を見せるのだろうか。その理由は二つある。それは紛れもなく人間の行動や考えの反映であることが理由の第一である。人にはいつでも無限の可能性がある。それぞれの棟札は、それぞれの関係者がそれぞれの思いを込めて作成した。だから、その姿も多様な形になったのである。もう一つの理由は、棟札が紛れもない文字史料だからである。文字は人間のあらゆる行動や考えを表現しうる。どんなことでも、好きなように書き記すことができる。たまたま書き記された素材が木の板であり、建物の修造に関わった内容が記されただけのことである。勿論、結果は建物の造営や修理に関することが多く書き記される。しかし、同時にそこに何の関係も無いことを書き記すことも可能であった。棟札の場合、建物の修造に全く無縁のことが記されることは実際にはほとんどない。また、一見、建物の修造に直接の関係はなさそうな政治的事件や自然の災害など

【表16：複数枚が組の棟札の組み合わせの内容】　　（本文で触れられなかったもの）

社寺名	№	県名	組み合わせの内容	出　典
藤津比古神社	№3・4	石　川	棟札＋奉加者名簿	中部編　60・61頁
諏訪神社	№7・8	石　川	棟札＋奉加者名簿	中部編　76頁
大安寺	№1・2 №3・4	福　井	棟札＋諸役人名簿 棟札＋職人名簿	中部編　88・89頁 中部編　90・91頁
山梨岡神社	№1・2	山　梨	棟札＋関係者名簿・経緯	中部編　137・138頁
筑摩神社	№1・2	長　野	棟札＋経緯	中部編　153・154頁
神明社	№1・2	長　野	境内複数社の同時造立	中部編　196頁
南宮神社	№1・5・9・(10)・16・23・35、№2・11・17・24・27・30、№6・13・20・25・28、№7・14・15・21・22・26・29	岐　阜	境内複数社の同時造立・修理	中部編　210～221頁
神部神社浅間神社大歳御祖神社	№1・2・11・19	静　岡	棟札＋棟札＋境内二社	中部編　243～252頁
伊賀八幡宮	№3・4	愛　知	棟札＋経緯・願意	中部編　283・284頁
観福寺	№3・4	愛　知	棟札＋以前の棟札の写	中部編　317・318頁
新宮神社	№1・2	滋　賀	棟札＋棟札	近畿編Ⅰ　60・61頁
油日神社	№1・2	滋　賀	棟札＋奉加帳	近畿編Ⅰ　89～92頁
妙心寺	№1・2・3 №5・6・7 №9・10 №11・12・23 №18・19	京　都	棟札＋職人交名＋奉行名 棟札＋大工奉納＋木挽職人交名 棟札＋大工交名 境内諸建物 共に棟札、文面異なる	近畿編Ⅰ　174頁 近畿編Ⅰ　175・176頁 177・178頁 178・179・183頁 181頁
万福寺	№1・2	京　都	棟札＋大工奉納の棟札	近畿編Ⅰ　195・196頁
杭全神社	№1・5	大　阪	境内複数社の同時造立	近畿編Ⅱ　16・19頁
広峯神社	№1・2	兵　庫	境内複数社の同時造立	近畿編Ⅱ　98頁
法隆寺	№3・5・6・7	奈　良	境内複数堂舎の同時修造	近畿編Ⅱ　183～187頁
金剛三昧院	№2・3 №5・6	和歌山	大工の奉納＋葺師の奉納	近畿編Ⅱ　233・234頁
三船神社	№1・4・7、№2・5・8、№3・6・9、№12・13・14、№15・16	和歌山	境内複数社の同時修造	近畿編Ⅱ　236～240頁
天満神社	№11・12	和歌山	棟札＋職人名簿（横長）	近畿編Ⅱ　259・260頁

加太春日神社	№３・４ №８・９ №５・６・７	和歌山	村役人の奉納＋職人の奉納 境内複数社の同時修造	近畿編Ⅱ　262～264頁
明王院	№１・２	広　島	棟札＋棟札、性格の相異不明	中国編　79頁
熊野神社	№11・12・13、№14・15・16・17・22・23	広　島	棟札＋職人棟札＋儀式 境内複数社の同時修造	中国編　102～106頁
地頭八幡神社	№１・４	広　島	棟札＋祈禱札(特定個人)	中国編　122・123頁
支度寺	№１・２	香　川	棟札＋祈禱札(奉加者一括)	四国編　199頁
石手寺	№３・７・９	愛　媛	境内諸建物それぞれの棟札	四国編　209・210頁
土佐神社	№３・31、№４・36、№６・33・37・42、№12・14、№19・38	高　知	境内諸建物の造営など	四国編　247～262頁
朝倉神社	№４・８	高　知	本殿＋拝殿	四国編　267・270頁
岩屋神社	№１・２ №３・４	福　岡	打棟札＋置棟札？	九州編　284・285頁
筥崎宮	№８・９・10・11	福　岡	連続、境内複数社の同時修造	九州編　296～298頁

が記されることも、一定の頻度で見られる。ただ、この場合もそれら政治的事件や自然災害が社寺の存続を左右したからであった（後述）。しかしなお、書く気にさえなれば、何時でも何でも書き記すことは可能だった。これはまさに文字の特性というべきだろう。こう考えると、様々な資料に一文字・二文字の僅かな文字が記された資料もないがしろにできない。一文字・二文字の僅かな表現の語る所にも耳を傾ける必要があろう。さらには文字の全く記されていない資料についても、より多くの注意を払う必要性が見えてくる。

棟札は紛れもなく文字史料である。同時に建造物のごく一部を構成する棟木に打ち付けられた一片の木片でもあった。まさに建物という資料の微細な部分でもある。この故に従来の文献史学の考察の対象に正面から据えられることはほとんどなかった。そして、考古学や建築史学に委ねられてきた。果たして従来の歴史学（文献史学）が考察の対象にしなかったのは棟札だけだろうか。幾多の物資料、いずれも人々の活動の反映で、そこからも過去の姿を見出すことは出きる。そうした全資料を通じての歴史学が切り開かれる必要がある。及ばずながら、ここでは今少し棟札の考察を引き続き試みてみたい。

五　宗像大社の四枚一組の棟札

福岡県の宗像大社辺津宮の天正六年（一五七八）の四枚一組の置札は、組になった札の圧巻である（No.1・2・3・4、九州編三〇〇～三〇七頁）。それぞれ、二七〇〇余、二六〇〇余、五〇〇余、九〇〇余文字が記され合計六八〇〇余文字が記される。こんな長大な文章を何故板の札に記したのであろうか。にわかには真意は計り得ない。なお、『歴博報告』は、「第一宮御宝殿天正六年新造置札」（No.1）「第一宮御宝殿天正六年御棟上置札」（No.2）「第一宮御宝殿天正六年造営置札」（No.3）「第一宮御宝殿天正六年遷宮置札」（No.4）と名称を微妙に異にしている。また札自体には、四枚とも最初に「置札」と記されている。

No.1の置札は袖に大宮司氏貞の花押がある。天正六年（一五七八）の社殿の復興については、まさにその責任者が証判を据えているのだから、最も信頼を措ける史料と言って良いだろう。以下、これに従って天正年間の復興の様子を見て行きたい。

「それ新造の旨趣は、去る弘治三年（一五五七）卯月廿四日の子の刻、御内陣より火放ち御炎上あり。灯明の火とも云い、天とも云う。しかしながら、済度衆生の御転変といえるか」という文章で書き始められる。即ち、今回社殿を新造するのは。弘治三年の四月二十四日の深夜本殿の内陣から出火して炎上したからだ。原因は灯明の火とも言い、また天とも言われた。天なら雷ということだろうか、あるいは自然出火なのだろうか。ともかく大変なことになった。という意味であろう。宗像社の人々は皆驚き駆けつけた。一時は大変な火の勢いで、尊体を初め数多の御神宝が灰燼に帰した。その夜は風が吹き荒び、あちこちに飛び火し、垂水峠まで、相当の被害を蒙った。皆、奇妙な気がした。

抑《そもそも》、弘治二年十月三日の子の刻、第一宮の御神託・御詠歌の中に、誠に肝に銘ずるものが多々あった。それは筆では表せられないものであった。当社の社務の大宮司氏貞は、悲歎の御心願を発したのだけれど、天文二十年、大内氏が滅んで、豊前・筑前両国は豊後の大友氏の御幕下に属することになった。そこで宗像社もそれに準ずることになったのだが、同じ宗像社の内には快く思わない者もいて、敵対する者もいた。結果、社内で内紛が起こってしまった。

さて、御炎上から三年目の永禄二年（一五五九）九月二五日、同じ宗像社内に大友氏と好を通じる者がいて仲間を動員し、数万騎を連れて攻めてきた。宗像社内部は大いに乱れた。そこで、ともかくも社務様を守護しなくてはと、大嶋に引き退いた。その頃、安芸の毛利氏と豊後の大友氏は対立していたので、毛利元就を憑み、大友の攻撃に耐え、大嶋を堅固に守ることにした。

しかし、この方針に反対する者が許斐の要害に在城していたので、翌永禄三年三月二十七日、大嶋から一〇〇余騎で夜襲を駆け、翌朝、要害を乗っ取ってしまった。その勢いに任せ、もともと宗像社が支配していた遠賀庄の芦屋津・広渡両村、若宮庄西郷・野坂、赤馬庄（領家分）須恵村・稲元村・平等寺村・久原村・大穂村・内殿郷の在所を悉く取り戻し、支配下に置いた。豊前・筑前の諸侍で昨日まで敵対していた者も、今日は味方になった。お蔭で社家は安全になった。

こうして暫く平穏な時を迎えると、いよいよ、尊神を御造立したいという願望が高まってきた。たまたま永禄七年仲夏、社用で泊嶋で出掛けたおり、学頭の長秀と図師の良秀が京仏師の深田次郎左衛門尉という者父子三人に出会った。不思議の宿縁で、是非、尊神を刻彫したいと言った。そこで五月二十五日に木屋入りし、十一月に至り出来上がった。尊神三体・従神六体に万疋余貫を仏師に与え、彼らは帰洛した。

中でも、御仮殿の御建立には多大の費用が要った。たまたま中国の明から帰る旅客の大船が津屋崎の沖に漂着した。船には数々の唐櫃があり、中には赤白の糸が詰まっていた。他にも木綿以下の積み荷があった。全く稀代の勝事であった。荷物の過半は公方様の御被官の私物であったが、その頃、豊後の大友氏と安芸の毛利氏の和平を諮るため聖護院の御門跡が長州にいて、種々訴えを為してくれて、結局、積み荷は全て社家に与えられることになった。

このお蔭で、永禄七年（一五六四）十一月十五日の辰の刻、尊神の御開眼供養が行われた。導師は鎮国寺の二七代目の住持豪能法印で、同時に仮殿の棟上遷宮の儀式も執り行われた。

次いで、御本殿の御造替をしたいと願ったが、豊後の凶徒が度々乱入に及んだので、安芸の毛利に加勢を求めた。先ず小早川隆景・吉川元春が中国十六ヶ国の軍勢を率いて、永禄十一年（一五六八）八月下旬、豊前の三岳の要害に到着し、攻撃を始めた。九月四日、城を守る長野弘勝をはじめ数百人が討ち果たされた。

翌永禄十二年（一五六九）、安芸の毛利元就父子三人が出陣すると、豊後の大友宗麟も出陣し、臼杵越中守鑑速・戸次伯耆守鑑連・吉弘伊予守鑑理の重臣、その他数千騎が岩戸庄に陣を敷いた。永禄十二年の戦闘はめまぐるしく激しかった。

四月十二日　：立花城に大友軍在陣。名嶋の海に毛利の水軍集結。

五月　二日　：名子山で両軍合戦。

四・五両日：宗像郡の境目を少々放火。

十八日　：七ヶ所で毛利・大友軍合戦。毛利軍勝利。
閏五月十日：毛利軍志賀嶋まで進軍。大友軍難儀。
十月　十日：大友宗麟、策略を巡らし、大内義興の舎弟氷上殿の御実子太郎輝弘を周防国相穂浦に確保し、守護する。
十一日　：輝弘、山口築山寺に御着。
十五日　：山口の毛利軍敗北。
元就・輝元・隆景赤間関に御在陣。
二十五日：輝弘、御退出。
二十七日：(午刻)於富見山、輝弘様御傷害也。大友軍周防より退却。

この棟札の書きぶりは、一見、毛利方を贔屓に記してはいるが、実は、毛利氏が九州から兵を引いたのであって、実質大友方の勝利だった。当然、毛利氏とともに戦った宗像氏は不利な立場に陥るのである。案の定、宗像氏が社領支配の拠点としていた岳山城は、山麓を大友軍に取り囲まれた。挫き砕かれることは必死の状勢だった。宗像社側はこうした不利な状況を見据えていち早く、御家人の妻子や郷民数千人を大嶋に避難させていたので、この点は無事だった。

幸い、大友軍は無理矢理に攻めることをせず、和睦を提案してきた。神社・社家を攻めることは勝ったとしても寝覚めの悪いものだった。この辺りは全く中世的な思考法と言って良いだろう。交渉は大友方の三老の御使の日田郡衆(坂本新右衛門・堤九郎右衛門)と宗像社側の実応院益心・石松対馬守尚宗の間で行われた。「再問再答の姿、筆力の及ぶところにあらず」と記されていることを見れば、いかに宗像社側に不利な・屈辱的な内容が議論されたかが窺える。敗北が必死の情況の中での交渉であれば、むしろ当然であった。しかし、「強いて仰せ入れらるの間、御同心あり」と、大友方の強硬な姿勢の前に、結局は大友方の提案を丸飲みに受け入れることで、和睦が成立した。宗像社側の重臣の中には、相変わらず毛利氏との提携を模索し、毛利に人質を差し出すことも検討された。例えば、深田氏実・吉田重致らである。結局、はっきりした和睦の条件は不明なのだが、宗像社領の半分を大友方が支配するというような案で落着したのではないかと推量される。

こうして、ともかくもの平穏が戻った。そうこうする内に、大嶋の山中に二疋の猪が現れた。宗像社では、大友方に味方した者が敗れるという奇瑞と考えられた。しかし、翌年の元亀元年（一五七〇）の三月になってもまだ山中をうろついていた。そこで大嶋の第二宮で護摩を焚いたところ自然に現れなくなった。不思議なことであった。

それから国中は無為になり、今、天正六年（一五七八）まで九年の星霜を送った。天正四年（一五七六）、かねがね氏貞自身が願っていた御宝殿の御建立の時がやってきた。近隣の大工の中から、博多津に居住の日高与三右衛門尉（棟上の時、隠岐守に任じた）を選定した。他に小工二〇余人、鍛冶・木導・杣取・瓦師なども集め、材木も調達した。石見の益田から肥前の松浦まで、宗像社の力の及ぶ範囲から槙を集めた。その他入用のものは枚挙にいとまがなかった。費用は反米・船別銭で徴収し、また奉加の輩も多数いた。

御棟上の十日前になると、博多津に廻船が集まり、荷物をまとめた。たまたま強い風波が起こったが、荷物は一つも流れることはなかった。「御神力の光輝は誠に灼か」と言うべきである。こうして準備が整うと、天正五年（一五七七）三月二十三日に、木屋入が行われ工事が開始され、翌天正六年五月二十八日に、工事が完了し、棟上・遷宮の儀式が執り行われることになった。なお、御入目（費用）などの趣きは別の札に記して置くことになった。

たまたま比叡山の仁秀法印が当地に下向していた。氏貞はかねてこの僧を崇敬しており、神道の一流を伝えてもらい、また儀式の際の、加持麗水の役を勤めてもらった。ここに至るまで、幾多の困難があった。無事、宝殿の御造立が成功したのは「神明の擁護」であることは疑いなかった。

そして、最後は、「五十ヶ年以来、諸社の置札など、或いは紛失、或いは混乱の条、後証のため、明細を書き顕わすべきの由、仰せに依り置札、件のごとし」と締めくくった。それは、「天正六年（戊寅）六月朔日」のことで、吉田尚時・豊福秀賀・石松尚宗・小樋秀盛・高向良秀・吉田重致・許斐氏鏡の七人の奉行と筆者実相院益心の計八名が署名し、袖に大宮司氏貞が自ら花押を記したのである。この署名に見られる石松尚宗・実相院益心の二人は大友方との困難な交渉に当たった人物である。また吉田重致は毛利方に人質を差し出そうとした人物である。この長大な置札は、まさにこれら困難を乗り越えて今、社殿の再建を果たした人々の万感の思いを込めて綴られたものなのである。

その文字数二七七〇余文字が、高さ三三・五、幅二〇五・四cmの横長の板の表裏にびっしりと書き込まれている。しかも、そのほとんどは弘治三年（一五五七）の焼失以来、元亀元年（一五七〇）に至る十数年の、この地域の支配を巡る合戦の記録である。何故、このような事柄を木札に書き記したのであろうか。その理由は既に見た通りである。加えて、宗像社と言えば、『古事記』（七一二年）『日本書紀』（七二〇年）に見られる、古い社である。この時点まで既に八百数十年の歳月が流れた。その由緒ある社殿を自分の代に焼失してしまったことは大宮司氏貞にとって、悔やんでも悔やみきれないことだった。たまたま時は戦国時代、この地域も少弐氏の力は衰え、周防の大内氏の力が延びてきた。大内氏が滅ぶと、豊後の大友氏の力が伸びてきた。そして安芸から毛利氏も九州を窺い、両者の合戦が行われた。宗像社・宗像氏も無縁ではなかった。大宮司氏貞自身参戦した。この合戦の帰趨は宗像社・宗像氏の存続も左右したのである。「筆力の及ぶところにあらず」という屈辱的な和睦ではあったが、ともかくも平穏を回復し、社殿を再興した氏貞はじめ社家の人々の喜びは感慨もひとしおのものがあった。

筆舌に尽くせない苦労、それを書けば書くほど長くなるのは当然の結果だった。いや、短いからといってその棟札が記す社殿や堂舎の建立が簡単に達成されたわけではないだろう。どの棟札の背景にも宗像社の社殿再建と同じようなさまざまなドラマがあったはずである。一片の棟札の語る人々の営み、こうしたことを地道に明らかにして行きたいと思う。

二枚目の置札には、棟上げの儀式の様子が詳しく記されている。上棟の儀式は天正五年（一五七七）十一月二十日の申の刻、夕方から執り行われた。先ず大宮司の氏貞、次いで権大宮司の監寿・大方殿様・女中様・御料人様の五人が桟敷に着いた。

棟木には、「挟物（五厚板）、青銅（五千疋）、掛布（五十端）、白布（五十端）、芋（百目）、懸魚（弐懸）、弓弦（絹弐疋）、御幣絹（一疋）、柱巻絹（柱別在之）、瓶子（五具）、大瓶（一双）、餅（弐盆）、竹折敷（四十枚）、日形月形（十弐）、沓形（拾二枚）、木銚子提（一具）、帯（三長三筋）、善縄（左右）、柱本俵（卌四俵、内、塩三俵）」の品々が懸けられ、あるいは供えられた。用途の不明のものもあるが、最初に見た、『真如堂縁起絵巻』の上棟の場面を思い出して頂きたい。そこにも弓・白布・折敷・瓶子などが見えた。

次いで御祝の儀式に入った。鞍を置いた馬一疋、裸馬三疋が奉納された。これも『真如堂縁起絵巻』にも見られた。

次には大工に対しての御礼の儀が執り行われた。大工の苦労に報い、褒美を与え顕彰するというものである。大方殿様・女中様よりそれぞれ、十帖一巻が与えられた。そして、御曹司様よりの一腰五〇〇疋をはじめ奉行各人及び社司官中から、都合一〇腰二〇〇〇疋が与えられた。こうした工事に当たって、やはり大工は別格である。そして木屋において酒宴が催された。この席でまた、大工・鍛冶・引頭・小工らに分に応じ引き出物が与えられた。安芸国厳島神社の遷宮の時もやはり大工以下職人に褒美が与えられていた。

さて、今回の工事のことについてであるが、何よりも先ず材木を搬入し、製材しなくてはならない。その「材導初の事」は、天正四年（一五七六）十月十三日、鎮国寺風呂谷楠より始められ唐人八人が当たった。また横切は近江の住人の平井又三郎が、最後まで勤めることになった。「材導」「横切」の意味はよく分からない、今仮に、材導を木の切り出し、横切を製材と理解しておく。また、釿立の儀は、天正五年二月二日の辰の刻、御神前において、大工、引頭、奉行六人が相いともに勤めた。工事に当たっては各職人の作業小屋が必要だった。番匠木屋（九間四間・二棟）、鍛冶木屋（四間二間・一棟）、贄殿（四間三間、一棟）、木工休所（三間二間・一棟）、御米倉（四間三間、一棟）、瓦師木屋（三間二間・一棟）、絵師・塗師木屋（四間二間・一棟）が建てられた。白壁師はもともとあった木屋を使った。

材木は、本柱と小道具の少々は、筑前の三笠郡・早良郡・那珂郡それから肥前の松浦を大工が見聞し整えた。他にも適当な材を見て回った。厚薄板と柾目の板の三〇〇〇枚、丁長の四万枚は、石見の益田で整えた。ここでも「厚薄板」「丁長」という言葉の意味が分からない。仮に、厚薄板は厚い板と薄い板、丁長は、ちょうど良い長さの板、あるいは柿板と考えておく。

一方、御神殿の基礎工事である土壇のことは、天正三年三月五日に土取りを始めた。鬮によって御池の土を使うことにした。

築石（石垣）の石は、大嶋の岩瀬浦から船で運んだ。

次に「柱揃祝の事」が執り行われた。「柱本俵卅四俵内、塩三俵これに加える、瓶子二具、竹折敷卅四枚、一腰三百疋、大工にこれを遣わす」とある。大工に一腰三〇〇疋が与えられたのだから、やはり工程の中での節目の御祝いの行事であったのだろう。また、「柱本俵卅四俵内、塩三俵」の品目・数量は棟上げの儀式の際の数字に一致する。

次には各職人のことが記される。

棟の瓦師は博多津の中道場の僧金師と小工二人。絵師は博多津の感定入道と小工二人。塗師は京都の関新右衛門尉と小工五人。彼は万細工とも言われ、たまたま博多に居住していた。延べ人数は五四〇人、但しさらに細工人多数が加わった。白壁師は筥崎の日高左衛門大夫と小工四人で、延べ人数は四五〇人であった。彫物のことは御家人の温科吉左衛門尉・石津兵庫允・吉武右馬允・藤原五郎が勤めた。番匠の日数のことは、大工と小工で二六人、延べ七四五六人。但し、さらに多くの手伝いがあった。

博誘のことは、と言っても「博誘」の意味が分からない。仮に透かし塀または竹垣のことと考えておく。これは、芦屋津の桶結七人と筥崎六人の一三人がこれを整えた。金物は周防の山口で調達し、使いには市津惣右衛門尉が出掛けた。

他にも「御木屋取上の事・浦巡人夫の事・木屋の御菜のこと・木屋贄殿加用の事・下使・定夫」のことなどが記され、さらに、上八村郷・田野郷・池田郷・遠賀庄・芦屋津・怒山郷・勝浦村・唐防・津屋崎・宮地郷・大嶋・泊・白浜・内殿郷・本木郷・村山田郷・東郷・河西郷・神輿村・野坂庄・大穂村・曲村・嶺村・久原村・赤間庄・山田村・須恵村・平等寺村・稲元村・河東郷・山口郷・宮永村・稲光村・在木村・室木村・宮田村・長江津留の各村、各浦から大勢の人夫が動員された。これらの村落を一巡すると四〇〇〇余人が動員され、十一巡賦課された。要するに四万四〇〇〇人が動員された。猶、不足の分は給付される百反米ごとに、あるいは田一町ごとに一人の人夫の提供が求められ、この分が二五〇〇余人になった。都合、四万六五〇〇余人の延べ人数の人夫が動員された。他にも海上よりの材木運送の人夫がいたが、余りに多くてもはや記すことはできない。

御造営中の木屋の肴は、蘆屋津・波津浦・大田浦・鐘崎・勝浦浜・津屋崎、大嶋浦が二日に一度これを送った。また搗布（意味不明）は大嶋、上泊、白浜が勤めた。塩は、勝浦村が御用次第に勤めた。鍛冶の炭は、諸郷の百姓ごとに五俵宛一度、二俵宛一度勤めた。全部で一四〇〇余俵。猶、不足分は買って補った、七〇〇余俵である。

竹釘は、諸寺家が負担し、鉄は五十束が必要だった。但し、誂え物の鉄は含まれていない。

御宝殿と道の竹木のことは、領内で適宜見かけたものを採用した。但し、縄萱は政所が用意した。

漆三〇盃は万細工が用意した。一朱六貫目余で、博多津の徳永又右衛門が整えた。膠三荷余・牛粉（胡粉か）五荷・桐油三〇盃も万細工が用意した。白灰一〇駄・杉原二〇束・油二〇盃は白壁師が調えた。白壁に用いる餅粉の用米三石は奉行が準備した。

番匠の作料は、大工が一日に三文宛、小工は一文宛。御領の鍛冶番匠には一日に米六升が支給された。職人が食事の時以外に飲む酒の硯水《けんずい》は、三殿様・鎮国寺をはじめ奉行・社司官中・大工・引頭が提供したが、この他所々より送られたものも沢山あった。

以上、米銀のことは九一〇三貫五〇〇文になった。それは、三回の段米（五升通、弐升四合通、壱升通）、二度の船別銭（丸木一艘に三文宛、一文五分宛の二回。但し、大船は帆別に懸けられた）で賄われた。他にも諸浦からの大小の寄進、諸人の寄進物等、他に諸職人・御懸役の寄進、さらには闕所地（没収地）に隠し置かれていたものも加えられた。

実に広範な負担と作業であった。聊か煩わしかったかも知れない。しかし、お蔭で、天正六年（一五七八）という時点での地方の大きな神社の造営がいかなるものであったのか、おおよその姿を知ることができた。動員された大工・小工は延べ七四五六人、動員された人夫は延べ四六、五〇〇余人である。いかにこの再建が大がかりなものであったかを如実に知ることができた。

なお、難解な用語・難しい言い回しがあって、誤った理解をしているかも知れない点を恐れるが、お教え頂ければ幸いである。

三枚目の置札は、表題に「第一宮御造営寄進引付」とあるように、寄進の額と寄進者名を記した、奉加帳である。総額は、「以上　一貫〇六五文目、　一六四石一斗七升」である。この内、三五〇目は、「白浜沖の瀬寄船の分」で、「但し、御造営中、漂倒船度々これありと雖も、御遷宮の刻、先例に任す。頓《とみ》にかくの如きの儀、不思議なり」とある。漂着船のものは、その船が着岸した土地の領主の処分に任された。それがこの時に限って多数漂着したというのだから、嬉しい限りである。

四枚目の置札には「第一宮御遷宮の事」が記されていた。社殿の造営が完了し、改めて神様が迎え入れられる遷宮の儀式は、天正六年六月朔日の丑の刻から執り行われた。午前二時、深夜である。

大宮司宗像氏貞様・権大宮司塩寿殿様・大方殿様・女中様・御料人様の五人が桟敷に出仕して、儀式は始まった。儀式進行の役割・諸道具・所作は以下のようであった。

一　御麗水　鎮国寺住持　仁秀法印

一　御灯蠟燭　社務様

一　一の御前御輿（飾などこれあり）　前　忌子禰宜宗像朝臣治部大夫千秋

後　護灯　検校　増秀法印

一　二の御前御輿（右に同じ）　前　切手代　良秀法師

後　護灯　検校　良増法師

一　三の御前御輿（右に同じ）　前　高向座主　良秀法師

後　護灯　検校　行元法師

一　従神六体の内　二体　学頭　秀賀法師

二体　検校　良知法師

二体　祝言禰宜藤原朝臣宮内丞貞頼

一　御行幸の間、伎楽これあり。付けたり、御仮殿より御行幸の間、千秋楽、これを奏でる。楽衆は宰府（大宰府）よりこれを招請す。御礼の儀これあり。

一　御百度の御祓い　祈念　左衛門大夫、并びに許斐法者がこれを勤む。

一　大小の続松（松明）　一万千続　諸郷の御百姓これを調う。小続松は万灯と号し、社頭の内外にこれ燃ゆ。大続松は社用、歴々なり。

一　目隠の鷹　参百枚　諸郷の百姓これを調う。御成就の後、殿上奉行これを給わる。

一　幕　　　布数六百端　六帖薦の内にこれを置く。
一　錦　　　卅端、御内陣の御用なり。
一　絹　　　五疋、同じく用いるなり。
一　白布　　拾端、同じく用いるなり。
一　蠟燭　　五十挺、同じく用いるなり。
一　杉原　　六束上中、同じく用いるなり。
一　針　　　五十本、同じく用いるなり。
一　綿　　　一把、同じく用いるなり。
一　糸　　　五百筋、同じく用いるなり。
一　浄莚　　弐束、同じく用いるなり。
一　御畳　　六畳御内陣、廿畳外殿。
一　御簾　　三枚は御内陣、護灯三人の役なり。五枚は外殿、忌子・吉田・高向の役なり。付けたり、その外は殿上衆五人の役なり。但し、糸竹は奉行よりこれを出す。
一　惣宮師の御供　殿上奉行の沙汰なり。御立用の一色舛・五斗は御造営方よりこれを下行す。御幣紙、御遷宮の内よりこれを下行す。付けたり、臨時の御供など数多これあり。
一　竹折敷　九枚十二積、瓶子一具、并びに御盃三、御安座即刻これを奉献す。
一　竹折敷　二枚九積、小樽一つ。鎮国寺御酒肴。
一　餅　　　一盆、瓶子一具、殿上衆裁縫の酒肴。
一　鎮国寺并びに祈念大夫の振る舞い。殿中よりこれを仰せ付けらる。

一　殿上衆裁縫の間の振る舞い。造営方よりこれを勤む。
一　上下の社官、座役これあり。造営方よりこれを下行す。
一　御湯立　　祈念大夫これを勤む。御立用は御造営方よりこれを下行す。
一　御能　十番、翁亀石大夫弥左衛門尉これを勤む。御家人衆少々、これに相い添えらる。脇能は養老。
一　社家長久の御懇祈と云い、右、御成就の御満足と云い、これにより、御重代の御剣、備前景光・二尺八寸・金物・赤銅御紋、唐菱、当日、御随身あり。これを御奉納す。
一　御桟敷　　十二間　　高桟敷なり。
一　大方殿様　御桟敷　　八間　　高桟敷なり。
一　女中様　　御桟敷　　八間　　高桟敷なり。
一　三ヶ等并びに老若の桟敷　　銘々にこれあり。
一　上司官、拝殿に伺候す。
そして、最後に年月日、七人の奉行の名、最末に「筆者　実相院　益心（花押）」とある。

以上、天正六年の宗像大社の社殿再建に関わる四枚の置札は、社殿の炎上焼失から復興までの経緯を記した札、上棟の儀式を記した札、寄進者名簿、そして遷宮の儀式の札の四枚から成り立っていたのである。この内のどれか一枚だけが建築に関わることを記した、つまり棟札で、他はそれを補うものというものではなかろう。それぞれが置札であり、かつ四枚揃って一点なのである。ただ、果たしてこの場合は、本当に棟札の名称が相応しいのだろうか。札自身の記す「置札」という名称から考えて、この四枚の木札は、そのまま社殿に恭《うやうや》しく置かれた可能性も高い。社殿の中にどのように置かれ今日まで伝えられてきたのか、知りたい部分である。

また『歴博報告』は、「第一宮御宝殿天正六年○○置札」と命名し、「○○」の部分にそれぞれ、「新造」(No.1)「御棟上」(No.2)「造営」(No.3)「遷宮」(No.4)の語を挿入した名称を付与している。勿論、この命名法もある。また、「第一宮御宝殿天正六年再建置札(○○)」と、四枚に共通する名称を与え、「(○○)」の部分に個々を特定する内容を示す方法もあるだろう。個々の棟札を特定しうる命名法の検討も今後の課題である。

なお、建築に関わるものであるという観点から言えば、設計図、つまり指図(差図)はどうなっていたのだろう。徳島県の丈六寺の「僧堂享和二年(一八〇二)新建棟札」(同寺No.17、四国編一七八頁)の裏面に、ごく簡単ながら平面図が示され、「僧堂指図、大概かくの如し」とあったことは、先にも見た。

他に、島根県の佐太神社の「貞享四年(一六八七)建立棟札」(同社No.1、中国編三六頁)には、「愚意存じ寄せの指図の趣き、相い究むべきの旨、御家臣村松氏より、申し渡さる。則ち、翌月、御奉行役人など御儀定あり。御材木寄せ、そのほか諸色、御用意あって、漸く、貞享四丁卯三月七日吉日たるに依って、御釿始め、同六月五日御柱立、日を追って御棟上げに至りおわんぬ」とある。考えてみれば当然のことである。設計図があってはじめて、どのくらい材木が必要なのか、どのくらいの物品が必要なのかが分かるのである。そして、この佐太神社の工事では最初に大工の竹内宇兵衛に指図の作成が命じられたのである。そして無事工事が達成された暁、大工の竹内宇兵衛は万感の思いを込めて、「古今に品の指図、末代永々のため、現置するものなり」と記したのである。『歴博報告』の備考には、「貞享四年指図板(竹内宇兵衛御指図板)もある」と注記がある。この棟札は大工が奉納した棟札で、同時に設計図も付いていたのである。こうした事例は、『歴博報告』には他に見られないが、建築ということの性格を考えれば、まだ他にもあった可能性が高い。これもまぎれもなく組(セット)の棟札で、今後の調査・研究に俟ちたい。

第四章　棟札の価値

一　式年遷宮の棟札

長野県大町市に仁科神明宮という神社がある。「仁科御厨鎮護の社であった仁科神明宮には、現在まで永和二年（一三七六）以降、二〇年に一度の式年造営（社殿造営）ごとに納められた棟札が、一枚も欠さずに残されており、安政三年（一八五六）までの二七枚が、国の重要文化財に指定されている」（『大町市史　第二巻』二五八頁、大町市史編纂委員会、昭和六〇年）。「仁科神明宮はいつのころからか二〇年ごとの式年造営を欠かすことなく行い、その度ごとに記された棟札が永和二年（一三七六）のものを最古として、三三枚保存されており、そのうち江戸時代末までの二七枚が重要文化財に指定されている。棟札には式年造営の奉仕者をはじめとして、奉行人や大小工をはじめとする職人名、用材の伐り出しから遷宮にいたるまでの日時、作料などが詳しく記されており、造営関係のことはもちろん、さまざまな立場からする貴重な史料である」（前書四六一頁）。

これほど、見事に式年遷宮の記録を伝える棟札は、他に例を見ない。永和二年（一三七六）から安政三年（一八五六）まで、実に四八〇年間の時の流れがある。この五〇〇年間、一度も欠けることなく、また一・二年のずれもなく式年遷宮が達成されてきたというのは驚異という他ない。

ところが、この棟札は何故か『歴博報告』には掲載されていない。『歴博報告』は「社寺の国宝・重文建造物

等　棟札銘文集成」と銘打っている。にも関わらず、この重要文化財に指定された棟札が落ちているのである。棟札はこれまで建築史に関心をもつ人々によって興味をもたれ調査されてきた経緯がある。そして、建造物が国宝や重要文化財に指定される際、その建造物の「付」（つけたり）として保護が図られてきたものも多い。『歴博報告』が取り上げた棟札の中には、そうした保護が図られる事前の調査で発見されたり、また建物の解体修理の際に発見されたものも少なくないのである。一方、この仁科神明宮の棟札は、同じく重要文化財に指定されているのであるが、「書跡」の項目で指定されているのである。このために『歴博報告』は、ついうっかり掲載を漏らしたのであろう。ここでは、『大町市史　第二巻』および『中世の棟札』（横浜市歴史博物館、二〇〇二年）によって、見て行きたい。

【表17：仁科神明宮棟札一覧】

No.	年　代	西暦	造営奉仕者
1	永和 2	1376	仁科弾正少弼平盛国
2	応永 3	1396	仁科孫三郎盛房
3	応永23	1416	仁科弾正少弼平盛房
4	永享 8	1436	仁科孫三郎平持盛
5	康正 2	1456	仁科弾正少弼平持盛
6	文明 8	1476	仁科弾正少弼平盛直
7	明応 5	1496	仁科孫三郎平明盛
8	永正13	1516	仁科孫三郎平盛国
9	天文 5	1536	仁科孫三郎平盛能
10	弘治 2	1556	仁科修理亮盛康
11	天正 4	1576	仁科五郎盛信
12	文禄 5	1596	石川三長
13～15	元和 2	1616	小笠原忠政（3 枚）
16	寛永13	1636	松平直政
17	明暦 2	1656	水野忠職
18	延宝 4	1676	水野忠直
19	元禄 9	1696	水野忠直
20	享保元	1716	水野忠周
21	元文元	1736	戸田光雄
22	宝暦 6	1756	戸田光雄
23	安永 5	1776	戸田光悌
24	寛政 8	1796	戸田光行
25	文化13	1816	戸田光年
26	天保 8	1836	戸田光年
27	安政 3	1856	戸田光則
28	明治11	1878	
29	明治32	1899	
30	大正 8	1919	
31	昭和14	1939	
32	昭和34	1959	
33	昭和54	1979	

注：『大町市史　第二巻』（昭和60年）112頁より作成

【図2】長野県・仁科神明宮「天照大神宮宝殿永和二年造営棟札」（『中世の棟札　神と仏と人々の信仰』横浜市歴史博物館、二〇〇二年、六二頁）

［表］

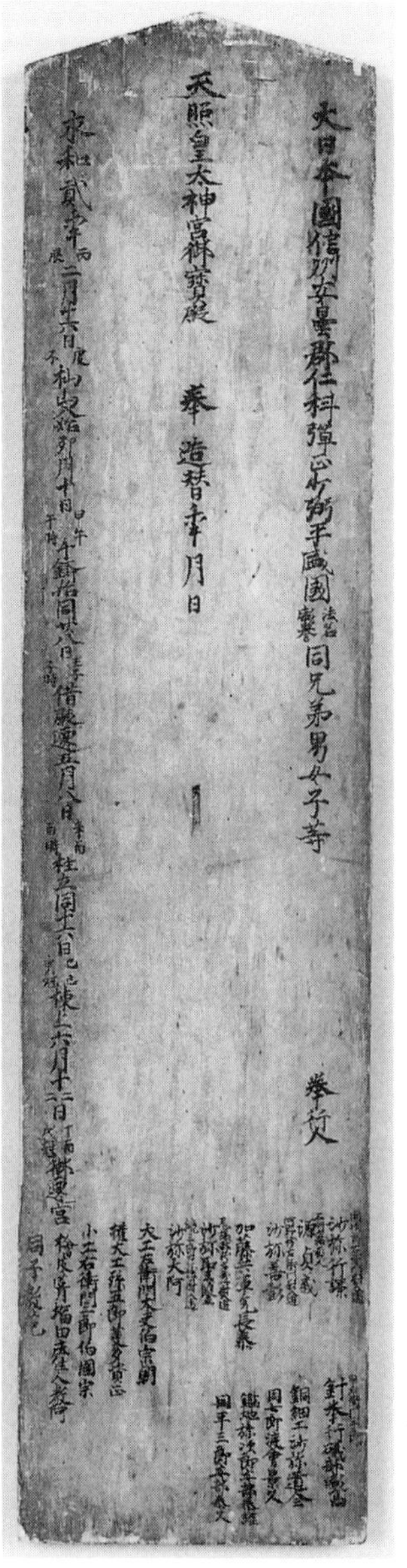

［裏］

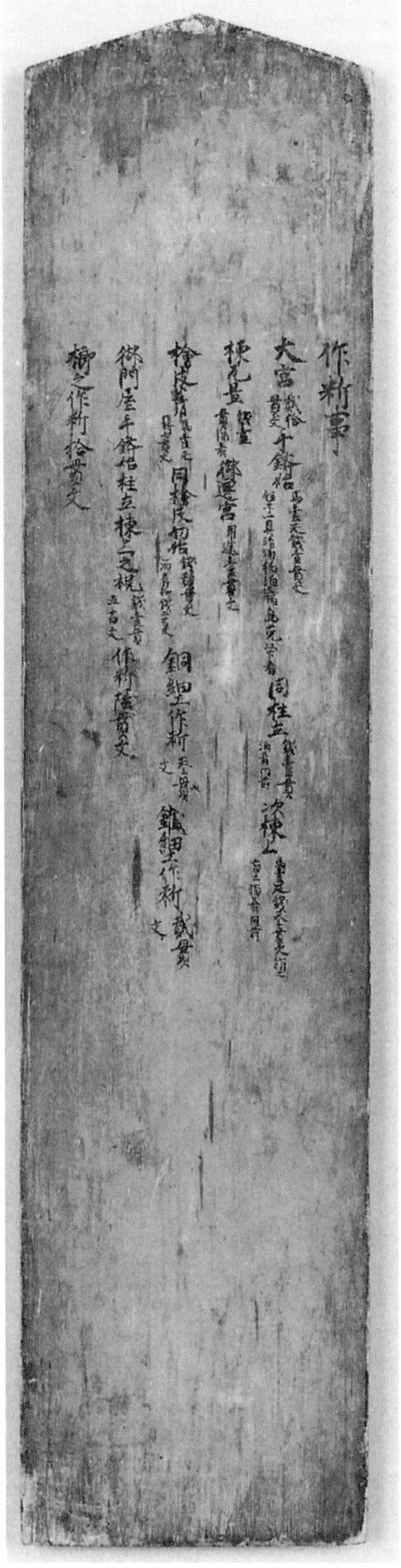

【史料46】長野県・仁科神明宮「天照大神宮宝殿永和二年造営棟札」（同前六二三頁）

［表］

大日本国信州安曇郡仁科弾正少弼平盛国法名盛誉同兄弟男女子等

天照皇太神宮御宝殿　奉　造替季月日

永和弐季丙辰二月十六日庚子杣山入始卯月十日甲子午時手鐇始同廿八日壬子子時借殿遷五月八日辛酉酉時柱立同十六日己巳申剋棟上六月十二日丁酉戌剋御遷宮

奉行人

関次郎左衛門尉入道　沙弥行謙
石河少輔蔵人　源　貞義
河野新左衛門尉入道　沙弥善彭
加藤兵庫允長泰
尾張部新左衛門尉入道　沙弥聖鑑
鏡三郎左衛門尉入道　沙弥大阿

関左衛門三郎　針奉行磯部盛高
銅細工沙弥道全
同七郎渡会景久
鑑地弥次郎安部泰経
同平三郎安部泰久

大工左衛門大夫伯宗朝
権大工孫五郎菨（ママ）多資宗
小工右衛門三郎伯国宗
桧皮葺塩田庄住人教阿
同子教花

［裏］

作料事

大宮弐拾貫文　手鐇始馬壱疋銭壱貫文瓶子一具清酒桶酒三桶鳥兎以下肴　同柱立銭壱貫酒肴同前　次棟上馬壱疋銭三貫文絹二布二酒肴同前

棟瓦置銭壱貫酒肴　御遷宮用途壱貫文

桧皮葺馬壱疋作料七貫文　同桧皮切始銭弐貫文酒肴料銭二百文　銅細工作料三貫文　鉄細工作料弐貫文

御門屋手鐇始柱立棟上之祝銭壱貫五百文　作料六貫文

榔之作料拾貫文

まずはそのうちの一枚、永和二年（一三七六）六月一四日の「天照皇大神宮宝殿造営棟札」から見て行こう。表面の中央上部から、「天照皇太神宮御宝殿　奉造替　季　月　日」と主文が記される。その右側には、「大日本国信州安曇郡仁科弾正少弼平盛国法名盛誉同兄弟男女子等」とある。また左側には、「永和弐季丙辰二月十六日庚子杣山入始、卯月十日甲子午時手斧始、同廿八日壬子子時借殿遷、五月八日辛酉酉時柱立、同十六日己巳申剋棟上、六月十二日丁酉戌剋御遷宮」と工事の節目の儀式の日時が記される。「六月十二日」は「六月十四日」である。そして棟札の下部に奉行人関行謙・石河貞義・河野善彭・加藤長泰・尾張部聖鑒・鏡大阿、さらに大工伯宗朝・権大工資宗・小工国宗・檜皮葺教阿・同子教花、針奉行磯部（関）盛高・銅細工道全・同景久・鑑地安部泰経・同安部泰久の奉行や職人の名が記される。なお、「針」は「釘」、また「鑑地」は、本来は銅と錫の合金で象られたものであるが、ここでは「鍛冶」を指すものと思われる。

次に裏面には「作料事」として、各工程の費用と手斧始め・柱立・遷宮などの節目の儀式の費用とが記される。「大宮、二十貫文。手斧始、馬一疋、銭一貫文、瓶子一具、清酒桶酒三桶、鳥兎以下肴。同柱立、銭一貫文、酒肴同前。次棟上、馬一疋、銭三貫文、絹二布、二酒肴同前。棟瓦置、銭一貫、酒肴。御遷宮、用途一貫文。檜皮葺、馬一疋、作料七貫文。同檜皮切始、銭二貫文、酒肴料銭二百文。銅細工作料、三貫文。鉄細工作料、二貫文。御門屋手斧始・柱立・棟上の祝、銭一貫五百文。作料六貫文。榔の作料十貫文」。

まさに『大町市史』が記すように、式年造営の奉仕者・奉行人や職人の名、節目の儀式の日時、作料などが詳しく記されており、さまざまな立場からの考察の対象となりうる貴重な史料である。そして『大町市史』はこの地域の領主であった仁科氏の歴代の当主を系図と棟札に記載された人名とを比較したり、職人の系譜や消長を追跡したりする。例えば大工・権大工・小工については、一志茂樹の『仁科氏文化研究』を引いて、永和二年以前は伯氏独占期、永和二年から永享八年までは、大工と小工が伯氏、権大工は英田氏、明応二年から天文五年までは伯氏の独占期、弘治年間から天正四年までは金原氏が勤めたというような考察を行っている。

この棟札の型式は最初の棟札から一貫して同じ書式が踏襲されている。漸く変化の兆しを見せるのは、ちょうど一〇枚目の弘治二年（一五五六）の棟札である。ここでも棟札の書式自体は同じなのであるが、その裏面に「ここもと弓矢に就き神役調えざるが故に、六月十四日の御遷宮を八月一日御遷宮なり」の注記が見られる。実にここまで一八〇年間の長きに渡って一貫して遷宮の儀式も六月十四日に行われて来たのである。そして次の一一枚目の天正四年（一五七六）の棟札が仁科氏の名を記した最後の棟札になるのであるが、実はこの仁科五郎盛信も武田信玄の子であった。しかしなお、仁科氏の名跡を継いだ中での造替の執行であり、その棟札の書式が大きく異なることはなかった。一二枚目の文禄五年（一五九六）のものは松本に入った石川三長（康長）のもので、なお、全体的には当初の書式が踏襲されるが、裏面に「助成の衆」多数の名が記されるようになる変化があった。以後、水野氏・戸田氏と、領国主は交代したが、仁科神明宮の造替は引き続き行われ、一九世紀半ばまで、確実に二〇年ごとの造替を繰り返した。明治期の二回の造替が、二〇年というサイクルをやや外れるが、その後、今日までまた二〇年の周期で式年遷宮が続くのである。その間、何と六〇〇余年である。

支配者の交代、その遷宮を挙行したその土地の有力者の人名比定、職人の系譜やあり方などは、棟札を歴史史料として活用するとき、最初に語られる事柄である。勿論、棟札は修造の記録の側面をもち、これらの考察にこそ向いている史料である。従って、それらの関心から棟札が活用されるのは当然のことである。しかし、その前に、六〇〇年間も変わることなく行われてきた、その意味こそが最初に語られる必要があるのではないだろうか。歴史は時間の経過と共に変化する人々の営みの原因・経過・結果を探ることを大きな目的としている。ついつい変化の方に目が向く。しかし、変化しないもの、変わらないものも時にはあるのである。この仁科神明宮の棟札を例に取れば、支配者が誰であろうとも、この神明宮の式年遷宮は執り行う必要があったということ、これ無しではこの地域を安定して支配することは出来なかった。またこの神社を信仰の対象にした人々の立場から言えば、支配者が誰であろうとも、引き続きこの社を拝め、この社に祈りを捧げるのであり、先ず社殿を維持・修造することが大切な事柄であったということである。勿論、支配者の交代や興亡も歴史である。ただ、その前に支配者の交代に関わりなく営み続けられる人々の日々の暮らし、その中での徐々なる確実な変化、これを解き明かすことこそが重要な課題なのではないだろうか。たった三三枚の棟札は、積み重ねれば一立方mに満たないほどの量だろう。しかし、そこには六〇〇年の重みが詰まっているのである。

ところで、これ程長期にわたって二〇年ごとの式年遷宮が行われたことが分かる棟札は、この仁科神明宮の事例をおいて他には認められない。他にも数百年来の棟札を伝える社寺は多くある。にも関わらず二〇年ごとという明瞭な周期は認められない。それはこの仁科神明宮の棟札にも「ここもと弓矢に就き神役調えざるが故に」とあったように、戦乱や自然の災害など幾多の困難が常に存在していたからである。そうであるからこそ、人々は社寺を造営修理し、神仏に祈りを捧げたのである。こうした中、六〇〇年の長きにわたって連綿と式年遷宮を続けることが出来たのは、まさに幸運と努力の賜物であろう。

二　書式の変遷——不定期の遷宮

(1)茨城県の十二所大明神の棟札

茨城県の十二所大明神の棟札は、『歴博報告』には一六点が報告されている（関東編一五～二〇頁）。そのおよそを表にしたのが、【表18：茨城県・十二所大明神の棟札　全一六点】である。この表のNo.1・2・3・4・5、

【表18：茨城県・十二所大明神の棟札　全一六点】

No.	西暦	主文など	檀那・願主など
1	一四七二	(表)　封　聖主天中天　迦陵頻伽声 卍　文明四年壬辰三月廿七日遷宮了 封　哀愍衆生者　我等今敬礼 (裏)　前季之覚ハ無御座候	(表)大旦那源越前守義種・大旦那掃部助清貞・取持旦那道秀・大工本田三郎左衛門重義・当村各々同心敬白
2	一四九二	(表)　封　諸仏救世者　住於大神通 封　延徳四年壬子二月十二日 封　為悦衆生故　現無量神力 (裏)　文明四年壬辰従延徳四季壬子迄二十一年	(表)旦那蔵助守胤・大工本田三郎衛門重善・当村各々敬白
3	一五二五	(表)　封　聖主天中天　迦陵頻伽声 卍　封　大永五年乙酉九月二十六日遷宮了 封　哀愍衆生者　我等今敬礼 (裏)　延徳四季壬子従大永五年乙酉迄三十三暦	(表)本願弘鑁海継・大旦那平朝臣白土右馬助高真・取持斎藤隼人佐守重・大工本田十郎左衛門・小旦那大野村住人各々同心　敬白
4	一五五〇	(表)　封　聖主天中天　迦陵頻伽声 卍　封　天文十九年庚戌卯月吉日遷宮了 封 (裏)　大永五年乙酉従　天文十九年庚戌迄廿五季	(表)本願権大僧都海継小聖宥栄・大旦那源朝臣義顕・取持旦那斎藤守重日向守・大工本田八郎衛門・小旦那大野村住人各々同心　敬白
5	一五八〇	(表)　天正八年庚辰三月四日 (裏)　記載無し	(表)大旦那斎藤豊後守兼守・本願別当泉福院
6	一五八三	(表)　(梵)奉造立十二所大明神鳥居棟積之事 (裏)　時　天正十一季癸未二月五日	(表)本願当社之一子也・大旦那濟藤豊後守忠守 (裏)大工奈良兵部少輔・菊池・物而当郷皆々助力

7	一六〇〇	(表)封 聖主天中天 迦陵頻伽声 卍封 奉上葺成就遷宮畢 慶長五年庚子十一月四日 封 哀愍衆生者 我等今敬礼 (裏)天正八季庚辰従慶長五年庚子迄二十年	(表)本願・大旦那和田安房守・并大野村旦那 敬白
8	一六一二	(表)慶長十七年壬子暦 聖主天中天 迦陵頻伽声 (梵)奉爾奥御社上葺現世安穏後生善処 哀愍衆生者 我等今敬礼 終春吉祥日 小施主益子小僧麿 (裏)慶長五暦庚子従慶長十七季壬子迄拾弐年	(表)大旦那益子弥右衛門兼家・大工菊池土佐守・願主泉福院・同等覚院・小工対馬掃部門・小旦那十方合力郷中一結
9	一六三七	(表)寛永十四丁丑天 聖主天中天 迦陵頻伽声 (梵)奉爾奥御社上葺現世安穏後生善処 哀愍衆生者 我等今敬礼 二月吉祥日 (裏)慶長十七暦壬子従寛永十四季丁丑迄二十五年	(表)法印宥範遷宮之／大旦那益子和泉守兼継家・同金沢新衛門・同鴨志田与衛門・願主東覚院・同大光院・大工常念・小工宝円坊・同七郎左衛門・鍛冶掃部左衛門・小旦那十方合力郷中一結
10	一六九九	(表)元禄十二己卯 聖主天中天 迦陵頻伽声 (梵)奉爾奥御社上葺現世安穏□主善之攸 哀愍衆生者 我等今敬礼 十一月吉祥□ (裏)元禄十二己卯天十一月吉日	(表)本願別当宝童院泉月坊・小旦那郷中敬白、権大僧都法印栄善遷宮之／大野村大那鴨志田五郎兵右衛・柏藤兵右衛・飯村次郎右衛門・井坂次郎右衛／大生瀬村大工棟梁庄三郎・大野村小工六之丞 (裏)別当泉月坊・別当法印栄善遷宮欽白

11	一七三二	(表) 封　聖主天中天 迦陵頻伽声 (梵)奉修覆十二所大明　社頭高営処 哀愍衆生者 封　我等今敬礼	(表)寺社奉行所・別当職掌宝憧院・大工次左衛門・木挽六兵衛・屋根屋半衛門
		(裏) 享保十七壬子歳・十一月廿五日	(裏)常蓮院・修本院・妙蓮院
12	一七五二	(表) 封　諸仏救世者　願以此功徳 住於大神通　不及於一切 (梵)□　奉修覆十二所大明神社頭高営百穀豊登祈所 為悦衆生故　我等興衆生 封　現無量神通　皆共成仏道 宝暦二壬申二月吉祥日	(表)大主・従三位宰相源宗翰公・導師別当職掌宝憧院祐山／宝暦二壬申二月吉祥日／寺社奉行武藤林右衛門・門奈三右衛門・万覚院・観照院・常蓮院・神力院・大寿院・東学院
		(裏) (梵)	(裏)大野邑下郷庄屋斎藤七右衛門・組頭同名三郎衛門・同鴨志田嘉惣治・同石井伝右衛門・同飯村次左衛門・同村上郷庄屋鴨志田林之衛門・組頭斎藤軍蔵・同斎藤忠衛門・同鴨志田五兵衛・同藤田喜太衛門
13	一七六四	(表) 宝暦拾四甲申年 奉奇進十二処大明御鳥居氏子繁昌如意祈処	(表)宝憧院尊秀修之・堀之内下組中組一結
		(裏) 富田小平太 寺社奉行 芦川一平 二月十一日通□□□	(裏)本山金弐分弐朱・大工金壱両二分／市郎兵衛・藤次衛門・清蔵・幸八
14	一七七四	(表) 安永三甲午年 (梵)奉爾興十二所大明神社頭光栄祈所 十二月吉祥日	(表)別当職掌要人宥永

		(裏) (梵)	(裏)大野下郷兼庄屋斎藤与五衛門・組頭和田惣十・石井利十・鴨志田文左衛門・斎藤八太郎・同上郷庄屋藤田喜太衛門・同佐市・鴨志田儀十・斎藤兵次郎
15	一七九三	(表)寸　諸仏救世者　住於大神通 (梵)奉遷十二所大明神□……□社頭光栄村邑安平祈処 圭　為悦衆生故　現無量神力 (裏)　寛政五癸丑歳 (梵)　十一月大吉辰	(表)導師常蓮院・別当宝憧院 □……□に「一天光輝・穀稼豊衍」割注 (裏)大野邑兼職庄屋斎藤甚之衛門・組頭斎藤忠八・柏庄兵右衛・鴨志田常右衛門・藤田新蔵・鴨志田嘉惣治・斎藤栄治衛門・飯村藤治平・中川五郎兵衛
16	一八二一	(表)寸　諸仏救世者　住於大神通 (梵)奉遷宮十二所大明神□……□社頭光栄村邑安平祈処 圭　為悦衆生故　現無量神力 (裏)　文政四巳年 (梵)　三月大吉旦	(表)導師勝蔵院・別当宝憧院 □……□に「一天光輝・穀稼豊衍」割注 (裏)大野下郷兼職庄屋斎藤半三郎・組頭斎藤庄治衛門・同石井佐助・下組中組寺嶋利左衛門・同上郷兼職庄屋菊池惣治衛門・組頭藤田伊衛門・同鴨志田助三郎・同斎藤善三郎・同斎藤善右衛門

および№7・8・9・10の九点は大変良く似通っている。№6の棟札はいささか書式を異にする。この棟札は鳥居の棟札だからである。№5までの五点は、中央行に年月日および遷宮の事実を記し、その両脇には「聖主天中天　哀愍衆生者　迦陵頻伽声　我等今敬礼」の偈を左右に記している。№2のみ、偈が異なる。そして、偈につづくその両脇或いは下部に大檀那・願主・大工・村人らの人名を記しているのである。

次に裏面を見ると、№1には、「前季の覚えは御座なく候」とあり、№2には、「文明四年壬辰より延徳四季壬子まで二十一年」とある。以後、№9まで、№5を除き、前の棟札から、今回の棟札までの年数が、それぞれ、

「三十三暦・廿五季・二十年・拾弐年・二十五年」と記されている。この記載が棟札製作当事のものか、後日の追筆かは今、判定できる材料を持ち合わせていない。仮に棟札作成当事の記載とすれば、No.1に「前季の覚えは御座なく候」とあるので、この以前のこの社の造営については、当面、確かな記録は存在しないことになる。しかし、この現存最古の棟札にも「遷宮」とあるので、神社自体はさらに遡る可能性もある。さて、これ以降は、見事に前の棟札を踏襲している。それは、書式の整った様から明らかである。仮に追筆と考えた場合には、No.9の寛永十四年の棟札まで、本来は裏面が使用されなかったことになろう。

この書式が少しの変化を見せるのは、No.7の慶長五年の棟札からである。中央の主文が「奉……」と記されるようになる。そして、年月日の記載はNo.7では、その下につづいて記されるが、No.8・9・10では、主文と偈の両脇に記される。

No.10～13は過渡期のもので、No.11は、No.10をおおよそ踏襲するが、No.12は、この一連の棟札の中では異質な書きぶりになっている。No.13は鳥居の棟札なので、均質には比較できない。そして、No.14・15・16は再び整った形になる。なお、No.14では年月日が表面に、No.15・16では裏面にという変化がある。さて、No.9（寛永十四年）以前とNo.14（安永三年）以後との最大の相異は、裏面の記載法である。即ち、No.14以後の三枚は、村の指導層の名を裏面に記す。それに対し、No.9以前の棟札は基本的には裏面を使用していないのである。では、No.9以前の棟札に記された人々は、と思って見ると、そこには「大旦那源越前守義種・大旦那平朝臣白土右馬助高真・大旦那源朝臣義顕」など、武士と思しき人名が記されている。そして「取持斎藤隼人佐守重・取持旦那斎藤守重日向守」などの名も見える。この「取持」の斎藤が、No.14以降に見られる「庄屋」の斎藤と系譜的に繋がるのであろうか。こうした武士と思しき人名表記がはっきり見られるのは、No.9（寛永十四年）までで、以後は不明瞭になる。そしてNo.10（元禄十二年）以降、村の指導層の名が記されるようになり、ついで裏面に記されるようになるのである。

なお、修造の間隔は二〇・三三・二五・三〇・二〇・一二・二五・六二・三三・二〇・二二・一九・二八年で都合三四九年間で一三回になる。平均二六・八年に一回の割合で修理が行われたことになる。なお№9（寛永十四年）と№10（元禄十二年）の間が六二年間と大きく飛ぶので、この間にもう一度か二度の修理があったかもしれない。実際、№9までは、前の棟札との間隔の年数が記されていた。しかし、№10の棟札には、この前の棟札との間隔が記されていないのである。この間に一・二回の修復が行われたと考えれば、二四・九年もしくは二三・三年に一度の修理が行われたことになる。確実に二〇年ごとであったわけではないが、ほぼ定期的に修造・遷宮が行われたのである。

（2）宮崎県の巨田神社の棟札

宮崎県の巨田神社の棟札は、二三枚が『歴博報告』に紹介されている（摂社の棟札三〇枚は省略、九州編三六三〜三七四頁）。古い順に一〇点の書式を抽出したのが【表19：宮城県・巨田神社の棟札】である。表中の№は古い順に付した番号で、（　）で括った№が『歴博報告』の№である。

一五世紀および一六世紀はじめの三点は、中央上部に「上棟……」と主文を記し、次に「右意趣は……」と、目的や祈願内容が二行もしくは三行で書かれる。次に年月日が記され、その左右および下部に檀那・願主・職人の名が記されている。この三点の書式は同じと言って良い。

一六世紀末の文禄五年の棟札にはじめて、「聖主天中天　迦陵頻伽声　哀愍衆生者　我等今敬礼」の偈が見られる。ここでは偈は四行で主文と年月日の中間に挿入されている。お蔭で意趣文を書くスペースがなくなった。また、中段が左右に拡がるこのスタイルはなんとなく落ち着かない。一七世紀に入ると、四行の偈が上段に移動し、最初の型式の上部に偈が載る形になる。ところが今度は年月日や関係者名を書くのが窮屈になった。一部の人名などが裏面に廻される。

【表19：宮崎県・巨田神社の棟札】

№	西暦	銘文
1(1)	1448	右志者金輪聖皇天長地久御願円満国土豊饒　別当当大宮司彦六　鎮治大蔵吉満妙濤禅尼（月途壱貫文・布一） 上棟奉修造巨田八幡宮　□　文安五年（大才戊辰）十一月八日安養寺良空　大願主守院弓削則本（敬白） 殊者信心大檀那当御領主藤原祐賀并大願主御代官平則本　大工大行五行小工森吉小工五行太郎同左兵二郎小工五郎
2(23)	1461	右意趣者奉為天長地久御願円満殊者信心之　大檀那藤原祐賀并女大施主御子孫繁栄代官平則本 上棟奉建立新宮御社一宇再興　寛正二年（辛巳）十一月十三日 大宮司権大僧都并大工藤原宗忠小大工同守吉　鍛冶同吉満各心中祈願皆令満足故也敬白
3(02)	1508	右意趣者奉為天長地久御願円満殊者　大工藤原宗重 □　上棟奉再興巨田八幡宮　信心大檀那藤原尹祐御息災延命　永正五年（戊辰）九月八日　御代官田部長親　□　小工　森年 御子孫繁昌国土豊饒武運長久如意吉祥故也　大宮司則周　鍛冶　吉家
4(03)	1550	天文拾九年　悉皆成就本願敬白 巨田八幡宮再興本願行蔵坊 二月廿三日　子番菊若丸 （裏）為後生前世也
5(04)	1596	△上棟奉再興田嶋庄巨田八幡宮社檀一宇　□ 人人人 聖主天中天　大檀那大梵天王 人人人　大檀那藤原　当地頭藤原頼直当代官徳田大助 迦陵頻伽声 人人人　文禄五年（歳次丙辰）霜月十六日　藤原重正　…以下略… 哀愍衆生者 大願主帝釈天王　人人人　忠豊朝臣　当代官司大坊　同平宗仁 我等今敬礼 人人人
6(05)	1613	右再興意趣者為護持信心大施主 聖主天中天 大檀那大梵天王　藤原朝臣嶋津忠興公武運長久息災 迦陵頻伽声 △　奉造立巨田八幡宮御宝殿一宇　延命城内吉祥領内安全万民豊饒　（裏）奉行の名ほか 哀愍衆生者 大願主帝釈天王　一々心中御願皆令満足而已仍成弁旨如斯 我等今敬礼 于時慶長十八年癸丑八月吉祥日

7(06)	8(07)	09(08)	10(09)
1618	1639	1657	1677
封　△　封 聖主天中天 迦陵頻伽声 哀愍衆生者 我等今敬礼 大檀那大梵天王　右再興意趣者為護持信心大檀那藤原朝臣　大宮司　蔵□　大工 奉再興八幡宮御宝殿一宇　嶋津右馬頭殿忠興様武運長久息災延命　（裏）　奉行衆春成彦兵衛殿 大願主帝釈天王　一々御心中令望満足故于時元和四年戊午三月十九日　正祝子　外記　小工	封　△　封 聖主天中天 迦陵頻伽声 哀愍衆生者 我等今敬礼 大檀那大梵天王　同氏鶴千代 奉再興八幡宮御宝殿一宇　藤原朝臣嶋津万寿公 大願主帝釈天王　同氏山伏 伊集院新右衛門尉忠利 伊集院三右衛門尉忠貞 寛永十六年己卯極月吉日　（裏）奉行の名ほか 松木左門清長 椛山左京進久主	封　封 聖主天中天　迦陵頻伽声　大檀那大梵天王 奉再興巨田八幡宮御宝殿一宇 哀愍衆生者　我等今敬礼　大願主帝釈天王 右再興之意趣者為護持信心之大檀那久雄公　椛山清右衛門殿 御息災延命御子孫繁昌家中安全一一　地頭伊集院三右衛門殿 如意満足之故也藤原朝臣　久寧　松木主馬丞殿　（裏）人名（7名） 仍再興如斯期皆令満足万寿様　久迠　宇宿吉左衛門殿 明暦三年丁酉三月吉祥日　再興御奉行村上三大夫殿	聖主天中天　迦陵頻伽声　大檀那大梵天王 奉再興八幡宮御宝殿一宇 哀愍衆生者　我等今敬礼　大願主帝釈天王 右意趣者護持信心大檀那藤原朝臣久寿公　御家老　（裏） 嶋津万吉公息災延命御武運長久　椛山左京殿　延宝五年丁巳 松木左門殿 御子孫繁昌殿中堅固家中安全五穀　町田弥次右衛門殿　十月吉辰 成就一一願望成弁故也仍再興如斯　酒匂源左衛門殿　他に奉行などの名

一七世紀の後半、偈は主文の両脇に二行で記されるようになる。関係者名は書けるところまでを表面に、続きは裏面に記された。表19には省いたが、一八世紀にはいると、関係者名は、御家老・寺社奉行・普請奉行、そして神官および大工の四段に整然と整理されてすべて表面に記され、檀那・願主・年月日は中段の意趣分の中に書き込まれた。さらに一九世紀に入ると関係者名は裏面に廻された。なお、微細な相異や、異なるものもあるが、以上六回の書式の変化は見事である。ここでの特徴の第一は、最初からとても整った書式で、この基本的な書式

は踏襲されつつ、時代によって少しずつ書き方が変化したことである。

巨田神社の上棟・造立・再興などを伝える棟札二三枚は同一年に複数枚のものもあり、結局、一四四八・一六四一・一五〇八・一五五〇・一五九六・一六一三・一六一八・一六三九・一六五七・一六七七・一六九五・一七一一・一七二七・一七四五・一七六三・一七七七・一七九七・一八一四・一八三一・一八五七の各年に行われた。一四四八年から一八五七年までの四〇九年間に二〇回である。平均すれば、二〇・五年に一回、建て替えや修理が行われたのであった。

三　事件・事象を記した棟札

地震・雷・火事・親父、長い間この国で最も恐れられたのは地震だった。実際その被害は大きかった。その結果、棟札にも何回か登場する。

岩手県稗貫郡大迫町の早池峰神社では、慶長十五年から同十七年まで三ヶ年の歳月をかけて舞殿・客殿など六つの建物が造立された。その中間の慶長十六年（一六一一）大きな地震に見舞われた。「慶長十六年九月廿八日、大ナイユリ、海辺の人民皆死スル也」（早池峰神社No.1、東北編六三頁）と棟札に記されている。たまたま、『徳川実紀』はこの年の八月の会津地震を次のように記している。「この日会津より注進ありしは、この十三日かの地大地震あり。蒲生飛騨守秀行が城郭を始め、その辺の山崩れ、四万石の地陥り、湖水湧き出、男女死亡二千七百余人に至りしとぞ」（慶長十六年八月廿五日条）と。この年八月十三日会津地方に大きな地震があったのである。しかし、福島県の会津と岩手県の早池峰神社では、宮城・山形県を隔てていて相当距離がある。また日時も一ヶ月の開きがあるので、恐らく別の地震であろう。また、早池峰神社は大迫町の山間部にあって、「海辺の人民、皆死する也」という記録は現地の状況に合致しない。恐らく、会津地震の揺れを感じ、また関連の余震などがあり、この地域でも幾つかの被害があったのであろう。その実感の生々しい時点で、伝聞を書き留めたものと思われる。

福島県の喜多方市の熊野神社の「新宮慶長十九年修造棟札」(同社No.3、東北編一七六頁)には、「慶長十六天八月廿一日巳の刻、大地震。故に悉く以て大破」とある。喜多方市は会津若松の直ぐ北に隣接しており、『徳川実紀』の記す会津の大地震の被害をともに蒙ったものと思われる。ところが日にちが合わない。この棟札は「八月廿一日巳の刻」と、『徳川実紀』は「この十三日かの地大地震あり」と記しているのである。一方が本震で、一方が余震なのであろうか。

「時に宝永第四丁亥十月四日午の下刻、大地震。城内・寺町崩れ、家屋倒れる。余、入寺の後、四十日なり。客殿倒れ、本堂・書院・居間・庫裏、地内夥しく破損」と伝えるのは、兵庫県尼崎市の長遠寺の「客殿宝永四年(一七〇七)修覆棟札」(同寺No.11、近畿編Ⅱ六九頁)である。宝永四年と言えば、富士山大噴火の年で、色々の災害のあった年であった。「七日、豆州下田湊四日の地震に高潮をしあげ、各所、破損の注進あり。甲州身延山富士川口崩れ、遠州荒井の海口も損じ、その他三州城々宿々、この禍にかゝらざるはなし。大坂は民屋一万六百転覆し、生口三千廿人ほど失せ、土佐は田圃多く海にいりしと聞こゆ」(『徳川実紀』宝永四年十月七日条)とあるように、天変地異の被害が相次いだ。その一つがこの尼崎・大坂を襲った地震であった。

この年の変異は他にも「今ここに宝永亥年維天猛冬、地震に依って堂宇ことごとく破れ壊る」(山口県・月輪寺No.1、中国編一六六頁)と記されている。

元禄十六年(一七〇三)十一月二十二日「関より以東大地震」(静岡県・諏訪神社No.5「本殿元文三年(一七三八)

修補棟札」、中部編二六九頁）の記載もまた、『徳川実紀』の記載と一致する。「廿二日……この夜大地震にて、郭内石垣所々くづれ、櫓・多門あまたをれ、諸大名はじめ士庶の家、数をつくし転倒す。また相模・安房・上総のあたりは海水わきあがり、人家頽崩《たいほう》し、火もえ出て、人畜命を亡ぶ者、数えるにいとまあらず。誠に慶安二年このかたの地震なりとぞ。甲府邸これがために長屋たおれ、火もえ出しかば、まず火消しを命ぜらる。廿三日、今日も地震なりやまず」（元禄十六年十一月二十二日・二十三日条）とあり、相当な地震があったのである。

地震の記載はもう少し認めることが出来る。「大地震六月十二日、同十三日小地震」（滋賀県・長命寺№7「文政二年（一八一九）三仏堂葺替棟札」、近畿編Ⅰ五六頁）、「安政二卯歳十月二日大地震、同三年八月廿五日大津波」「安政二年十月二日、同三年辰八月廿五日夜大嵐并びに大津波」（千葉県・法華経寺№23・25、関東編二五二～二五四頁）。「災害は忘れた頃にやってくる」、十分用心したい。

次に大きな被害をもたらしたのは洪水だった。

「去る元和六年（一六二一）庚申猛夏、天、大雨。頻りに重なり、同じく古今の洪水。山岸崩れ、仏閣土中に埋まり、既に破壊に及ぶところなり」（広島県・明王院№1「元和七年建立棟札」、中国編七九頁）と記すのは、芦田川西岸の小高い丘陵の中腹に所在する明王院の棟札である。既に中世史研究者の間では著名な芦田川の中州の草戸千軒町遺跡は、この明王院の門前町とも考えられている。実際、この草戸千軒の町は何回もの洪水に見舞われ、最終的にも洪水のために滅んだのであった。

徳島県の丈六寺もまた勝浦川の洪水の被害を蒙っている。「寛政十年の冬象先、本社并びに華表再興なり。然るに寛政十一年未の秋、洪水漲《みなぎり》来りて、本社・鳥居共に流失。今年寛政十二庚申冬十一月穀旦《（吉日）》、新再々興」（丈六寺№39、四国編一八七頁）と鎮守社の流失を伝えている。

雨による被害があれば、風による被害もまたあった。

「去年（宝永四年＝一七〇七）八月、大風来たりて、森中の杉大小、数八十本有余、吹き折れ、宮社共、悉く破損せしむなり」（岐阜県・久津八幡宮No.5、中部編二二七頁）、「辛亥（享保十六年＝一七三一）八月十七日の大風に講堂、大きく動揺して南方に傾く」（千葉県・飯高寺No.3、関東編二一五頁）、「文政十一年（一八二八）子の秋、大風に依り末社□ヶ所破損」（太宰府天満宮No.15、九州編三三五頁）などを知ることができる。

こうした自然災害のことが棟札に触れられるのは決して多くはない。むしろ全体的に見れば少ない、稀と言って良い。しかし、今も見たように一定程度触れられているのであって、例外と言うほど稀でもない。それはそれらの自然災害が現に社寺に被害をもたらしたからであった。そして地震災害の記述については、幾つかを『徳川実紀』の記載と対応させてみた。本来、別々に記された資料が一致することは、概ねこれらの記載が正しいことを、相互に補完し証明したことになろう。社寺の由緒来歴を記すからと言って、決して自己に都合の良いように書き記されたのではなく、この自然現象などは、基本的には正確に記しているのである。

次に社寺の存続を脅かしたものは人災である。人災の中では火災が最も恐ろしかった。

「元禄十己卯年（一七〇六）五月十九日、当処火災の砌、古来の八幡神社焼失致し候」（秋田県・神宮寺八幡宮No.4、東北編一一三頁）、「当山惣門、往古高賢長老建立のところ、去る冬、庚寅、十二月三日夜半前、類火焼失す。今年明和八（一七七一）辛卯二月朔日釿始め、五月十一日棟上げ。往古の如く、門を新たに造立の所、円満なり」（神奈川県・称名寺No.11、関東編三五三頁）など、火災によって社寺が焼失することはしばしばあった。

また、「承安二年（一一七二）壬辰火、又天文二十三年（一五五四）甲寅三月廿四日火この時なり。……これより二百四十年を経て寛政八年（一七九六）丙辰三月二十四日、また火」（鳥取県・大神山神社No.2、中国編一六頁）とあるように、一つの神社が何度も火災に遭うこともあった。

木造の日本家屋では火災の心配は常にあった。このために棟札にもしばしば火の神、特に水の神が記されたのである。よくよく火の用心には注意を払ったがそれでもなお、失火は時々起こったのである。失火は注意次第で相当に防ぐことができた。一方、個々の社寺、或いは個人の注意では防ぎ得ない被害もあった。戦乱による被害がそれである。

例えば、「然りと雖も、去る文安年中（一四四四〜一四四九）、他郷の凶徒乱入のため、堂塔社頭、一宇も残らず焼失す」（長野県・法住寺No.1「虚空蔵堂文明十八年（一四八六）造立棟札」、中部編一七七頁）とある。また、「時に慶長十九甲寅年（一六一四）十一月五日、家康大将軍、大坂城主秀頼公追討のため、御発向。翌年五月七日大坂落城せんや。この時節、当社一宇残らず悉く破滅す」（大阪府・杭全神社No.2、近畿編Ⅱ一七頁）は、大坂冬の陣から夏の陣までの一連の徳川方と豊臣方の合戦の中で、この杭全神社の社殿が被害に遭ったことを、如実に語っている。

国家の鎮護を願って建てられた東大寺もまた例外ではなかった。

「それこの霊場は往昔聖武天皇叡願を発し創建する所なり、……治承四年（一一八〇）、平重衡の兵燹《へいせん》に罹り焼失す、……永禄十年（一五六七）松永久秀の賊の火焚のために滅ぶ」（奈良県・東大寺No.1「金堂（大仏殿）宝永二年（一七〇五）上棟棟札」、近畿編Ⅱ一二四頁）。

他にも「文明四壬辰暮春、都鄙の兵乱窮まらざる間、寺家に軍勢寄せ来たり、御堂炎焼」（茨城県・楽法寺No.5、関東編五六頁）、「当山は人王百五代後柏原院の御宇、永正年中、根来寺僧徒乱入。社頭・伽藍残らず兵火」（和歌山県・野上八幡宮No.7、近畿編Ⅱ二七九頁）などがある。

こうした被害は、いつも火災による被害ばかりではなかった。最初にみた『真如堂縁起絵巻』には、「西国諸軍勢、寺中に乱入、諸堂・坊舎など、陣屋のために破り取りしほどに、暫く荒野になりしなり」とある。ここでは合戦に際し、陣を張るために多量の木材が必要とされ、そのために寺堂が破壊されたことが記されている。

また、島根県の清水寺の棟札には、「日本の将軍関白大臣、日域六十余州の大名侍衆、悉く以て高麗朝鮮に責（攻）め渡る。時に至りて数万艘の舩を作る□（檀カ）、天下の用木、残ること無し」（島根県・清水寺「三所権現社文禄四年（一五九五）遷宮棟札」、中国編五〇頁）と。ここでも軍事的な理由で多量の木材が消費されたことが伝えられている。

社寺の存続を困難な情況に追い込むことは、以上のように様々な要因があった。

第五章　棟札の資料化――今後の課題――

一　棟札研究の困難さ

(1)多様な様式

既にここまでに幾多の棟札を見てきた。実に単純でありながら、また様々であったことは十分お分かり頂けたことと思う。この変化に富んださまざまなタイプの存在は棟札を統一的に系統的に把握する上での障害になっていることも事実である。しかし、棟札がそれだけ個性的であったということは、そこからより個々に即した内容を探り出せる可能性をもっているとも考えることができる。実際、各神社や各寺院ごとに特徴ある棟札が見られた。勿論、そこには教義上の問題もあったであろう。また宗派の本末関係もあったであろう。この個性的なタイプの出現は必ず棟札を作成した個人や個々の社寺が個性的であったと言うにとどまらない。それぞれの地域の個性が棟札に現れることもあった。

その最たるものは、山梨県の北口本宮富士浅間神社と富士御室浅間神社の棟札である（中部編一一九～一二三・一五二頁）。浅間神社が富士山を御神体にしていることは言うまでもなかろう。この浅間神社の棟札は大変、個性的である。第一に表面中央に記される主文は、史料47に見られるように、ほとんど判読できない。例えば、上から七文字目は「有月日天」を合体した文字のように見えるが、何と言う字なのか。また一番下の文字は、日と月の間に皇の字が挿入されたように見えるが、これまたにわかには判読できない。例えば、「朝臣」を書く場合、「朝」の偏と旁の間に「臣」を挿入する書き方もあるので、そういう記され方をした文字かも知れない。さて、

【史料47】山梨県・浅間神社No.3「東宮本殿元文元年（一七三六）修復棟札」（中部編一二一頁）

3　**東宮本殿元文元年修復棟札**　　**出典または調査主体**『調査カード』

（**総高**）四五・四㎝（**肩高**）四五・〇㎝（**上幅**）一四・六㎝（**下幅**）一四・一㎝（**厚さ**）〇・八㎝（**頭部の形状**）尖頭（**切欠き**）無（**材質**）檜

（**表**）

享保二十年卯ノ六月廿八日申ノ日　　二文字久七郎
東之宮御遷宮成就仕
𥙷㑚大䜌妙王䠽躰拾坊光惣南月大我日　　藤原之𥙷㑚妙王光清（㬹）
卯ノ年東之宮御修覆
光清道行中ニ而成就仕　　浅間宮神主　小佐野稀丸
元文元年辰ノ八月廿三日書之御内陳江宝納也

（**裏**）

明藤開山
𥙷㑚大䜌　妙王䠽躰　拾坊　光㑚
心南月　大我日

本来本食知文字之既ノ帰御ゆるし
僅一重なつて食滅トス
此屋わらに
纅旦津くふる寺之庭
光倈寺方食成

旲朕謦夵膓閪任圏
藤闋想圐圑颯飄

出行晴月
清行光月
藤原之𥙷㑚妙王光清（㬹）
徳行道清
光行躰心

元文元年辰ノ八月廿三日
神主
小佐野稀丸

裏面は、中央上部に富士山を描き左右に日輪・月輪を配している。誰が見ても、一見して富士山で、浅間神社ならではの棟札であろう。

次には北斗七星を型取った図像を描いたものがある。茨城県の観音寺の№3・5・6・7・8・9・10（関東編七八〜八二頁）、千葉県の竜正院の№1・2（関東編一九二頁）である。他に茨城県の旧大安寺観音堂の棟札（関東編七四頁）の裏面に七つの黒点を記したものがあり、これも北斗七星を意味するのかもしれない。

【史料48】茨城県・観音寺№6「久野観音宮殿寛永十九年（一六四二）再興棟札」（関東編七九頁）

（表）

聖主天中天　大行事大梵天王
迦陵頻伽声　諸行事普賢菩薩
惣戒師大覚尊導師逢善寺学頭遂業俊海
御地頭内藤伊賀正（忠重）　代官和田忠左衛門吉久
二種之中　碑文奉再興久野観音宮殿　肝煎衆
哀愍衆生者　今日戒師文殊井　別当観音寺良仙
我等今敬礼　小行事観自在尊　施主賀藤茂右衛門正吉
証誠事帝釈天王
徐災与楽事四天王
兵庫　逢殿助　内蔵丞　内蔵助　庄左衛門　右馬助　忠二郎

（裏）

民部少輔　新左衛門　右京進　与一郎
左馬助　新五郎　右馬丞　正三郎
多兵衛　藤二郎　長兵衛　四郎左衛門
与右衛門
（梵）（梵）（梵）（梵）（梵）（梵）（梵）（梵）
寛永十九玄黛敦牂中陽吉辰日勤之　久野村惣旦那衆

茨城県・千葉県、かつてこの辺りには千葉氏という豪族が勢力を持っていた。この千葉氏は北斗七星・妙見菩薩を信仰していた。あるいは、このことと関係があるのかも知れない。

他にも、和歌山県の三船神社の棟札は、表面下部に☆印のセーマンを記す。そして裏面には梵字を九曜の形に配した書式で統一されたものが多い（同社№1〜10、近畿編Ⅱ二三六〜二三九頁）。また鹿児島県の中津神社の棟札はいずれも中央上部に三鱗の紋を記している（同社№1〜5、九州編三八一〜三八四頁）。尤もこれは呪いの△印で、紋所ではないかも知れない。

このように各寺社はそれぞれに個性的な書式をもち、かつ継承することが多いのである。こうした書き方の相異は一体何によるのか。棟札を統一的に理解しようとするとき困難な障害になっていることは否めない。未だそれらの意味合いを一つ一つ明らかすることはできないが、やはり何らかの意味を持っていると思う。バラエティーに富むからこそ、引き出せるものが必ずあると信じたい。

(2)難解な文字・用語・文章

棟札を見て、全く始末に負えないのが、難解な文字・意味不明な呪符や記号、難解な用語や言葉、難解な文章である。

①難解な文字

攸：例えば、「奉遷宮牛頭天王本社幣殿修覆成就攸」(大阪府・八坂神社No.2、近畿編II一六頁)とある。一体、なんと読んだら良いのだろうか。「攸」は、「ゆう・ところ」と読み、水の流れるところ、遥かなるところという意味である。従って、「牛頭天王本社幣殿を修覆し遷宮し奉る、成就のところ」、或いは「牛頭天王本社幣殿の修覆成就し遷宮し奉るところ」と読むのではないかと思う。それなら「所」「処」と書いて欲しい。

龔：「(梵)(梵)龔上葺八正三社一宮天長地久所願円修之所」と記すのは、長野県の浅科八幡神社の棟札(同社No.2、中部編一八〇頁)である。「龔」は「きょう、く、つつしむ、たてまつる」と読む。ならば「奉」で良いのではないか。

旃：北野天満宮の棟札には、「北野天満天神本社　右大臣豊臣朝臣秀頼公再興旃」(同社No.1、近畿編I一四〇頁)とある。「旃」は、「せん・はた」と読み、「あらわす、これ」の意味があり、「之焉」の合字であるともいう。

であれば、「……秀頼公再興せんや」と読むことになる。

何故にこのような難しい文字をわざわざ使用するのだろうか。現代人が文字を知らなくなったのかも知れない。今見たこの三つの「攸」「龔」「旃」の文字ならまだ良い。漢和辞典を引けば、読みも意味も分かる。問題は漢和辞典を引いても無い字である。

例えば、〓と言う字がある。

【史料49】愛媛県・宇都宮神社№1「（本殿）貞享二年（一六八五）建立棟札」（四国編二二二頁）

（表）

天守　貞享二年

〓奉建立宇都宮大明神

地護　乙丑九月吉祥日　国主加藤遠江守

神主三瀬久太夫藤原正利

祝詞主宮永式部藤原安正

同　若狭亟藤原安成

大工永原彦之亟藤原重房

小工増亀利兵衛　吉野内傳七

吉跡内忠三郎　末原小平次

竹内剃七　高木彦六

船井六平　柴井久兵衛

佐藤新六　岸彦兵衛

同権三郎　同彦助

大願主三瀬弥助藤原正次　敬

同彦市藤原正光

小跡長次郎

二宮太郎兵衛

兵頭源助　白

粉川屋弥助

（裏）

（記載なし。）

史料49の「〓奉建立宇都宮大明神」の「〓」は、おそらくは、夤の異体字であろう。「いん・まつわる」と読み、敬うという意味もある。多分、「宇都宮大明神を建立し、敬い奉る」と読むのではないかと思われる。この辺までならまだ何とか理解出来る。

問題は本当に「無い字」である。

例えば、品と合を合体した〓、合と胆を合わせた〓、旧字体の「參」の上部と合の合字の〓などである。もはや、まともには手に負えない。

問題はこれのみではない。「参」「合」など読むことは出来るが意味の分からないものもある。また、「寸圭」

「品天・合天」など、「寸」と「圭」なのか「寸圭」なのか、「品」と「天」なのか「品天」なのか。さらには星印のセーマン（五行）、格子の目のゴーマン（九字）、三角印、卦を記したもの、その他様々な記号や呪符も見られる。きっとそれぞれに意味があったのであろう。

②難解な用語

例えば「口伝」と記される言葉がある。この言葉から何を想像するだろう。多くは伝承・口伝えと思うであろう。

【史料50】長野県・釈尊院№1「観音堂宮殿正嘉二年（一二五八）建立棟札」（中部編一六七頁）

（表）

大行事熊野権現　大勧進明阿弥陀仏　右口傳建立志為偏是石尊寺

奉建立口傳一宇　請観音威光増益也且又為

小行事一切諸神　大番匠橘久継　勧進上人現世百年之間預

観音加被當来頓證菩提也

明阿弥陀仏（花押）

正喜二年大歳戊午正月廿日

橘　久　継（花押）

（裏）

（記載なし。）

〔備考〕後世転用のために切り欠いたものか。

ところが棟札では、史料50のように「奉建立口伝一宇」「右口伝建立志……」と使われている。文意から考えれば、「口伝」は「本堂」の意味になる。ところが、辞書を引いても、そういう意味は出ていない。では、何故、辞書にもない言葉、普通には理解出来ない言葉を、わざわざ使用したのか。なお、理解は出来ないが、こういう使われ方が確かにあるのである。

次に「二種之内」という用語がある。これも意味が分からない。「封」という字は比較的よく出てくる。棟札の四隅、或いは上部の四隅などに「封」と記してあることが多い。おそらく、封をした内側に外部からの邪悪なるものの侵入を防ぐための呪いと考えられる。「二種之内」の語はこの封と記した棟札に比較的良く見られる。封という字とともに記してあるので、「封二種・封之内」と読めてしまうこともある。

青森・岩手・茨城・群馬県の棟札に見られるので、北関東から東北へかけての地方的特色なのかもしれない。

【表20：「二種之内」の語をもつ棟札】

県名	社寺名と棟札No.	西暦	摘要	出典	頁
岩手	大梵天社 No.1	一三五四	呪字・「碑文(二種／之内)奉建立……」	東北編	五五頁
青森	熊野神社 No.1	一四八六	▲・封・「碑文(貳種／之内)(偈)奉建立……」・仏供役	東北編	四七頁
長野	法住寺 No.1	一四八六	封・偈・参詣「八貳種／天之中」・仏供役ほか	中部編	一七七頁
岩手	丹内山神社 No.4	一五〇八	参・封・上部の左右に「貳種／之内」・偈・仏供役	東北編	六六頁
茨城	諏訪神社 No.3	一五二〇	上部の左右に「封二種・封之内」・卍・呪符・偈・仏供役	関東編	三五頁
茨城	馬場八幡宮 No.1	一五三〇	上部の左右に「二種／之内」・主文	関東編	二四頁
茨城	泉神社 No.1	一五三〇	参・封・上部の左右に「二種／之内」・主文・偈・仏供役	関東編	二三頁
茨城	諏訪神社 No.3	一五三九	上部の左右に「封二種・封之内」・卍・呪符・偈・仏供役	関東編	三五頁
茨城	諏訪神社 No.4	一五四八	上部の左右に「封二種・封之内」・卍・呪符・偈・仏供役	関東編	三六頁
茨城	観音寺 No.2	一五五九	卍・呪符・「弐種之内」・主文・両脇に偈ほか	関東編	七七頁
岩手	中尊寺金色院 No.10	一五八九	封・偈・呪符・「貳種／之内」・仏供役、罫線	東北編	七三頁
群馬	大御堂 No.1	一五九三	卍・封・偈・「八之中／呪字／天貳種」・仏供役・主文	関東編	一三九頁
青森	清水寺 No.2	一六一三	梵字・封・「碑文／両種」・「奉再興……」	東北編	三一頁

茨城	観音寺	No.6	一六四二	呪符・北斗七星・偈・「二種之内」・「碑文奉再興……」	関東編	七九頁
滋賀	円満院	No.2	一六四七	卍・碑文＋主文・偈・「貳棟／之中」・仏供役ほか	近畿編Ⅰ	四三頁
岩手	中尊寺金色院	No.9	一六四九	卍・封・参・偈・仏供役、中段右部に「八二種」	東北編	七三頁
岩手	熊野神社	No.2	一六五二	梵字・呪符・「封二種／封之内」・主文	東北編	八〇頁
茨城	観音寺	No.8	一六五三	▲卍・北斗七星・「二種之内」・偈・「碑文奉再興……」	関東編	八〇頁
茨城	観音寺	No.9	一六七六	呪符・北斗七星・偈・「二種之内」・「碑文奉修理……」	関東編	八一頁
岩手	御嶽神社	No.2	一六七九	碑文・封・「(二種之内)金上皇帝天下泰平…」	東北編	五四頁
茨城	諏訪神社	No.7	一六八七	上部の左右に「封二種／封之内」	関東編	三七頁
滋賀	園城寺	No.9	一六九五	卍・封・偈・碑文・「貳種／之内」・仏供役	近畿編Ⅰ	二二頁
茨城	楽法寺(写)	No.3	一七一〇	卍・封・偈・「八弍種／天之内」・仏供役	関東編	五四頁
茨城	諏訪神社	No.8	一七二一	卍・呪符・「封二種／封之内」・主文・偈・仏供役	関東編	三七頁

ただ、滋賀県の円満院や園城寺にも見られるので、今後の調査の進展を待ちたい。中に「碑文二種之内」「二種之内碑文」と読めるものがあり、また、「碑文両種」とあるものもあるので、上棟に際して、神仏に捧げられた棟札は二様あり、その内の一つが今日、我々が目にしている棟札、すなわち、「碑文二種の内」の一枚であるのかも知れない。そう考えたとき、もう一枚の棟札はどうなったのだろうか。

あるいは先に同じ棟札が二枚ある例を見た。棟札はもともと二枚記されたのかもしれない。

③難解な文章

例えば、「南無堅牢地神諸大眷属・南無五帝龍王持者眷属」の対句も意味が良く分からない。この対句は、一六世紀の後半から一九世紀後半まで、初期の一六世紀代のものは近畿圏（和歌山県・大阪府）に限定的に見られる

【表21：「南無堅牢地神諸大眷属・南無五帝龍王持者眷属」などの記載のある棟札

県名	社寺名　棟札No.	西暦	有無	偈	その他	出典　頁
和歌山	野上八幡宮 No.21	一五六三	無	有一	梵字・年月日・呪文・奉行他	近畿編Ⅱ　二八三頁
和歌山	野上八幡宮 No.19	一五六四	有	有一	梵字・主文・年月日・大工他	近畿編Ⅱ　二八三頁
和歌山	野上八幡宮 No.1	一五七二	無	有一	梵字・年月日・人名一名のみ	近畿編Ⅱ　二七七頁
和歌山	野上八幡宮 No.12	一五七二	無	有一	梵字・年月日・人名一名のみ	近畿編Ⅱ　二八一頁
和歌山	野上八幡宮 No.10	一五七五	無	有一	梵字・年月日・人名一名のみ	近畿編Ⅱ　二八〇頁
大阪	総福寺 No.6	一五七六	無	有一	梵字・年月日・僧侶名	畿編Ⅱ　四五頁
和歌山	三船神社 No.11	一五九〇	有	有一	梵字・卍・主文・年月日	近畿編Ⅱ　二三九頁
和歌山	三船神社 No.15	一五九九	無	有一	梵字・主文・年月日・大工	近畿編Ⅱ　二四〇頁
和歌山	三船神社 No.16	一五九九	無	有一	梵字・主文・年月日・大工	近畿編Ⅱ　二四一頁
和歌山	三船神社 No.17	一六〇三	無	有一	梵字・年月日・願主・大工	近畿編Ⅱ　二四一頁
和歌山	広八幡神社 No.2	一六二六	無	有一	梵字・年月日・呪文・敬白	近畿編Ⅱ　二八五頁
新潟	白山神社 No.3	一六三一	有	有一	封・△・梵字・主文ほか多数	東北編　二一九頁
神奈川	東慶寺 No.1	一六三四	無	有一	梵字・偈中央・将軍息女	関東編　三五七頁
新潟	白山神社 No.4	一六八八	有	有一聖	梵字・主文ほか多数	東北編　二二〇頁
秋田	神宮寺八幡宮 No.4	一七〇六	有	有聖他	梵字・主文ほか多数	東北編　一一三頁
石川	江沼神社 No.1	一七〇九	無	有一	梵字・年月日・人名（五名）	中部編　四七頁
大阪	慈眼院 No.1	一七二一	有	有一	梵字・主文・年月日ほか	近畿編Ⅱ　四一頁
岐阜	久津八幡宮 No.12	一七三二	有	有一	梵字・由緒覚ほか多数	中部編　二三〇頁

兵庫	住吉神社	No.3	一七三七	有	有一	梵字・主文ほか、No.1参照	近畿編Ⅱ　七三頁
東京	薬王院	No.1	一七五三	無	無	梵字・年月日・願主・大工	関東編　三三八頁
茨城	大聖寺	No.1	一七五四	有	有聖	卍・梵字・主文ほか	関東編　一〇〇頁
和歌山	三船神社	No.1	一七五八	有	有一	梵字多数・主文ほか多数・☆	近畿編Ⅱ　二三六頁
和歌山	三船神社	No.4	一七五八	有	有一	梵字多数・主文ほか多数・☆	近畿編Ⅱ　二三七頁
和歌山	三船神社	No.7	一七五八	有	有一	梵字多数・主文ほか多数・☆	近畿編Ⅱ　二三八頁
大阪	長野神社	No.7	一七六二	有	有一	梵字・主文・年月日・世話人	近畿編Ⅱ　三三頁
秋田	神宮寺八幡宮	No.5	一七六五	有	有聖他	梵字・主文ほか多数	東北編　一一四頁
秋田	神宮寺八幡宮	No.6	一七六五	有	有聖他	梵字・主文ほか多数	東北編　一一五頁
山形	成島八幡神社	No.36	一七七六	有	有聖他	卍・梵字・主文ほか多数	東北編　一四八頁
大阪	慈眼院	No.2	一七七七	無	有一	梵字・主文・年月日ほか	近畿編Ⅱ　四二頁
和歌山	野上八幡宮	No.7	一七七九	有	有一・聖	梵字・年月日・大工・由緒	近畿編Ⅱ　二七九
山梨	善光寺	No.1	一七八五	無	有一	梵字・年月日・僧侶謹書	中部編　一一七頁
奈良	石上神宮	No.6	一七九八	有	無	梵字・主文ほか	近畿編Ⅱ　一七六頁
福岡	香椎宮	No.2	一八〇一	有	有聖	梵字・主文ほか多数	九州編　二八六頁
秋田	神宮寺八幡宮	No.7	一八〇三	有	有聖他	梵字・主文ほか多数	東北編　一一五頁
和歌山	三船神社	No.2	一八〇六	有	有一	梵字多数・主文ほか多数・☆	近畿編Ⅱ　二三六頁
和歌山	三船神社	No.5	一八〇六	有	有一	梵字多数・主文ほか多数・☆	近畿編Ⅱ　二三七頁
和歌山	三船神社	No.8	一八〇六	有	有一	梵字多数・主文ほか多数・☆	近畿編Ⅱ　二三八頁
千葉	府中住吉神社	No.5	一八〇八	有	有聖	卍・梵字・主文ほか多数	関東編　二六六頁

和歌山	道成寺 No.1	一八一四	有	有聖他	梵字・主文ほか	近畿編Ⅱ 三〇四頁
長野	中禅寺 No.2	一八一六	有	有聖他	梵字・主文他多数	中部編 一六三頁
千葉	府中住吉神社 No.19	一八二一	有	有聖	卍・梵字多数・主文ほか多数	関東編 二七一頁
千葉	笠森寺 No.3	一八二九	有	有聖	梵字・主文他多数	関東編 二五九頁
和歌山	三船神社 No.6	一八三七	有	有一	梵字多数・主文ほか多数・☆	近畿編Ⅱ 二三八頁
和歌山	三船神社 No.3	一八三七	有	有一	梵字多数・主文ほか多数・☆	近畿編Ⅱ 二三七頁
和歌山	三船神社 No.9	一八三七	有	有一	梵字多数・主文ほか多数・☆	近畿編Ⅱ 二三九頁
千葉	府中住吉神社 No.14	一八四〇	有	有聖	卍・梵字・主文ほか多数	関東編 二七〇頁
秋田	神宮寺八幡宮 No.8	一八四〇	有	有聖他	梵字・主文ほか多数	東北編 一一六頁
千葉	笠森寺 No.5	一八四四	有	有聖	梵字・主文ほか多数	関東編 二六一頁
東京	金剛寺 No.2	一八四四	有	有一	梵字・判読困難	関東編 三三〇頁
和歌山	野上八幡宮 No.24	一八四七	無	有一	梵字円形・主文他、人名多数	近畿編Ⅱ 一八四頁
千葉	府中住吉神社 No.15	一八五一	有	無	卍・梵字・主文ほか多数	関東編 二七〇頁
東京	安楽寺 No.5	一八五二	有	有聖	卍・梵字・主文ほか多数	関東編 三一七頁
山形	成島八幡神社 No.14	一八五二	有	有聖	卍・梵字・主文ほか多数	東北編 一三五頁
千葉	神野寺 No.5	一八五四	無	有一	梵字多数・年月日・僧侶ほか	関東編 二七六頁
千葉	府中住吉神社 No.12	一八五四	有	有聖	卍・梵字・主文ほか多数	関東編 二六九頁
千葉	笠森寺 No.5	一八五五	有	有聖	梵字・主文ほか多数、「八大龍王」	関東編 二六一頁
千葉	府中住吉神社 No.6	一八六二	有	有聖	卍・梵字・主文ほか多数	関東編 二六六頁
和歌山	三船神社 No.10	一八六三	有	有一	梵字多数・主文ほか・多数・☆	近畿編Ⅱ 二三九頁

茨城	大聖寺	No.2	一八六三	無	有聖	卍・梵字・主文ほか	関東編	一〇〇頁
和歌山	鞆淵八幡神社	No.11	一八六六	有	有一	梵字・年月日・願主・大工	近畿編Ⅱ	二四八頁

注1：「南無堅牢地与楽眷属・南無五帝龍王侍者眷属」「南無堅牢地神与諸眷属・南無五大龍王持者眷属」など類似の記載を含む。
2：「有無」欄は社寺名・建物名の記載の有無。
3：「偈」欄の「有一」は「一切日皆善……」の偈、「有聖」は「聖主天中天……」の偈、「有他」はその他の偈の記載を示す。
4：☆印は棟札のどこかに☆印（セーマン）が記されていることを示す。

が、一七世紀以降は、中部・関東・東北圏まで見られる。「堅牢地神」は仏教では地天のことで、「万物を生育させる大地を神格化した女神」（『仏教大辞典』、小学館、一九八八年）である。ところが「五帝龍王」の方は、『仏教大辞典』には見当たらない。「八大龍王」ならば、「仏教を守護する竜族の王を八尊集めたもの」（前書）とある。事実、「八大龍王」と記したものも一点ある（笠森寺No.5、関東編二六一頁）。しかし、それ以外は五帝龍王・五大龍大王、あるいは五帝龍神・五大龍神である。この語は、「南無堅牢地神与楽眷属・南無五帝龍王侍者眷属」「南無堅牢地神与諸眷属・南無五大龍王持者眷属」とも記される。従って、問題は「五帝・五大」「龍王・龍神」である。この言葉は『匠家故実録』にも見えた言葉である。或いは『匠家故実録』の「五帝龍王」は、ここに源があるのかも知れない。

また、『仏教大辞典』は「地鎮祭」を次のように説明している。「仏教一般では四方に葉竹を立て、注連（または紅白の撚縄）を張って結界とし、その中央に祭壇を設けて餅・菓子・酒などの供物を供え、仏像・経巻・五穀（胡麻・稲・大麦・小麦・小豆）・五香（沈香・白檀・丁子・鬱金・竜王）・五葉（赤箭・人参・伏苓・石菖蒲・天門冬）・五宝（真珠・金・銀・瑠璃・琥珀）などを『鎮め物』として造営地の適当な箇所に埋める儀式が行われる。民間では、僧侶、また神道式の場合には神職に『お祓い』をしてもらうことが多い」と。ここには、五という数字も竜王も出てくる。しかしなお、「五大龍王」ではない。識者のお教えを請いたい。未だ真意は不明ながら、十中八九、地鎮祭や上棟式のおり、その土地や建物の安全を願ってのものであることは疑い得ない。なお、『民家の棟札集成』（生野勇ほか編、一九八九年、二七頁）に「五帝竜王　道教の影響のもとに作られたと思われる『仏説神経』に、五帝竜王（伝説の中国の五聖君すなわち黄帝・顓頊《ヤンギョウ》・帝嚳《テイコク》・堯・舜）の説として東方青竜王・南方赤竜王・西方白竜王・北方黒竜王・中央黄竜王の五帝あって守護すると説く。九字回向の句に出る」（『仏教大辞典』）とある。どうやら、本来の仏教の神ではなく、道教の影響を受けつつ創り出された神であった可能性が高い。

さて、【表21】を見ていただくと、幾つかの特徴が見いだせる。先ず、何という社寺のどういう建物の棟札であるか明示していないものが多くあることである。この対句は当面、六〇例ほど見い出せるが、その三割近い一七点には、どこにも何と言う名の社寺の、何という建物を修造したのかについては触れられていないのである。例えば、和歌山県の野上八幡宮のNo.1（近畿編Ⅱ二七七頁）、三船神社No.17（近畿編Ⅱ二四一頁）には、史料51・52のように記されている。

「南無堅牢地神……」の文言と「一切日皆善……」の偈を除けば、「元亀三（壬申）年五月十四日、二品親王任助」「中興上葺願主津田左京公、大工藤原朝臣丹後守吉次形部（ママ）左衛門、敬白」としか記されていない。これでは、

【史料51】和歌山県・野上八幡宮No.1「本殿元亀三年（一五七二）棟札」（近畿編Ⅱ二七七頁）

（表）
南無堅牢地神与眷属　元亀三壬申年
（梵《サ》）　五月十三日
南無五帝龍王侍者眷属等　二品親王任助

（裏）
一切日皆善　一切宿皆賢　諸佛皆威徳
（梵《バン》）
羅漢皆断漏　以此誠實言　願我常吉祥

〔備考〕箱入（六三・五cm×一三・八cm×五・二cm、檜、台鉋、竹釘）。（箱蓋銘）八幡宮紀刕那草郡野上庄

【史料52】和歌山県・三船神社No.17「慶長八年（一六〇三）上葺棟札」（近畿編Ⅱ二四一頁）

（表）

（梵《バン》）　一切日皆善　一切宿皆賢　諸佛皆威徳　敬

干時慶長八年癸卯卯月十六日

羅漢皆断漏　以斯誠實言　願我常吉祥　白

（裏）

（梵《ア》）　南無堅牢地神眷屬　中興上葺願主津田左京公

南無五帝龍王侍者眷属　大工藤原朝臣丹後守吉次形部左衛門

何という社寺の何という建物の造営なのか修理なのか、第三者には全く分からない。僅かに後者に「上葺」とあり、屋根替えが行われたことが分かるのみである。これは何という建物を建てたか、或いは修理したかという建築の記録とは考えられない。出来上がった建物に禍が及ぶことのないことを願っての願文・呪いの札であった可能性が高い。

次に、この「南無堅牢地神……」の対句は、「一切日皆善……」の偈と、同時に記されることが多い点も注意しておく必要がある。【表21】の中で「有二」としるしたものがそれで、圧倒的に「南無堅牢地神……」の対句は、「一切日皆善……」の偈とともに記されているのである。「有聖」としたものは、例の「聖主天中天……」の偈とともに記されているもので、「有他」としたものは、その他の偈とともに記されたものである。こうして見ると「南無堅牢地神……」の文言は、ほとんどが偈とともに記されているのであり、仏教色を強く感じる。しかし、社寺ともにこの文言は使用されている。神社では八幡神社の系統に多く見られるが、意味があるのだろうか。次に、この文言を持つ棟札にはどこかに梵字が記されている。これはこの【表21】の中では例外がない。これまた仏教色を強く感じさせる。ただ、分布を見ると、中国・四国・九州には、福岡県の筥崎宮に一点見られるほかは認められない。しかし、今も指摘した幾つかの特徴を備えているので、何らかの意味・理由があったと考えられる。

以上、棟札の難解な表現について見てきた。何故これほどまでに分かりにくい記載をするのだろうか。問題は幾つかある。一つは当時の人々には十分理解できた。たまたま文化的・社会的環境が変化したために現代人には理解が難しいことになったという場合も多々あると思う。これは研究を深めることで解決できるだろう。次には当時の人々にも分からなかったこともあろう。では何故分からない事柄をわざわざ書き記したのだろうか。これにもやはり意味があるのであって、解明することを避けてはいけないと思う。そしてこうした難解さの根元の大きな理由の一つに、それが外国語であって日本語ではなかったということがあると思われる。

（3）外国語：中国語とサンスクリット語

分からない筆頭は梵字で記されたものである。サンスクリット語がそのままに記されても、読める者は限りなくいない。もっともこれは勉強しさえすれば読めるはずであるのだが。

例えば、京都府の峰定寺No.1「本堂元禄五年（一六九二）葺替棟札」（近畿編Ⅰ一四六頁）には、表に「（バン）奉屋子葺替　元禄五年（壬申）九月十八日　院主伝灯大阿闍梨顕密学法元快」と屋根の葺き替えを記す。裏面には梵字が一一文字記され、「バン・バン・バ・オン・アク・ヒ・ラ・ウーン・ケン・シャ・ラク・マン　金剛仏子元快」とある。

しかし、この場合、実際には、表面の記載は理解できても、裏面の記載を理解できる人はほとんどいないだろう。では何故、外国語をそのままに使用したのであろうか。何故に翻訳しないままに使用したのだろうか。

もともと日本社会は文字を持たなかった。中国から漢字を輸入し日本語の表記を始めた。同時に中国語のままに表記した。漢文である。やがて仮名を発明し、仮名交じりの日本語表記が行われるようになった。一方、精神生活に影響を与えた仏教がもたらされた。サンスクリット語そのままか、或いは中国語訳（漢訳）された経典が多数持ち込まれた。本書でも経典の一節である「偈」をしばしば見た。意味はほとんど分からなかった。分からなくて当然である。それはサンスクリット語または中国語（漢訳）なのであって、決して日本語に翻訳されてはいないのだから。最大の問題は、こうしたことが何故日本社会で通用したかである。本書で扱った棟札は、多くは一六世紀以降のものである。我が国に文字や仏教という宗教がもたらされて、既に千年の歳月を経ている。にもかかわらず日本語に翻訳されないままに使用されたのである。勿論、相当程度日本語化されて意味の分かる棟札も多数あった。しかし、一方でなお意味不明な外国語がそのまま使用されたことも冷静に事実として認めたい。日本語表記をめざすということで神代の神道をめざす動きもあった。その典型は祝詞様式の記載法である。本書でも少し触れ、また「吐普加身依身多女　波羅伊玉意　喜与目出玉」の文言にも触れた。一体、何人の人が「とおかみえみたまえ、はらいたまえ、きよめたまえ」と読むことができただろうか。これもまた極めて分かりにくいという他ない。わざわざ古代の万葉仮名を使うのではなく、何故、江戸時代当時の言葉や表記法を使用しようとしなかったのだろうか。この分かりにくい、難解な表現にこそ日本文化の大きな特質が隠されているのではないかと思う。

もっともこの国には分からない外国語をそのまま使うことが、何か知識があるように思われる風潮がある。今日でもなお横文字をそのままカタカナで表現し、知識をひけらかし、またそれを良しとする傾向は依然としてある。また、この横文字の言葉が、本来の意味の分からないままに日本語として通用することもしばしばある。今日、我々が分からないとする、サンスクリット語の表現、それを漢訳した偈など、案外当時の人には、それで通用していたのかも知れない。少なくとも、今日よりは通じたことは確実である。同時に、そうした外国語を日本語の中に容易に取り込める、不思議な言葉、日本語の特性も同時に考えておく必要があろう。当面、これらの難解な文字・用語・文章についてもっと理解を深めて行かなくてはならない。それには、既に多くの先学が明らかにした個々の事実を集積し、『棟札用字用語辞典』の作成が望まれる。
ただ、正直なところ、この項でというか、棟札全体を通じて、何故これ程に分かりにくいものをわざわざ作ったのか、この点が最も強烈な印象である。ここにこそ日本文化の特質が、その弱体な根元的な理由が見いだせるのではないか。千年以上も長きに渡って作られ続けてきた棟札、この中に今日までの日本文化の欠点を冷静に見据え、新たな展望を見出す種が宿っているのではないか。棟札の研究はまさに無限の可能性を秘めていると思う。

(4) 多様な内容

種々検討を重ねてきたがなお、棟札についてはようやく入り口にたどり着いたという印象である。何故なら、未だ資料として活用しているという段階に至っていないと思うからである。例えば、その書式の系譜さえつかめていない。ただ、東照宮型や『匠家故実録』記載の書式によった棟札の検出など、多少の見通しは見えてきたと思う。

文言から系譜を追跡することは、当面の棟札の書式を分類する上で有効な作業と思う。「今上皇帝……」「天下泰平……」「日月清明……」「若沫法世人……」「水災風　水災金……」「皇図鞏固……」「皇風永扇……」など、キーワード・キーセンテンスは沢山ある。

また、以前の棟札の裏面を再利用して、後の修造の棟札を記した表裏二点の棟札もあった。何故、神聖であるべきこの種のものに、以前のものが使用されたのか、今、成案を持てない。家を建て替え商売を変更したとき、以前の看板を裏返しして、新しい商売の店であるという看板を作成するなど、普通には考えにくい。でも実際には、この表裏二点の棟札は一定程度の頻度で見られる。

さて、棟札の書き様は、上から下へと層位をもって記される。事実、最古の保安三年（一一二二）の中尊寺大長寿院の棟札には一〇本の罫線が引かれていた。では、他にも罫線が引かれているかというと、滋賀県・延暦寺№2「根本中堂宝暦四年（一七五四）修復棟札」（近畿編Ⅰ一二頁）、滋賀県・油日神社№2「本殿明応四年（一四九五）遷宮棟札」（近畿編Ⅰ九〇頁）の裏面、京都府・妙心寺№6「法堂明暦二年（一六五六）棟札」（近畿編Ⅰ一七六頁）、岩手県・中尊寺金色院№10「白山妙理大権現天正十七年（一五八九）棟札」（東北編七三頁）の裏面、神奈川県・神武寺№3「薬師堂寛文七年（一六六七）修造棟札」（関東編三六三頁）の裏面などに見られる程度で多くはない。それも裏面に多数の人名表記の場合などに見られるのみである。むしろ、罫線を引くことの方が例外と言った方が正確である。では線の指示のないままに水平に文字を記すことができただろうか。勿論、筆者の腕次第であろう。ただ、古文書や典籍の場合、角筆と言うのがある。本来は字を指し示す棒のことで、象牙・竹・木を筆の様にしたもののことである。この角筆を定規に当て紙の上を押して線を引くと、紙には細い凹みが線となって残る。この紙の上に文字を書くと、文字はほぼ一直線に書くことができる。一方、罫線はほとんど見えない。こういう記し方がある。棟札の場合にどうしたかは、未だ不明であるが、こうした可能性も考えておきたい。

板に線を記す。指図も同様であったはずである。喜多院の『職人尽絵』の番匠の場面には、現に作っている社殿の横に、板に描かれた指図が立て掛けられている様子が描かれている。本文で既に触れたほかには、千葉県・新勝寺№2「不動堂（現光明堂）元禄十四年（一七〇一）新造棟札」（関東編一九五・一九六頁）に「末代の住僧の節、あい心得のため筆に記し置き候。この本堂は先住宥慶、初め発起人なり。これにより、元禄九年の年、大工又左衛門を江戸より呼び下し、指図おわる時分に病床にて……」とある。建築にとって設計図は必要不可欠であり。棟札とともにこの研究の進展も望みたい。その多くは紙に記され、板に書かれたものは少ないと思う。しかし、なお存在すると思う。ただ、紙に記されたものも古文書や冊子や巻物に比較し、大きく扱いがやっかいなために、なかなか調査・研究・そして保存が難しい状況がある。古文書のように重ねて、折り畳めて、或いは巻物に表装して手頃な大きさになる、比較的保管のし易いものとともに、こうした扱いのやっかいな資料の保存にも十分留意したい。

またいつも木の板ではなかった。長野県の新海三社神社の№5・6（中部編一七五・一七六頁）は、銅板である。何故、木札でないのか。やはりそれなりの意味があったと思う。また、いつも木札に墨書されるばかりでもなかった。陰刻されたもの（京都府・竜吟庵№4、近畿編Ⅰ一五八頁、愛媛県・石手寺№1、四国編二〇五頁、富山県宝寿院№1、中部編二二頁）、表面に漆の塗られたもの（石川県岩倉寺№1、中部編三三頁）などもあった。棟札の多様性は書式ばかりではないのである。

こうした棟札は単に奉納されるばかりではなかった。奉納に当たって幾多の行事があった。和歌山県・白岩丹生神社№10（近畿編Ⅱ三〇一頁）、青森県・八幡神社№2（東北編四六頁）には、棟上げに餅を撒いた事例が記されている。また、「遷宮、巫女佐兵衛内息女、神楽並びに湯立て十二釜」（兵庫県・酒垂神社№2、近畿編Ⅱ四八頁）と、神楽と湯立ての神事が執り行われたことを記したものもある。そうしたことは「この度上下遷座につき、別当は申に及ばず、一山衆徒、二夜三日清い身にて移し奉り候こと」（岩手県・中尊寺金色堂№8、東北編七二頁）と精進潔斎して行われたのであった。また、棟札の奉納に当たって、銭六枚と五穀がともに奉納された（徳島県・地蔵寺№1、四国編一九三頁備考欄）場合もあった。以上、棟札の書式が多様であるばかりではなく、その外形や材質、さらにはそれを取り巻いて行われる諸行事にも多様なものがあったことを少し見た。棟札からはこれら諸事象をまだまだ多く探り得る。例えば「銭六枚と五穀がともに奉納された」という観察は、棟札そのものの観察から導き出されるものではない。棟札がどこに、どのように納められていたかという観察から導き出されたものである。お蔭で、棟札がどのようにおさめられていたかが良く分かる。こうした点の調査も今後の課題であろう。

二　資料化の模索

今まで棟札の研究の前に立ちはだかった最も大きな障害は、その資料化が困難な点にあった。縦長の板に多数の文字の記された棟札は、その文面をそのまま再現しようとすれば、なかなか通常の本の縦一行には納まらないことが多い。ついつい元の一行の文字数に関わりなく改行して記載されることも多い。ところが、これでは原形が失われてしまう。例えば、『歴博報告』の佐賀県分（九州編三三七〜三四二頁）、鳥取県分のその他（中国編一七〜二〇頁）、或いは埼玉県分の『新編　埼玉県史　資料編9』から引用したもの（関東編一五八〜一八七頁）などは、どういう内容が記されているかということは検討はできても、棟札の元の字配りまでは分からない。棟札の記載は、中央であるか、端にあるか、また上段・中段・下段とその記載の位置によって意味合いが異なったはずである。例えば、上部に記された人名と下部に記された人名は、当然、それらの人物の社会的地位の反映か、棟札の目的の差を示しているであろう。また文字の大きさの問題もある。大きな字で記された事柄は、小さな文字で記されたものより、より大きな意味を持っていたと考えられる。事実、普通、主文と呼ばれる「奉造立……」の文面は、中央行に上部から大きな文字で記されることが多い。ただ、文面のみを写しとった場合、この重要な要素が把握できなかった。

一方、この難点を克服しようと、とにもかくにも、可能な限り元の字配りを忠実に再現しようとすると、平均して一m弱の、大きいものでは二mほどもある縦長の板一杯に上から下まで書かれた数行の文字列を、僅か縦三〇cm程度の本の縦一行に納めるのだから、当然、文字は小さくなってしまう。実際、伊藤太が行った『特別陳列造営にこめる願い〜棟札にみる大工の世界〜』（一九九八年、京都府立丹後郷土資料館）を繙いてみよう。原寸大でコピーした【図3】を見ていただきたい。

何とその文字の大きさは一文字当たり一㎜に満たないのである。これでは読めという方が無理である。勿論、

【図3】原寸大の展示図録（『特別陳列　造営に込める願い〜棟札にみる大工の世界〜』一六頁、部分）

49　智恩寺三門建立棟札　完道玄牛筆　明和四年（一七六七）九月

一六三・四×四六・三×三・六　僧衆、町在檀那、大工職人名を詳記する。

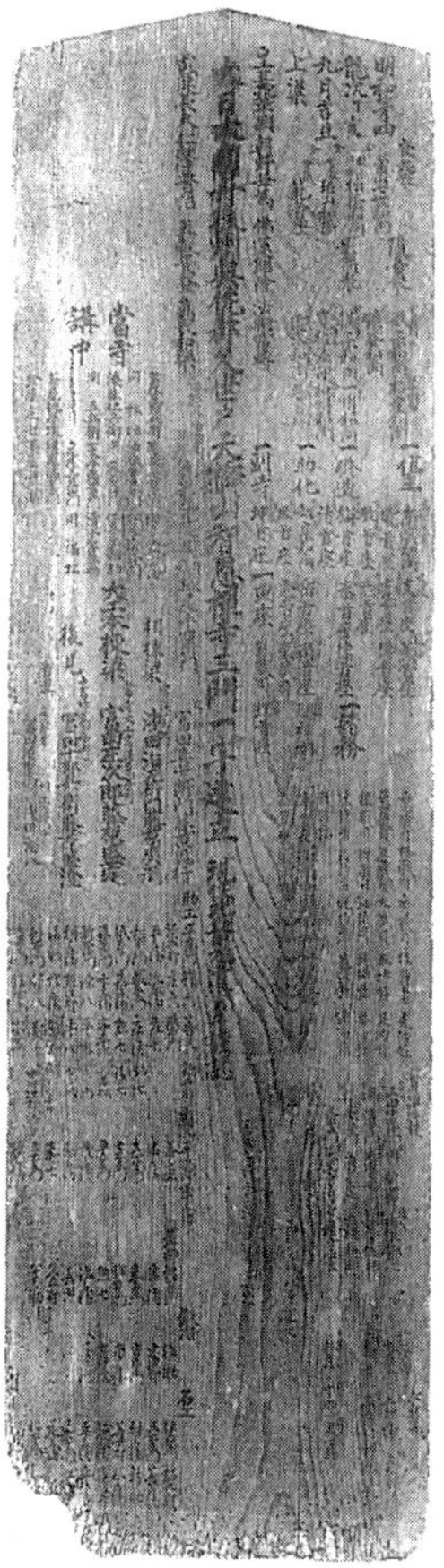

〈釈文〉

発起衆
明和第四　当山七世和尚
龍次丁亥　松巌和尚
九月吉旦　瑶山和尚
上梁　範首座

随喜衆　徹宗和尚　枯崖和尚
紘谷和尚
影響衆　提宗和尚　一州和尚
寛祐法印　柏州和尚
遼水和尚　普白師

一化主　南溟和尚　支首座　蔵首座
暁首座　寔首座　伝首座
致首座　黙首座
一修造　梅首座　泰首座　律首座　一諸務
清首座
一助化　劫宗和尚　岳首座　南首座　聡禅袂
睦首座　證首座　栄蔵司
一副寺　坤首座　一典座　熊蔵司　理首座

発蔵司　林蔵司　秀蔵司　桂侍者　光沙弥
恩蔵司　忍蔵司　大蔵司　五沙弥　足沙弥
穏蔵司　得蔵司　海蔵司　瑞沙弥　要沙弥
凍侍者　玲侍者　暁侍者　慈沙弥　緘沙弥
茂沙弥
寧首座　俊禅袂　纉禅袂　中首座　自球
路首座　国禅袂　存禅袂　是心　宗善

皇基鞏固　朝野無為　仏運紹隆　法輪常転
大日本国丹後州与佐郡久世戸天橋山智恩禅寺三門一宇建立　現住比丘完道玄牛謹誌
武運長久　仁沢普治　五穀豊登　万民和楽

元結屋宇兵衛　塩屋平右衛門
冨田喜左衛門藤原盛行
相棟梁　浅田治左衛門藤原広満
大工本棟梁　冨田庄次郎藤原盛定
後見　冨田十郎兵衛藤原盛澄
番匠　冨田清右衛門　浅田庄八

当寺
若狭屋理兵衛　酢屋長右衛門　瀬戸屋与三兵衛
同　林助　油屋助右衛門　松屋六右衛門
湊屋仁兵衛　同　善右衛門　仕立屋勘助
講中
同　五兵衛　一文字伊左衛門　清水屋善助
亀屋善左衛門　同　源松
茶屋佐平次　紺屋徳右衛門
金屋庄七　湊屋治兵衛

普請中肝煎
三田十右衛門　同　新四郎　坂根新八　九右衛門　五郎兵衛　又右衛門　次郎右衛門
吉右衛門　志達与一右衛門　和久田佐助　善七　久七　新八　善五郎
小谷善左衛門　矢野久左衛門　大槻和助
又左衛門　大黒屋善四郎　炭屋善吉　林蔵　十助　久四郎　茂六
鍵屋助右衛門　新六　善左衛門
大黒屋与兵衛　豆腐屋善右衛門　高橋与兵衛　八百屋喜七
柏所肝煎　小幡忠兵衛　小幡五郎右衛門　磯屋定右衛門
野田勘兵衛　高橋[illegible]右衛門　医師[illegible]家[illegible]

助工平右衛門　庫六　善六　惣五郎　木挽　平次郎　宇兵衛
清五郎　庄六　与左衛門　善之丞　屋根　伝兵衛　鍛冶　治助　石工　伊右衛門　勘九郎
五兵衛　次兵衛　庄七　忠兵衛　吉兵衛　忠次郎　三右衛門　善兵衛
利右衛門　藤左衛門　庄兵衛　助七　喜左衛門　市郎右衛門　伊兵衛　新助
儀左衛門　喜兵衛　惣七　清七　七右衛門　伊左衛門　市郎兵衛　善十郎　八兵衛
喜右衛門　七兵衛　宇平次　久来松　平右衛門　惣七　七郎次　仁兵衛　長次郎
新右衛門　源八　平太　庄右衛門　茂兵衛　治兵衛　長左衛門　平兵衛　平右衛門
利兵衛　惣四郎　平八　七之助　勘兵衛　善六　喜左衛門
清助　佐兵衛　助次郎　喜七　久五郎　庄兵衛
伊右衛門　伊八　長七　中川次郎兵衛　三右衛門　午之助　仁左衛門
吉右衛門　佐次右衛門　次右衛門　源兵衛

出版経費の問題もあろう。しかし、仮に倍の大きさになったとしても、なお判読が困難であることに変わりはない。にも関わらず原形を重んじた伊藤の見識には敬意を表したい。彼は、一方では、棟札は古文書の願文であると言っている。単に古文書の願文と考えるなら、その様式に改めて写し取ることも可能であり、それで内容の把握は一応出来る。しかし、伊藤はそうしなかった。それは、その内容が古文書の願文に当たると考えた一方で、直接に棟札に当たった経験から、それだけではない、棟札は「もの資料」である、この原形はそのままに伝えないと意味を損なうと伊藤自身が直感したからだと思う。

そこで考え出されたのが、本書で何回も史料として引用した『歴博報告』の記録方法である。それは縦長に記される棟札に記された文面を活字化するに当たって、全ての行を同時に改行する方法である。勿論、この記載方法は既に一九五七年の伊藤延男の「古建築銘文集成　一～五」(『校刊美術史料』八八～九二)でも採用されていて、歴博独自のものではない。ただ、全面的に展開したものとして高く評価して良い。なお、文字の大小・行間の間隔・外形の把握など、まだまだ問題点を残してはいるが、一歩前進であることは疑いない。今後も、こうした努力が重ねられるべきである。それでも沢山の文字の記された棟札の場合、一文字が二㎜に満たないものがある。なお、判読の困難さが解消されたわけではない。今後とも棟札の翻刻法は改善される必要があろう。

翻刻に当たっての困難さは文字の大きさに限らない。例えば、呪符は、今までの出版ではほとんど把握されていない。また、梵字も単に梵字と記されるのみである。この辺りは、出版能力以前に、調査能力の不足の解決が先かも知れない。梵字の判読・翻刻は調査者が少し勉強すれば相当進むと思う。一方、呪符は、始末が悪い。どう書いてあるのかが分からないのだから把握のしようがない。当面は見えた通りに写し取る以外ない。そして見えた通り写し取ったとしても、それを活字の中に組み込むことはさらに努力を要する。しかし、こうした努力を積み重ねて実態の解明に取り組む以外にないと思う。そうした努力を積み重ねることによって一〇〇〇年にわたる呪いの実態と変化も分かってこよう。呪符もそうだが、呪文の読みも正しいかどうか疑わしいものも多くあるのではないかと思われる。意味が分からないから誤読を生じるのであり、意味が分かるようになれば、もっと正しい読みが可能と思われる。『山梨県棟札調査報告書』は、これらの点を相当程度まで克服している。

調査能力ということで言えば、何と言っても古びた板、そこに記された文字もまたかすれたり、すすけたりして見えにくくなっているものも多い。赤外線による解読を併用するなど、技術的な問題の改善にも取り組むべきであろう。

また、材質や大きさなどの法量の把握も可能な限り正確に行いたい。本書でも連続する複数枚で一点の棟札を考える場合、それが重要な手がかりであったことは既に確認している。紙に書かれた古文書が継ぎ目の糊が効かなくなって剥がれた場合、それぞれが断簡になって意味が半減する経験をお持ちの歴史研究者も多いと思う。本来一つであったものは、元の状態で把握されるべきである。古文書も棟札も同じことと思う。

衣食住、人間の生活の根幹の一つ、建物に関する歴史はもっと分かって良い。もっと分かるはずだと思う。

三　棟札研究の歩み

今まで、先行の業績に導かれながらやっとここまできた。にも関わらずその先学の御論考には余り触れることが出来なかった。引用の棟札の点数が余りに多く、かつ、その一点一点に、可能な限り出典注を（　）で補ってきた。その上に、論考の注まで付すことは余りに煩瑣になると考えたからである。この点は巻末の「参考文献一覧」に当たって頂くことでご了解を得たい。ここでは幾つかの論考を紹介しつつ、今少し、今後の問題点を考えてみたい。

松井輝昭「中世の棟札の特質について――安芸・備後領国の社殿造営を中心に――」（『広島県立文書館紀要』第三号、一九九四年七月）は、この以前の棟札の研究は、沼田頼輔・伊藤延男・福山敏男の三氏の仕事に尽きると先行業績を継承した上で、①平安時代末期から、なぜ棟木銘や棟札を書くようになったのだろうか（南北朝時代以前の祈禱文言のない棟木銘や棟札を、記念碑的なものと言い切ることができるのか、私には疑問である）、②「棟札を打つ」所作に込められた関係者の思いはどんなであったか、という二つの疑問から出発し、同時に③棟札の上に現れない人々にも目配りが必要であろう、とその背景にまで視野に入れながら棟札の考察を開始する。

最初は安芸国の一宮である厳島神社を取り上げ、弘法大師や平清盛でさえ打っていない棟札を打つようになるのは毛利元就からであることを論証する。実際には回廊の棟札など明応年間（一五世紀末期）にまで遡るが、大勢としては弘治元年（一五五五）の厳島合戦において毛利氏が勝利して以降のことであることを多数の残存棟札と古文書などの関係史料から導き出す。なお、回廊だけで一一四枚が残存しているという。この点、『歴博報告』では一四点が紹介されているに過ぎない。毛利元就が棟札を打ったのは、室町時代を通じて「関係者の名前を残そうという動きが顕著になってきた」からだとする。

次に「祈禱文言の有無によって、棟札の性格を祈禱札的なもの、あるいは記念碑的なものと、二律背反的に弁別できるのだろうか。これは、棟札に書き込まれた、檀那や願主などの『名前』を、いかに評価するかの問題でもある」と、自らの疑問に自答し、現存最古の中尊寺の棟札に「藤原清衡が彼女らの名前をあえて載せたのは、そのことによって、仏の加護が期待できたからと推測せざるを得ない」とする。さらに、棟札を打つ・籠めるの意味を考え、これも神仏との一体化を期待した行為であり、「棟札の祈禱札としての性格が次第に強まった」。このために、当初簡単な内容しか記し得なかった棟木銘・棟札から、より多くの内容を記すことができる棟札へ移行したのではないかと考える。こうした潮流の中、毛利氏は、厳島神社の本殿に棟札を打つことを強く望んだと結論を導き出す。

次には、吉田清神社の一七枚の棟札を取り上げ、そこに①在地領主②作事奉行③百姓の名が記されていることを指摘する。そして、①の在地領主が「彼らの主人筋に当たる人物の名前を書き入れていた」のは、「彼ら小領主と上級領主との関係が、従前にも増して緊密になっていった」ことを示し、「彼らもまた、単なる『公文沙汰人』から一歩上昇したために、棟札にその名前を書き入れることができるようになった」とする。そして「地域の支配者を『大檀那』として位置付ける」ようになると、「百姓や村落の生活の安寧を祈念する言葉は、祈禱文言から次第に消えていく趨勢であった」と大名による領国支配の強化が棟札の祈禱文言の上にも表れたとしている。「誰の力で社殿が造営されたかによって、祈禱文言にも自ずから違いが見られた」とするのは、けだし当然であろう。

三番目に江戸時代の棟札を取り上げ、①藩主の名前が棟札の中央に大書きされるもの（厳島神社）、②藩主の名前が脇に書かれるもの（各地域の大社）、③脇に書かれた藩主の名が江戸中期以降消えるもの（各地の中心的な神社）の三つのタイプを抽出する。一六世紀から一七世紀にかけて、いわゆる天下統一の時代、大名による権力強化の中で、大名およびその従者は村々の社寺の造営にまで介入をした。しかし、常時武力的に介入することは難しかった。一七世紀段階では①②の棟札が多かったが、徐々に③のタイプが増えて行く。すなわち藩主の名前が消えて行くのである。この段階で再び「百姓や村落の生活の安寧を祈念する言葉」が現れるのである。同時に、「江戸時代に入り、人々の歴史意識が高まるとともに、棟札は社寺の古い由緒を伝える証として珍重され、保存のために格別の手立が採られるようになり、さては偽の棟札まで作られるようになった」と、いわゆる中世から近世の棟札を見通している。

おそらく、棟札という資料に着目し、その性格、書式、時代の推移を絡めて考察した、数少ない論考と言って良いだろう。是非一読をお勧めしたい。

福田敏朗「棟札を読む」(『京都府埋蔵文化財論集』第二集、一九九一年)は、京都府加茂町の三十八神社(観音寺)・春日神社(銭司)・春日神社(井平尾)・八幡宮(奥畑)・白山神社(岩舟)などに残る一二〇～一三〇枚の棟札の検討を通じて、「それぞれの立地条件や建物の規模・用材の種別等に差があることから、一概には云えないものの、およそ二〇年に一度の割合で屋根の葺替を主体とした維持のための修理が行われ、一〇〇年あるいは一五〇、二〇〇年という周期で、全面建て替えかあるいは解体しての修理というような大事業が行われ続けてきたことが理解される」としている。

次に棟札に記された人名に着目し、一五・一六世紀段階では、「おとな」数名ないし十数名が記載されるに過ぎないものが、一七世紀に変化を見せつつ、およそ元禄年間(一六八八～一七〇四)を境に、すなわち、一八世紀になると、庄屋・年寄・氏子中さらには村の男女数十名の名が記されるようになることを明らかにしている。やはり地域の特性があるのだろう。ここでは一貫して村々の神社である。その場合でも一八世紀から多くの村人の名が見られること、村内安全・氏子安全と自らの安穏が祈願の文言になっていることは、松井論文が明らかにした安芸・備後と共通している。なお、本稿でも触れた和歌山県の慈尊院の棟札が「地元大工と檜皮大工が奉納した二枚が対」になっていることとの指摘もある。

日向進・市川定男・杉浦邦久「若狭の大工と営業圏」(『若狭』第二七号、一九八一年)は、若狭地方に残る一六五枚の棟札から、大工一人一人を抽出し、その親子・あるいは親方子方関係および活動範囲をさぐり、江戸時代後期には小浜藩に形成されていた一五の大工組と深く関わるものと考察を進めている。すなわち、大工組が形成されていた地域では、他の地域の大工組が入ることはなかった。反対に大工組の形成されていない地域には、様々な大工組が入り社寺の建造にあたったと、同業者集団と営業圏の分担について考察を及ぼしている。

市村高男「戦国期番匠についての考察——棟札活用の一視点——」（永原慶二編『大名領国を歩く』、吉川弘文館、一九九三年）は、常陸に残る棟札から三二件約七〇名の番匠を抽出し、A＝領主権力と密接に結合した番匠、B＝有力寺社に付属しつつ領主権力に編成された番匠、C＝領主権力や有力寺社に直結しない在地的な番匠に類型化する。そして、それぞれの番匠の造営（建築）との関わり、営業の形態・営業の範囲などに考察を及ぼし、それが中世領主の領域支配と緊密な関係にあったことを裏付けている。また、材木の取り始めから入仏の儀式に至る造営の具体的な過程も明らかにしている。なお、残された課題として「番匠を歴史的にどう位置付け、また、地域的にどのように評価するか」を挙げ、さらに「書式、上部や四隅の『封』の字、上部に記される梵字・呪文・北斗七星などの星印、などに表現された宗教的・呪術的な未解明の問題を残すことになった」と結んでいる。市村の言う歴史的な位置付けが何を指すのか、不明であるが、例えば、秋田に移った佐竹氏の霊屋の造立棟札の中に「大工頭吉原五右衛門」が見える（秋田県・佐竹家霊屋No.1「霊屋寛文十二年（一六七二）造立棟札」、東北編九五頁）。市村の分類した領主権力と密接に結合した番匠の中に吉原（葦原）出雲守ほかの名がみえる。直属の職人であったが故に佐竹氏とともに秋田に移ったのである。この点については、秋田藩が編纂した『家蔵文書』の中に石橋・吉原両氏の文書が含まれていることを市村自身が、この前の小論「番匠研究と棟札の活用」（『帝京大学山梨文化財研究所報』第13号、一九九一年）で触れている。

湯山学「地域における中世史研究と棟札——相模国を例として——」（『かながわ文化財』七六号、一九八〇年）。

この論文は、後北条氏の関東支配の進展の様子を説く中で、「この棟札（神奈川県・寒川神社№1「宝殿大永二年（一五二二）再興棟札」、関東編三六八頁に相当）がとくに重要なのは、宗瑞・氏綱の一族が『北条』の名字を用いた初見史料とされていることである」、或いは、「氏綱の父宗瑞が『伊勢新九郎』といわれたことは、いくつかの史料によって明らかとなっている。しかし自ら伊勢を称した史料はこの棟札（神奈川県・箱根神社№1「東福寺三所大権現宝殿大永三年（一五二三）建立棟札」、関東編三七一頁に相当）のみである」と、棟札があるからこそ明らかになる事実があると、棟札の貴重さを訴える。さらに相模国内の土豪の存在や『小田原衆所領役帳』の考察に進み、「駒形社棟札は残存する戦国期の古文書では知り得ない、在地の支配構造を詳細に明らかにすることができる」「同史料を補強し、役帳のみでは明らかにしえなかった事実を棟札は知らせてくれる」と、古文書や古記録の欠を補う価値を棟札に認めるのである。この論文は棟札の保存を訴えることを目的にし、棟札の即効的価値を前面に押し出し訴えている

則竹雄一「後北条領国下における番匠の存在形態」（『生活と文化』豊島区立郷土資料館研究紀要第六号、一九九二年）は、まず伊豆南部・相模・武蔵南部の棟札から大工の記載のあるものを抽出し一覧表を作成する（九五例）。そしてどこに何という大工がいたかの確認を行う。次に後北条氏関係史料から番匠記録を抽出する（五七例）。この両者を通じて、①鎌倉にいた大工、②町場（宿場・津・門前・城下）にいたもの、③村にいた大工に分類し、地域ごとにその特徴を探る。例えば、鎌倉の大工の場合は、岡崎氏が鶴岡八幡宮、金子氏が東慶寺、渋谷氏が覚園寺、高階氏が円覚寺、河内氏が建長寺というように、特定の寺社に所属する被官番匠であった。ただ、その一方で鎌倉大工というまとまりはなかったとする。また、下田市の高根神社の棟札に「棟梁」の名を見出し、大工から棟梁への言葉の変更の中に職人組織の変化を見出そうとしている。

則竹雄一「棟札にみる後北条領国下の地頭と村落」（永原慶二編『大名領国を歩く』、吉川弘文館、一九九三年）は、棟札に記された費用を負担する檀那に注目し八九例の棟札を抽出する。檀那として記されるものが、Ⅰ型＝在地領主のみのもの（六〇例）、Ⅱ型＝在地領主と百姓衆の記載されるもの（一九例）、Ⅲ型＝百姓衆のもののみのもの（八例）に分類する。そして「棟札の旦那記載の相違は、当該寺社をめぐる領主と百姓との関係を示していると考えられる」と、次の考察に進み、後北条氏の他の史料である古文書や所領役帳との補完関係から、個々の在地領主の実在をより強固に証明し、或いは駒形神社の棟札から丸嶋郷の領主が平井氏から小野氏に変わったことなどを示して、「このように複数の棟札から郷村を支配する『地頭』『代官』の変遷が見えてくる」とする。また、Ⅱ・Ⅲ型の百姓衆の名の記される棟札からは、百姓衆の台頭と戦国期における村の鎮守社の成立を見通している。

以上、幾つかの論考を見ると、棟札は実に様々な観点から利用しうる資料であることに気付くであろう。棟札が様々な内容を記しているのだから当然の結果である。では棟札には何が記されているのだろうか。この点を改めて考えてみたい。棟札にはおよそ次の要素が記されていた。

①奉造立〇〇本殿・□□本堂……――何処の（Where）
　　　　　　　　　　　　　　　――何　を（What）
　　　　　　　　　　　　　　　――どうした（How）
②檀那・願主　　　　　　　　　――誰　が（Who）
③年月日　　　　　　　　　　　――何　時（When）
④大工　　　　　　　　　　　　――誰　が（Who）

⑤祈願文言（目的）　　――何　故（Why）
⑥由緒・縁起　　――何　故（Why）
⑦荘厳（呪符・偈）　　――
⑧工事記録　　――どのように（How）
⑨出資者（奉加帳）　　――誰　が（Who）
⑩その他　　――

すなわち、誰が・何時・何処の・何を・何故、「造立し奉った」のか、あるいは「修造し奉った」のかが記されているのである。そしてどのように（How）したのかの部分が、「大工（④）が斧始め・柱立など様々な工程を経て（⑧）」と記されるのである。尤も、「大工」は、これこそが主語、「誰が」に当たると考えることもできる。棟札の場合、大工の存在は格別であった。中尊寺の棟木銘・棟札の場合には、大工の方が、大檀・女檀より上位に記されていた。また徳川家康も「大工の名これ無き儀、御腹立」と大工の名を記すことに拘っていた。その以前に、ほとんどの棟札に大工の名は記されている。この点の考察も是非行うべきである。ともかく棟札には、事柄の内容が伝わる文章構成の５Ｗ１Ｈが見事に備わっているのである。

この棟札に記された項目の内、例えば大工を考察したものは、大工（④）の項目とあと二、三の年月日（③）・地域（①）などを取り上げたものである。また、建て替えの時期を考察したものは、年月日（③）を主に取り上げたものである。それは各論文の目的によるのであって、そういう利用の仕方は勿論ある。ただ、棟札を考える、棟札の特性を考察するという観点から言えば、全ての項目に目を向けるべきであろう。

さて、この観点から棟札を考察する場合、この構成要素の組み合わせの分だけ棟札のタイプが形成されることになる。しかも、この組み合わせは、単に一列の組み合わせだけではなく、上下・左右・割書など空間上に配置されるため、ここから派生する組み合わせ、つまり型式上の違いは、想像以上に多い。このために棟札は単純でありながら、かつ複雑になるのである。従って今後の棟札の考察に当たっては以下の作業手順が必要と思う。①一つ一つの棟札を通してみる。②棟札の記載事項を、上記の各要素に分解してみる。③各要素の構成を類型化して考察する。④改めて一つ一つの棟札を通してみる。

こうした見通しを立てた上でなおやっかいな問題が残る。それは呪符・呪文・偈などである。これについては一つ一つを明らかにし、『棟札用字用語辞典』の作成が望まれる。当面、生野勇ほか『民家の棟札集成——四国地方の民家を中心として』、佐藤正彦『天井裏の文化史　棟札は語る』が役に立つ。

そして何よりも肝要なことは、棟札の正確なテキストを作ることである。資料集が公刊されてこそ多くの人が利用しうる。実際、沼田頼輔「棟札の沿革」（『考古学雑誌』第八巻七号、一九一八年）以来、個々の研究はあったにせよ、全面的な考察は遅々として進まなかった。また、その資料化の試みも伊藤延男編「古建築銘文集」一〜五（『校刊美術史料』八八〜九二、一九五七年）以来、遅々として進まなかった。本書で縷々述べてきたような困難が立ちはだかったからである。しかし、突破の糸口は見えてきたと思う。なかなか全国一斉にというわけには行かないだろうが、是非、各都道府県・市町村単位での資料集の刊行を望みたい。

おわりに

さて最初に見た真如堂の再建の落慶供養は大永元年（一五二一）の八月に執り行われた。応仁の乱中の破壊以来、実に五三年振りのことである。実は本堂はもう大分前の文亀三年（一五〇三）に再建されていた。その上棟の場面は最初に見たところである。その後、門を作ったり、外壁を作ったり随分手間と費用が掛かり、正式な落慶法要を営む資金の手当てがままならなかったのである。諸国に募縁を募り、都鄙貴賤・善男善女の寄進を得て、漸く大永元年に執り行われることになったのである。

八月十五日、時正開日。礼堂において別時念仏を始行す。僧衆四十八人。先規のごとく十ヶ日の間、執り行う。同廿四日結願しおわんぬ。仍って、供養当日は同廿九日なり。

落慶供養の法要は、導師の青蓮院宮入道尊鎮の入寺で始まった。法会の始まる前に舞楽人が音楽を奏でると、勅使が寺に入った。次いで舞楽人が万歳楽を奏でる中、導師・勅使、その他諸々の参列者が、本堂の指定された席、或いは本堂前の庭に参列した。こうして法会が始まり、万秋楽が奏でられる中、法会は粛々と執り行われていった。法会が始まるとともに西の空から瑞雲が立ち上り、本堂の屋根を覆った。すると、そこには太陽と月と星の三つの光がはっきりと現れた。これら一々の奇瑞について、僧侶も俗人も、身分の高い者も、身分の低い者も皆驚き、拝み、改めてこの仏と寺への信仰の心を誓ったのであった。

残念ながら、この時の棟札は現存しない。今、真如堂に残る棟札は『歴博報告』には、次の三点の「本堂享保

【史料53】京都府・真正極楽寺No.1「本堂享保二年（一七一七）建立棟札」（近畿編Ⅰ一五三頁）

〔表〕

東山院尊儀　巳之御歳御祈祷　中之御歳御祈祷　未之御歳御祈祷　卯之御歳御祈祷　上棟享保貳禩
新崇賢門院　午之御歳御祈祷　子之御歳御祈祷　子之御歳御祈祷　丑之御年御祈祷
十月二十二日
當　山　現　住　上　乗　院　僧　正　尊　通
南　　無　　阿　　旀　　陁　　佛　（松樹院宗寿以下約五百五十人の人名あり）
本　堂　建　立　大　勧　進　上　人　高　譽
輪王寺宮御祈祷　女院之姫宮御祈祷　ヲイチ　構頭浄益斐天
曇華院宮御祈祷　栄姫様御祈祷　六條殿御祈祷　諸　檀　那　中

〔裏〕

（浄玄利貞以下約七百四十人の人名あり）

〔備考〕現本堂の建立棟札。小屋組内に打付けてある。

【史料54】京都府・真正極楽寺No.2「本堂享保二年（一七一七）上棟棟札」（近畿編Ⅰ一五四頁）

〔表〕

修験者　喜運院前住三部都法大阿闍梨法印権大僧都文恢和尚位　欽白
我此土安穏天人常充満園林諸堂閣
勧化沙門　泉堺遍照寺前住崇蓮社高譽上人得運和尚
(梵《イ》)(梵《イ》)(梵《ア》)(梵《ユ》)(梵《チャ》)(梵《バ》)是　法　住　法　位
建立願主　當寺廿八世大僧正法印尊通大和尚位
(梵《オン》)(梵《ソ》)(梵《バ》)(梵《タラ》)(梵《ソ》)(梵《マ》)(梵《エイ》)(梵《シリー》)(梵)(梵)(梵《カー》)(梵《ダ》)千旹(マヽ)享保二年歳次丁酉初冬念二日上棟
(梵《バ》)(梵《バイ》)(梵《ブ》)(梵《ユ》)(梵《ア》)(梵《バ》)世　間　相　常　住
役者　東陽院　法印権大僧都賢珇和尚位
役者　松林院　法印権大僧都義通和尚位
種　種　寶　荘　厳　寶　樹　多　華　果　衆　生　所　遊　楽
工寮　豊田安藝掾(マヽ)藤原良治　助工　豊田清五郎
松木平兵衛
椿山彦兵衛

〔裏〕

(梵)(梵)(梵《ボローン》)(梵《ウーン》)

〔備考〕現本堂の建立棟札。小屋組内に打付けてある。

二年建立棟札」（近畿編Ⅰ一五三・一五四頁）が報告されている。

【史料55】京都府・真正極楽寺No.3「本堂享保二年（一七一七）建立棟札」（近畿編Ⅰ一五四頁）

（表）

巳之御歳御男　涼照院尊儀
當山現住上乗院僧正尊通　上棟享保貳禩十月二十二日
午之御歳御女　高岳院尊儀

南　無　阿　旀　陁　佛（松樹院宗寿以下約四百八十人の人名あり）

霊智院尊儀　構頭浄益芟天
本堂建立大勧進上人高譽
東山院尊儀　尊勝法院尊儀　諸檀那中
申之御歳男

（裏）

（次郎兵衛以下約八百四十人の人名あり）

〔備考〕現本堂の建立棟札。小屋組内に打付けてある。

真如堂（真正極楽寺）のNo.1・2・3（史料53・54・55）の三枚が一連の棟札であることは明らかである。No.2（史料54）に「于時享保二年歳次丁酉初冬念二日上棟」とある。「初冬」は十月のこと、「念」は二十の意味で、「十月二十二日」である。一方、No.1・3（史料53・55）には、上部右下に「上棟享保貳禩十月二十二日」とある。またしても読めない字「禩」がある。しかし、前後から考えて、「禩」が年の意味であることは疑いない。この三点は全く同一年月日の棟札であり、一つが正式の棟札（No.2）であり、残り二枚（No.1・3）が勧進に応えた奉加者の名を記した棟札である。実際、この二枚はほとんど同文と言って良いほど酷似している。中央上部に「南無阿弥陀仏」、その右に「当山現住上乗院僧正尊通」、左側に「本堂建立大勧進上人高誉」と記す。そして以下に、それぞれ「（松樹院棟寿以下約五百五十人の人名あり）（浄玄利貞以下約七百四十人の人名あり）」「（松樹院棟寿以下約四百八十人の人名あり）（次郎兵衛以下約八百四十人の人名あり）」とある。なんとその数、約二六一〇人である。この多数の人名の最初が、二枚ともに「松樹院棟寿」とあるのが気がかりではあるが、恐らく全体には別々の人が記されていたのではないかと思う。何故なら一枚には一二九〇人、もう一枚には一三二〇人の名が記されていて、人数が合わない。また、それぞれの札の右肩には、「巳の御歳御祈禱」「午の御歳御女」などと記されている。この札は勧進に応えた善男善女を生年の十二支に分け、仏の加護を願って名を記された札と考えられる。であれば、ここに書かれた十二支は、子丑寅卯辰巳午未申酉戌亥のうち、子丑卯巳午未申およびの巳の男・午の女・申の男であり、寅辰酉戌亥の年は記されていない。さらに何枚かの奉加者を記した札があった可能性がある。いずれにせよ、真如堂の復興や再建は、応仁の乱後の一六世紀においても、またこの棟札に見える一八世紀においても、かくも多数の人々の奉加によって上棟が達成されたのである。

こうした奉仕や奉加は宗像神社の棟札では、延べ四六、五〇〇余人の人々が動員されていた。他にも福岡県の善導寺の場合には、「人夫二万人」(善導寺No.2・4、九州編二八一～二八三頁)とある。いかに多数の人々の奉仕や奉加があったかがわかる。これら数千人の、あるいは数万人の願いの込められたのが、棟札なのである。たった一片の木札と見過ごすには、あまりに重い存在と思う。

参考文献一覧

【展示図録】

『特別陳列　造営にこめる願い～棟札にみる大工の世界～』、京都府立丹後郷土資料館、一九九八年

『中世の棟札　神と仏と人々の信仰』、横浜市歴史博物館、二〇〇二年

【資料・史料集】（原則として『県・市町村史』は除き、「棟札」と銘打ったものをあげた）

伊藤延男編「古建築銘文集」一～五、『校刊美術史料』八八～九二、一九五七年

前田和男編「棟札」、『中土佐町史料』、一九七二年

『川内の棟札』、川内郷土史編さん委員会、一九七三年

黒川隆弘『讃岐社寺の棟札』、美巧社、一九七九年

『常滑市域の神社棟札調査』、常滑市教育委員会、一九八三年

『三好町神社棟札調査報告書』、三好町教育委員会、一九八五年

『下田市社寺棟札調査報告書』三冊、下田市教育委員会、一九八六～八八年

『民家の棟札集成――四国地方の民家を中心として』、生野勇ほか（財団法人文化財建造物保存技術協会）、一九八九年

『千葉県印旛郡栄町神社棟札集成』、千葉県栄町教育委員会、一九九二年

『千葉県印旛郡栄町寺院棟札集成』、千葉県栄町教育委員会、一九九四年

『千葉県印旛郡栄町神社・寺院棟札集成補遺』、千葉県栄町教育委員会、一九九七年

『河津町の棟札』、河津町教育委員会ほか、一九九三年

『春野町の社寺棟札等調査報告書』、春野町史編さん委員会、一九九三年

『社寺の国宝・重文等　棟札銘文集――中国・四国・九州編――』、国立歴史民俗博物館、一九九三年
『社寺の国宝・重文等　棟札銘文集――中部編――』、同、一九九五年
『社寺の国宝・重文等　棟札銘文集――近畿編Ⅰ――』、同、一九九六年
『社寺の国宝・重文等　棟札銘文集――近畿編Ⅱ――』、同、一九九六年
『社寺の国宝・重文等　棟札銘文集――関東編――』、同、一九九八年
『社寺の国宝・重文等　棟札銘文集――東北編――』、同、一九九八年
『引田町社寺の棟札』、引田町郷土研究会、一九九四年
『三原藩武芸家関係文書　荒木文書及摩利支天社棟札写し』、藤原覚一(三原郷土文化研究会)、一九九五年
『山梨県棟札調査報告書　郡内Ⅰ』、山梨県教育委員会学術文化課、一九九五年
『山梨県棟札調査報告書　国内Ⅰ』、山梨県教育委員会学術文化課、一九九六年
『山梨県棟札調査報告書　河内Ⅰ』、山梨県教育委員会県史編さん室、一九九七年
『山梨県棟札調査報告書　国中Ⅱ』、山梨県教育委員会県史編さん室、二〇〇四年
『大般若経に取り組む　付河辺八幡神社の棟札』、河辺八幡神社資料調査会、一九九七年
『森町の棟札・金石文』、森町史編さん委員会、一九九八年
『泉佐野市内の社寺に残る棟札資料』、泉佐野市史編さん委員会、一九九八年
『庶民信仰がわかるやまきたの棟札』、山北町、二〇〇一年
『豊橋市神社棟札集成』、鈴木源一郎(愛知県神社庁豊橋支部)、二〇〇一年

【論文・著書】
沼田頼輔「棟札の沿革」、『考古学雑誌』第八巻七号、一九一八年
上田三平「能登国伊夜比咩神社所蔵の棟札」、『考古学雑誌』一三巻一一号、一九二三年
鷹城散史「土佐に現存せる棟札」、『土佐史談』三一・三四号、一九三〇年
伊藤平左衛門「棟札」、『建築の儀式』、一九五九年

福山敏男「中尊寺棟札」、『日本建築史研究』続編、一九七一年
伊藤延男「棟札の起源とその変遷」、『建築ものの始め考』、新建築社、一九七三年
福山敏男「棟札考」、『月刊文化財』、一九七三年一月号
『阿波民家の棟札』、徳島県教育委員会、一九七五年
宮澤智士「徳島県民家の棟札」、『阿波の民家』、徳島県教育委員会、一九七六年
宮澤智士「一宇村民家の棟札」、『四国の民家と集落一　一宇村』、一九七六年
湯山学「地域における中世史研究と棟札――相模国を例として――」、『かながわ文化財』七六号、一九八〇年
日向進・市川定男・杉浦邦久「若狭の大工と営業圏」、『若狭』第二七号、一九八一年
野沢公次郎「信玄霊殿の棟札見付かる」、『甲斐路』四四号、一九八二年
宮澤智士「棟札からみた民家の耐用年限」、『文化財保存修復研究協議会記録』、東京国立文化財研究所、一九八五年
中川武「伝統的建築技術保持者（大工）の育成に関する基礎的研究――近世甲斐国社寺棟札に見る下山大工の活動とそれを支えたもの――」、『住宅土地問題研究論文集』第七集、一九八五年
島津晴久・岡田晃司「鳥取県東伯郡北条北尾の八幡神社に伝わる里見忠義寄進棟札について」、『千葉県の歴史』三〇、一九八五年
高橋恒夫「社寺普請における気仙大工とその系譜について」、『日本建築学会計画系論文報告集』、一九八六年
西和夫「棟札に見る大工の居住地と工事場」、『歴史と民俗』三号、一九八八年
湯山学「舞々・祇園祭・棟札・絵解き」、『戦国史研究』第一五号、一九八八年
湯浅隆「棟札の調査」、『千葉史学』第一七号、一九九〇年
福田敏朗「棟札を読む」、『京都府埋蔵文化財論集』第二集、一九九一年
角屋由美子・今泉ゆり子「調査報告　成島八幡神社『棟札』などについて」、『米沢市立上杉博物館年報』二、一九九一年
市村高男「番匠研究と棟札の活用」、『帝京大学山梨文化財研究所報』第一三号、一九九一年
則竹雄一「後北条領国下における番匠の存在形態」、『生活と文化』豊島区立郷土資料館研究紀要第六号、一九九二年
一色史彦「『常総棟札研究』の勧め」、『常総の歴史』九、一九九二年

糸賀茂男「日立地方の中世棟札について」、『郷土ひたち』四二、一九九二年
山野善郎「熊野市の神社棟札――その概要と特色（一）――」、『三重短期大学生活学科研究会紀要』、一九九三年
山野善郎「熊野市の神社棟札――その概要と特色（二）――」、『三重短期大学生活学科研究会紀要』、一九九三年
大矢邦宣「中尊寺保安三年棟札をめぐって」、『岩手県立博物館研究報告』第一一号、一九九三年
時田里志・大矢邦宣「古棟札調査報告（一）」、『岩手県立博物館研究報告』第一一号、一九九三年
則竹雄一「棟札にみる後北条領国下の地頭と村落」、永原慶二編『大名領国を歩く』、吉川弘文館、一九九三年
市村高男「戦国期番匠についての考察――棟札活用の一視点――」、永原慶二編『大名領国を歩く』、吉川弘文館、一九九三年
岡本健児「吾北村八坂神社の中世棟札」、『土佐史談』一九三号、一九九三年
秋山敬「天文二十二年窪八幡神社鐘楼建立棟札について」、『甲斐中世史と仏教美術』、名著出版、一九九四年
松井輝昭「中世の棟札の特質について――安芸・備後領国の社殿造営を中心に――」、『広島県立文書館紀要』第三号、一九九四年
山崎恭子「毛利氏被官大工藤井氏について」、『山口県史研究』第二号、一九九四年
佐藤正彦『天井裏の文化史　棟札は語る』、講談社、一九九五年
岡本桂典「土佐における棟札の考古学的研究（1）――高岡神社の中世棟札――」、『高知県立歴史民俗資料館研究紀要』五、一九九五年
油浅耕三「因幡国岩井郡荒砂大明神の棟札についての考察」、『岐阜工業高等専門学校紀要』、一九九六年
水藤真「棟札の可能性」、『木簡・木札が語る中世』、東京堂、一九九五年
佐々木忠夫「伊豆南部中世神社棟札・木札一覧」、『静岡県史研究』第一四号、一九九七年
伊藤太「棟札の古文書学――中世丹後の工匠・代官・宮座――」、『日本社会の史的構造　古代・中世』、思文閣出版、一九九七年
伊藤太「史料紹介　河辺八幡神社棟札銘文集成」、『太邇波考古学論集』、両丹考古学研究会、一九九七年
窪田涼子「棟札に見る観音堂再興と地域――奥能登岩倉寺を題材にして――」、西和夫編『建築史の回り舞台』、彰国社、一九九九年

土居聡明「南伊予における中世後期・近世初期の棟札――東宇和郡を中心に――」、『愛媛県歴史文化博物館研究紀要』第五号、二〇〇〇年
国京克巳「棟札にみる天保期の造営組織――福井藩の造営組織の研究(二)」、『福井工業大学研究紀要』第一部、二〇〇〇年
宮本勉・小田寛貴「加速器質量分析法による智者山神社・敬満大井神社棟札等のC14年代測定」、『名古屋大学加速器質量分析計業績報告書』、二〇〇一年
平松令三「神社の棟札が語る村の歴史」、『河芸町史』本文編、二〇〇一年
遠藤廣昭「概説　中世の棟札――出品資料から――」、『中世の棟札　神と仏と人々の信仰』、横浜市歴史博物館、二〇〇二年
足立順司『もう一つの中世史――引佐町の鰐口・梵鐘・棟札・石塔から――』、私家版、二〇〇二年
中西一郎「中世地震史料の収集(1)　識語、棟札等非文献史料」、『日本地震学会講演予稿集』、二〇〇二年

あとがき

国立歴史民俗博物館が棟札の調査を行ったのは平成三年（一九九一）のことだった。そして、その成果である「非文献資料の基礎的研究（棟札）」の報告書の一冊目、『社寺の国宝・重文等　棟札銘文集——中国・四国・九州編——』が刊行されたのは平成五年（一九九三）三月のことであった。以後、平成九年（一九九七）三月の関東編・東北編の刊行をもって、当面の一連の作業は終わった。本書は、その『歴博報告』に全面的に依拠している。そして『歴博報告』の不備についてもまま触れた。しかし、それは『歴博報告』を非難しようという趣旨ではない。何を隠そう、この歴博の「非文献資料の基礎的研究」をはじめた当事者の一人であった。

これを遡ることさらに十年、昭和五十八年（一九八三）三月十六日に国立歴史民俗博物館は開館した。新たに博物館を創るというのは大変な作業である。が、いったん作ると決まれば案外できる。少なくとも当時はそうだった。問題は二つあった。一つは開館後の維持運営費である。博物館に限らずこの国では作るところまでは調子よく予算が付くが、後は知らないということもままあった。実際、同じ頃前後してできた公立の博物館の中には、一応の展示を終えて一般公開されると、後は毎日玄関の戸を開け閉めするのみで、その他の博物館活動を全くしない博物館もあったのである。例えば、学芸員を置かない博物館も実際に存在した。学芸員が居ない博物館で、調査や研究、資料の安全な管理ができるであろうか。しかし、残念ながら現実には存在したのである。そこでは本当に建物としての博物館を管理する職員一人か二人の人件費と電気代や水道代などの本当の管理費のみが認められていた。これでは博物館が博物館らしく活動するなど思いもよらない。

そう考えれば、開館後の維持運営費と人件費を確保することが是非とも必要だった。国公立の場合、定員が認められれば、人件費は確保された。しかし、給与だけでは活動はできない。問題は実際に博物館として活動できる調査費・研究費・資料収集費などが必要である。幸い、歴博の場合、その費用は展示場維持改善費という名目で認められた。いったん展示が完成すれば、あとは知らないというのではなく、常に資料を収集し、調査や研究を進め展示を維持しながら更新して行こうというものである。このことが歴博の博物館活動にどれほど効果をもたらしたかは、いうまでもない。もし、この展示場維持改善費がなかったら、ほとんど機能できなかったことは疑いない。しかしなお、これは維持改善であり、保守的な性格が強い。もう一歩、積極的に博物館の側から主体的に調査できる体制を確保できないだろうか。こうして特別研究経費を要求することになった。勿論、最初はあっさりと一蹴された。当時、そして今も歴博には四つの研究部がある。結局、歴史研究部にその予算が認められたのは、オープンからほぼ一〇年を経過した一九九一年のことだった。それが、この「非文献資料の基礎的研究」である。棟札のあとは「筆子塚」「古代の印」などの研究が続行している。ここでめざしたことは、棟札の調査研究という内容もさることながら、我が国の博物館が二一世紀社会の中で何を成し得るか、また何をすべきか、そしてそのために何が必要なのか、そうしたことをも同時に提起することに意味があったと考えている。尤も、昨今の我が国の経済状況はいかにも芳しくない状態で、この国立歴史民俗博物館も行政法人化が決まり、随分と事情が変わった。はたして、これで良いのだろうか。しかし、設置形態は兎も角、博物館の社会に対する役割は同じであろう。考えるべきこと、行うべきことは変わるはずはない。問題はどう実現して行くかであろう。

さて、こうしてできた『歴博報告』は、本書でも度々触れたように多々不備な点を内包している。とはいえ、できることはやったと、それなりに満足している。ひとえに調査に参加して下さった方々のご努力と励ましの賜物と感謝に堪えない。本書でも引用させていただいた佐藤正彦氏、山梨県の秋山敬氏、広島県の松井輝昭氏も当時のメンバーである。これらの人々のご努力は全く頭の下がる思いで、収集されたカードは数千枚、ほぼ一万枚弱に達した。この内、報告に耐えうるものを選別し、約四〇〇〇点弱が報告書に載せられた。調査に当たっては、歴博側で事前に把握できる棟札をカード化し、それを各県を担当していただく調査メンバーにお配りした。また、回収された後のカードの整理も大変だった。数千枚のカードがどのくらいの量になるかというと、ざっと積み上げて二〇mくらいの高さになる。話し半分として一〇mである。全く唖然とする量だった。同じく調査に当たった浜島正士氏・湯浅隆氏ともども、「こんな膨大な量のものを、どうやって報告書にしたらよいか」と何度も頭を抱え、途方に暮れた。しかし、棟札調査の意義を説き、重要さを説明し、その意気に感じ調査に応じてこれ程の量のカードを提供してくれた人々のことを思えば、何とか本にまとめなくてはならない。多少の謝金をお支払いしたとはいえ、十中八九、手弁当で現地の社寺に出掛け調査に当たり、カードを作成してくれたことは明らかである。この労苦を無にすることはできない。結局、地域に分け一冊ずつ刊行して行く方向を選択した。一冊分はあらかじめの予算に認められていた。残りは、ともかくも原稿を完成し、原稿が完成したら、その都度、出版経費を要求して行くという方法を選択した。原稿がほぼ出来上がった時点で、文化庁の建造物課を訪ねた。そこには建造物を国宝や重要文化財に指定するときの膨大な資料が保存されている。あるいは解体修理に際しての修理前の写真があった。これらの中に棟札の写真もまた沢山あったからである。本来なら、各社寺を訪ね現物との照合をすべきであろう。しかし、それは余りに大変である。そこで次善の策として、この写真照合を行った。これもいうは易く行うは難し。結構、大変な作業だった。惜しみなくこの機会を与えて下さった文化庁建造物課の諸氏にも感謝したい。こうして私自身は平成七年（一九九五）度の二冊目の刊行をもって歴博を去り、東京女子大学に移った。その後、浜島正士・湯浅隆両氏が刊行を続けられ、平成九年（一九九七）に完結した。当初の予定を大幅に超えながら、よくぞやって下さったと、お二人には感謝に堪えない。そのお二方も平成十四年（二〇〇二）の春、浜島氏は定年退職で別府大学に、湯浅氏は駒澤大学に栄転された。一つの仕事の節目がついたという印象である。

いささか感傷めいたことを長々と記した。しかし、単なる昔話の回想のためではない。博物館が何を為すべきか、博物館は何ができるか、それをともに考えて頂きたいからである。

実際、一九九八年に『特別陳列　造営にこめる願い〜棟札にみる大工の世界〜』を行ったのは、京都府立丹後郷土資料館である。また、二〇〇二年の春、『中世の棟札　神と仏と人々の信仰』という特別展を行ったのは横浜市歴史博物館である。棟札がどんなものであり、そこから何が分かるのか。これらを市民に問いかけたのは、共に博物館なのである。また、棟札の文面や諸種のデータを報告したものは、各県市町村レベルでは、目下、山梨県の事例が随一であろう。それは山梨県教育委員会の仕事として、県史編纂の一環として行われている。その以前には、「参考文献一覧」に掲げたように『下田市社寺棟札調査報告書』（下田市教育委員会、一九八六〜一九八八年）・生野勇ほか『民家の棟札集成――四国地方の民家を中心として』（財団法人文化財建造物保存技術協会、一九八九年）・『千葉県印旛郡栄町神社棟札集成』（千葉県栄町教育委員会、一九九二年）などがある。いずれも教育委員会あるいは公益法人の発行である。それに国立歴史民俗博物館の全六冊の報告書である。棟札に関することは、ほとんど博物館と教育委員会によって担われているのである。大学ではないのである。勿論、大学の研究者の協力は大いに頂いている。しかし、これらの調査・研究・報告、そして保存は組織でなくてはできない。だから大学ではなく、博物館や教育委員会が登場するのである。この現実を冷静に見つめて欲しい。そしてこの国の文化財保護や歴史の研究、さらにはどういう文化活動が望ましいのか。これらの問題を考える上で何が必要なのか、どういう組織が望まれるのか、そいう観点で、博物館や各組織のあり方を考えて頂きたい。そのとき大学と博物館・教育委員会はどういう協力関係を持ちうるのか。二一世紀に向けて何が必要なのか。単に文化財や棟札を残すというのみでなく、それが将来に何なのか、こうしたことを含めて考えて行って欲しいと願うからである。

二〇〇二年の春、横浜市歴史博物館で行われた特別展『中世の棟札　神と仏と人々の信仰』は、全く傑作な展示だった。木の板に墨で文字が記されているだけの棟札が、これでもか、これでもかと並べてあった。どう見ても見栄《みば》えはしない。美しいものでもない。中には板が黒ずんで文字の見えない、見た目には「只の板」もあった。見えないものを展示する。一体、何をどう見よといっているのだろうか。おそらく多くの観覧者は唖然としたに違いない。一方、本書をここまで読んで頂いた読者諸賢には、もうその意味はお分かりのことと思う。

確かに広く市民一般に分かりやすい、親しみやすい展示をするか否かは博物館にとって大切なことだと思う。しかし、たとえ見栄えはしなくとも、分かりにくいものであっても、また難しく取っつきにくいものであっても、大事なものは大事なのであって、それを堂々と展示なさった横浜市歴史博物館の見識に敬意を表したい。また、この展示から多くを学び取った観覧者も多数いたことと思う。この点、日本文化の将来に一筋の光明を見た思いで、ほのかな快感と安堵感を覚えた。やり残したことは多い。ただ、やっと棟札調査の後始末が少しできたかな、とほっとしている。また、棟札の調査研究の取っ掛かりは見えてきたのではないかと思う。多くの方々のご協力に深甚の謝意を表して本稿を閉じたいと思う。「コロコロと　鳴く蟋蟀に　秋の音」と、ここまでを記したのは、二〇〇二年の夏のことだった。

ところが、あれやこれやで出版がのびのびになってしまった。この度、東京女子大学の刊行助成を得、また思文閣出版のご好意を得てようやく刊行にたどり着くことができた。改めて喜びもひとしおである。この間二年、世の中の変化はさらに加速されたかに見える。国立歴史民俗博物館も大学共同利用機関法人人間文化研究機構国立歴史民俗博物館という、なんとも長たらしい名前の法人になった。今、行政改革が叫ばれて久しい。しかし大学や博物館にまで費用対効果、利用効率、採算性を求めるのが本当に改革なのだろうか。一抹の不安はぬぐえない。一方、改めて本書の校正を進めてみると、もう少し考察を深めることができたのではないかと思われる箇所も多々ある。しかし、今はこのままで出版することにした。大方のご教示を頂ければ幸いである。

なお、本書は東京女子大学の刊行助成を受けた「東京女子大学学会研究叢書」である。多くの方々のご好意・ご支援に感謝して、ひとまず筆をおくこととします。

二〇〇五年正月

水藤　真

■著者略歴■

水藤　真（すいとう　まこと）

1945年　愛知県豊橋市生
1970年　東京大学文学部国史学科卒業
国立歴史民俗博物館歴史研究部を経て，現在東京女子大学文理学部教授.

［主要著書］
『中世の葬送・墓制』（吉川弘文館，1991年）
『絵画・木札・石造物に中世を読む』（吉川弘文館，1994年）
『木簡・木札が語る中世』（東京堂，1995年）
『戦国の村の日々』（東京堂，1999年）
『片隅の中世　播磨国鵤荘の日々』（吉川弘文館，2000年）
『博物館を考える』（山川出版社，1998年）
『同Ⅱ』（同上，2001年）
『同Ⅲ』（同上，2003年）
『博物館学を学ぶ』（山川出版社，2007年）

棟札《むなふだ》の研究《けんきゅう》

2005（平成17）年７月１日　第１版第１刷
2008（平成20）年10月10日　第１版第２刷
定価：本体3,800円（税別）

著　者　水藤　真
発行者　田中周二
発行所　株式会社思文閣出版
〒606-8203 京都市左京区田中関田町2-7
電話 075－751－1781（代表）

印刷・製本　亜細亜印刷株式会社

ISBN4-7842-1243-4 C3021
ISBN978-4-7842-1243-9